U0336267

如何专业做采购

第2版

宫迅伟

A Guide
for the Purchasing
Professional

Second Edition

机械工业出版社
CHINA MACHINE PRESS

作为专业采购，必须有能力回答四大核心问题：为什么选择这家供应商？为什么是这个价格？如何通过合同控制采购风险？如何进行一场双赢的谈判？《如何专业做采购》第2版基于四大核心问题，对采购管理中经常遇到的110个关键问题进行解析，为采购管理人员提供一本工具性的参考书，便于理解，便于查阅。读者不必拘泥于前后逻辑，可以随手一翻，从任何地方开始阅读，在不知不觉中，提高专业采购能力。本次修订，融入了作者很多新的实践、新的感悟，更新了部分法律法规依据，增加了合规管理、ESG等方面的内容。

图书在版编目（CIP）数据

如何专业做采购 / 宫迅伟著 . -- 2 版 . -- 北京：
机械工业出版社 , 2024. 10. -- ISBN 978-7-111-76367
-3

I. F253.2

中国国家版本馆 CIP 数据核字第 202425CH36 号

机械工业出版社（北京市百万庄大街 22 号　邮政编码 100037）
策划编辑：杨振英　　　　　　　　　　责任编辑：杨振英　　王华庆
责任校对：张勤思　李可意　景　飞　　责任印制：常天培
北京科信印刷有限公司印刷
2024 年 11 月第 2 版第 1 次印刷
170mm × 240mm · 19 印张 · 1 插页 · 240 千字
标准书号：ISBN 978-7-111-76367-3
定价：89.00 元

电话服务　　　　　　　　　　网络服务
客服电话：010-88361066　　　机　工　官　网：www.cmpbook.com
　　　　　010-88379833　　　机　工　官　博：weibo.com/cmp1952
　　　　　010-68326294　　　金　书　网：www.golden-book.com
封底无防伪标均为盗版　　机工教育服务网：www.cmpedu.com

时代呼唤专业采购人

这些年，我总想给大家呈现一些不一样的东西，专业的、有趣的，这并不容易。只是专业的，容易枯燥；只是有趣的，容易挨骂。希望自己是真正的采购与供应链专家，但一不小心，就容易成为网络上的"砖家"。如今是互联网、新媒体时代，我跃跃欲试，但又谨小慎微。

人的认知总是有局限的，世界太大，生命有限，我必须倍加珍惜，既要不断萃取最佳实践，又要不断学习提升自我，与时代同步，着力解决企业的"真问题"，让大家"听得懂，记得住，用得上"。如今，产品开发周期越来越短，市场竞争更加激烈，供应链不确定性增加，一个制造大国，应该诞生与之相适应的管理理论，时代呼唤专业采购人，提升新质生产力。

感谢长期关注我的朋友们、亲人们，是你们陪伴我成长。你们的支持和鼓励是我前进的动力，我会继续努力，不断超越自己，与你们共同书写人生的精彩篇章，成为一名"中国好采购"。

岁月馈赠的不仅是年龄，还有智慧

岁月如梭，智慧在时间的沉淀中总有些蠢蠢欲动。《如何专业做采购》自第 1 版问世已经近十年，其间十九次印刷，广受业界好评，更在 2018 年 7 月 24 日 CCTV2《第一时间》的推荐下，成为采购领域的明星之作。很多读者向我反馈，读了这本书，找到了专业采购的价值，获得了尊重和认可，找到了职业发展的方向。这些话，让我备受感动、备感荣耀。

过去几年，世界风云变幻，地缘政治的紧张、自然灾害的频发、新冠疫情的冲击，无一不对供应链造成严峻考验。采购的角色越发凸显，强链补链的重任落在每一位采购人的肩上。如何稳固与供应商的关系，如何在谈判中占据有利地位，如何规避风险、确保合规，成为采购人必须深思的问题。企业对于专业采购培训的需求日益增长，这正体现了专业采购的不可或缺。

与此同时，法律法规的更新、合规要求的提升、对风险管理的重视以及可持续发展的趋势，都迫使采购知识不断更新、与时俱进。《中华人民共和国民法典》（简称民法典）的颁布、ESG

（环境、社会和公司治理）的兴起、对碳足迹的关注，都是高层管理者面临的新挑战。在这样的背景下，《如何专业做采购》第 2 版的出版显得尤为必要。

近几年，中国企业从跟随者逐渐成长为创新者，在细分领域崭露头角。作为头部企业，它们不仅要在产品上创新，更要在采购与供应链管理上寻求突破。没有现成的经验可供借鉴，没有现成的供应商可供选择，一切都需要从零开始，这无疑是对采购人的巨大挑战。

数字化技术的飞速发展也为采购领域带来了翻天覆地的变化。我为此撰写了《采购 2025：数字化时代的采购管理》和《供应链 2035：智能时代供应链管理》两本书，以回应这个时代的挑战。数字化不仅改变了商业模式，更改变了我们的思维方式。采购作为管理学科的一部分，必须紧跟时代步伐，不断创新求变。如何利用数字化手段降本增效、为客户增值，成为采购人必须思考的问题。

在与数万名优秀学员的接触中，在企业咨询的实践中，我深感教学相长的魅力。我将"SCAN 专业采购四大核心能力"知识体系进一步结构化，撰写了四本教材，即《供应商全生命周期管理》《全面采购成本控制》《采购全流程风险控制与合规》《全情景采购谈判技巧》。这四本教材是中国机械工程学会国家级培训基地的指定教材。我的研究宗旨始终是"大处着眼构建全景图，小处着手落地又实操"，希望本书能够继续秉承这一宗旨，为读者提供实用、前沿的采购知识。

本书延续了第 1 版的体例风格，以问题为导向，梳理出 110 个关键问题，形成 110 个小专题，旨在成为读者的案头书、工具书。无论碎片化学习还是系统学习，都能从中找到所需的知识点和解决方案。同时，本书在内容上进行了全面更新和改进，引入了新的理论、框架和方法，论述了合规管理、风险管理的重要性，修订了合同管理的表述方式，强化了招标采购的实操技巧，替换了更具代表性的最佳实践案例。这些努力都是为了满足不同读者的需求，期待能为大家的采购实践提供有益的指导和启示。

最后我要衷心感谢所有给予我支持和鼓励的人。感谢第 1 版读者的宝贵反馈和建议，感谢参加我培训课程的学员们的信任和支持，感谢选择我做咨询的企业家们的认可和鼓励。是你们的实践经验和问题促使我不断思考和进步，是你们一次次的肯定给予了我前进的动力和信心。同时也要特别感谢机械工业出版社的编辑，感谢中采商学的陆婉清团队，他们专业的工作态度和坚定的信任使得本书得以顺利出版。

让我们携手共进，在采购与供应链管理的道路上不断探索和创新！

目录

第 3 章　全面采购成本控制　／ 101

第 5 章　全情景采购谈判技巧　/ 227

宫老师

星座：未详（但散发着成熟稳重的魅力）

性格：低调、沉稳

爱好：网络新知、分享智慧、畅游天下

特点：帅大叔一枚，历练丰富，脑子里干货满满，心里藏着无数天然段子。他重实战，擅长将枯燥知识以活泼形式呈现，让学习变得趣味横生。业余时间，他喜爱旅游，尤爱爬山，享受着生活的每一刻。

 学霸

星座：处女座

性格：内敛、专注

爱好：科技新闻、市场动态、思维导图

特点：常戴耳机聆听知识音频，善于总结与分享，无私的精神与深厚的知识储备使他备受尊敬。

小师妹

星座：狮子座

性格：开朗、活泼

爱好：旅行、美食探店、短视频制作

特点：热爱生活，尝鲜达人，擅长用短视频记录生活点滴，乐观热情，是朋友圈中的活力源泉。

Chapter 1

第1章

采购需要专业性吗

导 语

采购需要专业性吗？当然需要！

需要具备什么能力？四大核心能力！

具备四大核心能力，才有能力回答这四个问题：

（1）为什么选择这家供应商？

（2）为什么是这个价格？

（3）如何控制合同风险与合规？

（4）如何进行一场双赢的谈判？

这四个问题是采购人每天被上级领导问、被审计查的问题，也是任何一位采购人必须"扪心自问"的问题。

有人将这四个问题戏称为"灵魂四问"。四个问题，四个答案，构成本书。

1. 三个数字：采购不专业行吗

有一次我到南京出差，正在饭店里吃饭，隔壁桌的一席话震到了我。一个人对另一个人说："大哥，我跟你讲，采购的水太深了，一定要找一个自己人去管采购。"这让我想到，1997年，我刚刚卸任中国一汽集团驻莫斯科办事处首席代表，领导找我谈话，让我去做采购部部长。我问："为啥找我去？"他说："你办事，我放心。"

采购需要专业性吗？很多人不认为采购是一门专业，觉得采购就是花钱买东西，在有些人眼里采购是个"肥差"。虽然，这些年，供应市场经常出现断货，供应链"掉链子"现象频发，比如芯片。供应市场已经教育大家，采购不是花钱买东西那么简单。当然，专家们也在不断呼吁、培训，人们对采购的认识确实发生了一些变化，但仍有很多人存在模糊甚至错误认识，我写过一篇公众号文章《总经理在采购管理中常犯的八个错误》，被很多媒体以不同标题转载。

采购到底需不需要专业性，我们先来看三组数据。

（1）采购金额占销售金额的比例平均为 54.3%（见图 1-1）。

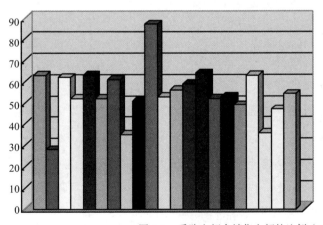

食品及相关产品	63
烟草产品	28
纺织机械产品	62
服装及其他纺织	52
木材及林木产品	63
家具及装饰	52
纸业及同类产品	61
印刷出版	35
化工及同类	51
石化与煤炭	87
橡胶及塑料	53
皮革及其制品	56
石料黏土及玻璃制品	59
主金属行业	64
仿金属产品	52
工业机械与设备	53
电子电气设备	49
交通设备	63
仪器及相关产品	36
其他生产行业	47
平均	54.3

图 1-1　采购金额占销售金额的比例（%）

注：右侧行业依次对应左侧条形图各数据。

资料来源：利恩德斯，约翰逊，弗林，等. 采购与供应链管理：原书第 13 版 [M]. 张杰，等译. 北京：机械工业出版社，2009.

（2）采购成本降低 10%，资产收益率可以翻番（见表 1-1）。

表 1-1　资产收益率的变化

项目	原始情况	采购成本降低 10% 后
销售额	100 万元	100 万元
总资产	50 万元	45 万元
存货	15 万元	10 万元
采购成本	50 万元	45 万元
原始利润率	5%	5%
原始税前利润	5 万元	5 万元
节约的采购成本	—	5 万元
新的税前利润	—	10 万元
资产收益率	10%	22.22%

为了让大家理解，我再文字说明一下。

假设条件：一家公司的销售额为 100 万元，总资产为 50 万元，存货为 15 万元，采购成本为 50 万元。公司的原始利润率是 5%，即原始税前利润为 5 万元。

当采购成本降低 10% 后，新的采购成本为 45 万元（原来的 50 万元乘以 90%）。由于存货的价值与采购成本直接相关，因此存货的价值也相应下降 5 万元，新的存货价值为 10 万元（原来的 15 万元减去下降的 5 万元）。同时，总资产也减少 5 万元，新的总资产为 45 万元（原来的 50 万元减去下降的 5 万元）。

在销售额和其他成本保持不变的情况下，新的税前利润等于原始税前利润加上节约的采购成本，即 10 万元（5 万元原始利润加上 5 万元节约的采购成本）。

最后，我们计算新的资产收益率，即新的税前利润除以新的总资产，得到约 22.22%（10 万元除以 45 万元）。

因此，在销售额为 100 万元、总资产为 50 万元的情况下，采购成本降低 10% 后，资产收益率从 10% 增加到了约 22.22%，实现了翻一番的目标。

（3）采购成本降低 10%，利润可以翻倍（见表 1-2）。

以前面这个案例的部分数据为基础，我们可以看到，在表 1-2 所示的公司中，如果采购降本 10%，可以省下 0.5 亿元，采购节省的每一分钱都是利润，原来的 0.5 亿元加上节省的 0.5 亿元，那么利润就实现了翻倍。但如果将利润翻倍这件事交给销售，需要销售量翻倍，要再成立一个公司。在中国经济由高速发展到高质量发展的今天，采购的作用更加明显，因为在开源有限的情况下，企业要想增加利润，必须节流。

表 1-2   一家公司的简化经济数据

项目	原始情况	采购成本降低 10% 后	销售翻倍
销售额	10 亿元	10 亿元（销售额不变）	10 亿元 +10 亿元
采购成本	5 亿元（采购占 50%）	4.5 亿元（降本 5 亿元 ×10%，即 0.5 亿元）	5 亿元 +5 亿元
利润	0.5 亿元	1 亿元（0.5 亿元 +0.5 亿元）	0.5 亿元 +0.5 亿元
利润率	5%	10%	5%

由以上三组数据可知，采购不专业不行。如果公司里，大家对采购的认识度还不够高，那么我特别建议大家把这三组数据在公司里多讲一讲，多宣传宣传。

接下来我，也自称宫老师，再讲两个亲身经历的故事，来说明专业和不专业的区别。

第一个故事发生在宫老师之前就职的一家集团公司，该公司下面有多个子公司和事业部。站在集团的角度看，采购的权力分散在各个子公司，站在子公司的角度看，采购的权力分散在子公司的各个部门。集团一把手和子公司总经理都看不清楚各个子公司、各个部门的采购是怎么做的。尽管逐一去看都能看到，但是没有人为领导去汇总信息，采购怎么管理，大家都糊涂。当时宫老师出任集团采购总监，就搞"两个集中"改革：把分散在各个部门的采购权限集中到子公司采购部，把分散在各个子公司的采购权限集中到集团总部。这样就可以通过采购集中，打造专业化的采购团队，由专业的人干专业的事，继而高效降低采购成本。

　　这个过程相当不容易。当时集团规模最大的事业部的设备部经理 J 来找宫老师，说："宫总，你为什么要搞集中采购？"我说："因为我们采购部专业啊。"他问："怎么个专业法儿？"宫老师总不能说，自己是自动控制专业毕业的，所以专业，于是就要回答采购究竟哪里专业。宫老师说："商务上专业。"他马上问："啥叫商务呢？"宫老师说："比如谈判。"J 经理说："谈判我也会啊，不就是找三家供应商砍价——能不能便宜点？不便宜就不买你的。这就是商务？是专业？"见对方如此，宫老师决定祭出"术语"的法宝（该法宝技巧详见本书专题 3），说："比如 FOB（离岸价格）、CIF（到岸价格）……"宫老师想，J 经理是搞设备的，可能不熟悉国际贸易，这些是国际贸易术语，并且还是英文缩写，应该能吓住他，让他感受到专业性。没想到 J 经理说："这些我也知道。"于是此番回合，宫老师虽然展示了一些专业术语，但没能彻底说服 J 经理，只是应付一时，还需要更有力的例证。

　　很快，例证就来了。有一天，宫老师在外地出差，J 经理打来电话，说有个合同需要宫老师签字。细问什么情况，原来是设备部需要买台设备，供应商也选好了，价格也谈定了，合同也拟好了，J 经理也签字了，到财务那里准备付款了，财务说：现在搞"两个集中"，这个合同必须采购总监签字。宫老师说："那就等我回去吧。"J 经理说："不行，合同很急啊。"做采购的经常碰到这种事情，待批的合同上面好像总是写着好大一个"急"字，而且特别喜欢在周五的下午报签批。宫老师心想，哪有这么急啊，这套我都懂的。那可不可以和 J 经理说，等我回去再签？不是不能说，因为宫老师是总监，对方是经理，可以用职级压他。但转念一想，如果宫老师说"急什么急，等我回去再说"那就落下把柄了。以后只要有人问 J 经理，他就可以推脱责任，说："我找宫总签字，他不在啊。""那宫总啥时候回来？""不知道。"……他来几个"不知道"，责任就都推到宫老师这里了。这时电话里 J 经理说："要不这样，等你回来之后再补签字吧。"但宫老师不想那么做。很多公司的采购都落入这种境地，使用部门把供应商找好了，价格谈好了，找采购签字办手续，采购成了聋子的耳朵——摆设。

于是，当天宫老师开车三个半小时从外地回到上海，见到 J 经理。J 经理说："供应商都找好了，A、B、C 三家；价格也谈好了，分别是 128 万元、120 万元、115 万元。"宫老师说："价格还能再降吗？"他说："不可能再降了。"宫老师说："如果我出面呢？"他说："那也降不了多少，最多降一两万。"这种情况下，宫老师要不要去谈呢？如果不去谈，J 经理就有充分的理由说："采购有什么用！我在公司等了三个半小时，结果他回来问了我 5 分钟，最后在合同上写俩大字儿——'同意'。"所以，此时宫老师必须去谈，有两个目的：一是谈价格，哪怕只降下来一两万元也是为公司做贡献；二是证明采购的专业性，进而"宣示主权"。过去没有搞过集中采购，采购的专业性和价值没有充分体现，宫老师必须抓住这个机会让其他部门信服——采购是个专业活儿，采购工作应由采购部负责。

后来宫老师每家供应商都去谈了，大家猜猜，结果怎么样？不到半小时，价格下降了 20 万元！这件事充分证明，采购人员在谈判方面具有更好的专业性。J 经理从此不再质疑集中采购。

另一个故事发生在宫老师在另一家公司工作期间，生产副总要买 3500 套工作服。这本不是什么大事，又不是买航天服，就是普通的工作服，没什么特殊要求。生产副总按照过去的常规做法，选了几家供应商，筛选后留下 A、B 两家，比价后选择低价者 A。这本来没什么问题，但没想到，供应商 B 把生产副总举报了。为什么这场看似正常的采购却遭到了举报？供应商 B 的举报信是这么写的："我们也不知道那位副总和供应商 A 是什么关系，反正我们不会有这种关系，我们是正经的生意人……"有人说，这是污蔑造谣，但举报信的措辞看上去没什么漏洞啊。

不过人都是有想象力的，老板拿到这封举报信后，看到"我们也不知道那位副总和供应商 A 是什么关系"，可能会想那位生产副总和供应商 A 一定有某种特殊关系；看到"我们是正经的生意人"，可能会想供应商 A 一定不正经，痛心疾首啊……不单老板习惯"宁可信其有"，几乎所有人听到采购被举报，通常都会宁可信其有。人心就是这样。

于是举报信被转给了 HR 总监，HR 总监看了之后说，看来本地人也不一定可靠啊。这句话是什么意思呢？公司内部是有派系的，生产副总是和老板一起创业的本地人，这批人认为只有本地人才可靠、忠诚，后面进来的职业经理人都不忠诚，总爱跳槽。而 HR 总监是后面进来的职业经理人，两派暗中对峙。于是这件事又继续发酵，最后弄得"满城风雨"。严格追究起来，生产副总在具体采购操作流程上有点小失误，让供应商 B 感到不公平，不平则鸣，愤而举报。经过这一举报，本来这次采购没什么大问题，但经各方一想象放大，就酿成了这么严重的后果。

在宫老师看来，那些失误都是可以避免的。宫老师做了二十多年采购，怎么就没出事儿呢？怎么就没被举报呢？还是因为专业。这第二个故事说明采购操作流程是有专业性的，不专业就容易出问题，至少容易被人怀疑有问题。

 小师妹插嘴

采购专业了，才能让质疑的人"无话可说"啊！

 学霸掉书袋

小师妹，世事洞明皆学问啊。国外什么都要认证，国内也在紧跟步伐，专业采购必备四大核心能力，配套四本教材，这四本教材可是中国机械工程学会国家级专业技术人员继续教育基地指定教材。四本教材的英文缩写非常好——SCAN，"扫描"缺一不可。

　　上面两个故事给宫老师的印象一直很深刻。当时宫老师想在公司推行集中采购，通过业务集中打造专业的采购团队。采购人强调采购是个专业活儿，而反对者都认为采购人不懂技术，也不觉得采购是个专业活儿，老板心中不断地摇摆。于是宫老师把碰到的情况提炼了一下，并给老板写了封邮件，标题是"两个故事折射专业采购的重要性"，也就是上面大家读到的内容，这封邮件最终说服了老板。

　　经常有人问宫老师是怎么从职业经理人变成培训师、咨询师的。其实，宫老师从做采购第一天开始，就要求自己必须做到跟别人"不一样"，用今天的话说，就是"专业"。为什么会有这种要求？因为，1997年，宫老师在大型央企 Y 集团工作，担任一家投资额为 57 亿元的新公司的采购部部长，时年 30 岁。按照 Y 集团当时的行政序列，宫老师是处级干部，级别还是比较高的。这么年轻坐到这个位子，周围议论的声音很多，主要有两种。一种声音是，采购这个活儿谁都能干。这句话对当时的宫老师刺激还是蛮大的。宫老师毕业于上海交通大学，学的是自动控制专业，是重点大学的重点专业，当年以地方第一名的成绩考入上海交通大学，结果被人家说采购这个活儿谁都能干，心里不服。注意，那时大学毕业生很少，去做采购的人更少。另一种声音是，采购是个"肥差"。这句话对当时的宫老师刺激也很大。一个 30 岁做了处级干部的年轻人，心中是有抱负和理想的。宫老师常在培训的时候开玩笑说，自己未来的目标也是要"讲话"。不过后来"讲话"没讲成，变成了讲课。所以人家说采购是肥差，难道自己图的是一个"肥"字吗？听到这两种声音，宫老师下了决心：既然我是大学毕业生，既然领导信任我，那就一定要把这个活儿做出"专业水平"。今天再说这句话，与大家共勉。

　　那如果我们不专业，行不行呢？当然不行。从企业角度，不行；从个人职业生涯角度，也不行。有一个最简单的道理，比较一下：别人做了 10 年研发，成为专家，做了 10 年生产，成为专家，我们做 10 年采购呢？

宫老师经常跟大家说，职场上要做到"能力显性化，知识结构化，个人品牌化"。别人对采购评价的高低，自身职业发展是否顺利，取决于我们是否做到了"三化"。

2. 采购轮岗：能预防腐败吗

采购不是简单的买东西，需要专业性，那采购是"肥差"吗？很多领导特别关注采购腐败的问题，不停地换人做采购，或者让"可靠"的人来管采购。

实际上"可靠"的人未必可靠。比如，有的企业让"可靠"的人去管财务，但由于不专业，本来想避税，结果变成了逃税。采购也是一样，不专业的采购，仍然会造成很多问题，比如价格脱离实际，或找了一个差的供应商，或流程不规范，这样带来的损失可能更大。

那通过招标采购，通过竞争行不行呢？不专业，也不行。首先，什么该招标，什么不该招标，本身就有专业性。不该招标的去招标，只是走一个招标流程，"走流程"变成"走过场"，表面合规而已。即使该招标的招标了，如果不专业，也不行，招标也是一个技术活儿，从标书的起草，到流程的推进，都需要专业性，所以才有专业招标代理这个行业。

那推动"阳光采购"行不行呢？也不行。很多公司推动"阳光采购"，即采购流程透明，采购过程全程透明、可追溯。应该说，这种方法对于预防腐败或许有些作用，但不能解决企业的根本问题。根本问题是啥，根本问题是让采购获取比竞争对手更好的交易条件，以提高市场竞争力，这是专业采购的初心和使命。治理腐败，也是为了避免企业选择差的供应商，避免支付额外的成本，失去市场竞争力，不能走着走着，忘了初心。很多企业为了控制，设置了"层层把关"的流程，"走流程"让企业效率变低，失去了竞争力。

那采购轮岗行不行呢？我觉得，从预防腐败的角度，不一定能起到你想要的作用，最重要的是这么做忽视了采购的专业性。

轮岗制度确实能在一定程度上打破长期形成的利益固化，降低腐败的风险。然而，我们也必须清醒地认识到，腐败的根源在于人的道德观念和流程制度的缺失。轮岗制度应该是一种有策略、有规划的人员管理方式，要考虑员工的专业性和发展需求，我反对因为预防腐败而轮岗。轮岗要与公司的整体战略和业务需求紧密结合。通过轮岗，员工可以熟悉不同岗位的工作，理解他人的"不易"，更易打破"部门墙"，在不同岗位之间形成有效的协同和配合，真正实现轮岗的价值。

在预防采购腐败方面，我们需要重点关注以下几个方面。

（1）**持续提升采购专业性**。我们必须明确，不专业的采购给公司带来的损失可能是巨大的，这种损失可能远超腐败所带来的直接经济损失。因此，提升采购团队的专业性是预防腐败和提升绩效的首要任务。我们要从招聘环节开始，注重选拔具有采购、供应链等专业背景的人才。入职后，持续的培训更是必不可少，要确保采购团队始终站在行业前沿，具备敏锐的市场洞察力和专业的采购技能。

（2）**建立全面有效的审计监督机制**。审计监督是预防采购腐败的关键一环。我们需要建立全面的审计监督机制，对采购流程进行定期审查，确保所有采购活动都符合公司的政策和法规要求。这包括对供应商的选择、采购价格的确定、合同的签订和执行等各个环节的严格把关。

（3）**为采购人员提供良好的职业生涯通道**。为了激励采购人员持续提升专业性和工作绩效，我们需要为他们提供良好的职业生涯通道。这包括设计清晰的职业发展路径，提供明确的职责和要求，以及与之对应的培训和发展机会。内部轮岗能够让采购人员有机会了解公司的其他部门，提升他们的全局观和协同能力。这样，他们在采购决策中能更加全面地考虑各种因素，为公司带来更大的价值。

（4）**建立明确的激励考核机制**。明确的激励考核机制是激发采购团队工作积极性和创造力的关键。我们要建立科学、公正的绩效考核体系，将采购人员的薪酬和奖金与他们的绩效直接挂钩。同时，非物质激励也同样重要，我们要给予采购人员足够的荣誉和认可，让他们感受到自己的工作价值和社会地位。这样，他们就能更加积极地投入到工作中去，为公司创造更大的价值。

"不专业"在我国很多企业里是普遍现象。比如财务工作，一般大家还承认这是个专业活儿，但是很多企业财务的专业性发挥得不够，财务部只是算账，充其量做些避税的事，而管理会计该做的事情，比如费用归类、支出分析、决策支持等作用都没有发挥出来。比如人力资源，企业领导会觉得很重要，但如果不专业，人才规划、学习发展都不会，能管好人吗？

有一次宫老师做培训，有个做人事的经理问："宫老师，从人事的角度，怎么在招人的时候就避免采购腐败呀？"宫老师说："那就相面吧。"这是玩笑话，貌似敦厚的人也未必可靠。面试采购的时候倒是可以问这四个问题：如何选择供应商？如何控制采购成本？如何控制合同风险和合规？如何进行一场双赢的谈判？如果他讲得头头是道，证明什么呢？证明多数时候他把精力放在提升专业性上了。如果一个干了快十年的采购还说不出个所以然来，这就是个糊涂虫啊。即便不腐败，但由于糊涂，一样会给企业带来危害。

3. 术语加持：如何"一招震住"供应商

怎么提升采购的专业性呢？当然是通过培训，培训就是把专业经验复制粘贴到新手身上，这是员工成长最快的方式。那对于刚做采购的同学，能不能迅速提升自己的专业性呢？能，我在这里教大家一招儿，谈判时非常有用，不信，你可以试试。

不管是新入职场，还是从其他领域转到采购，或者虽然做了多年采购，但转去购买以前不太熟悉的品类，这时候跟供应商见面，心里难免忐忑不安，生怕供应商看出来自己对这个领域不太了解，一打交道，落了下风，让供应商看轻。一旦这样，供应商便可能报价虚高，可能交货时不那么配合，以后工作会很难办。遇到这种情况该怎么办呢？

经历过装修的人都有体验，去买建材的时候，如果让老板觉得自己什么都不懂，就容易被宰；如果让老板觉得"哟，行家来了"，不但能买到好东西，还能拿到好价格。日常生活尚且如此，工作中就更需要快速"让人一震"——让对方产生第一印象：他是个专业的。

如何才能让对方产生这个第一印象？假想一下，屋子里突然走进一个人，有一些行为让我们觉得他很专业，这些行为是什么呢？首先这个人的谈吐会跟其他人不一样——讲术语，最好还是用英文讲的（开玩笑）。术语有这么大的作用吗？

讲个故事，宫老师之前在苏州有个供应商，给公司供应宝钢 B510 的钢板。有一年宝钢的材料价格上涨，供应商就来谈涨价，宫老师说："不能涨。"他说："必须要涨，不涨就亏钱了。"他又说："有成本分解为证。"宫老师说："我不信。"

于是供应商的总经理带着财务经理到上海来找宫老师谈。大家想想看，宫老师再专业，也不可能比供应商的总经理更了解自己的企业；再懂成本，也没有对方财务经理懂自家的成本结构。

那怎么谈呢？谈判的时候让谁先开口呢？一定是让供应商先开口！为什么？有人说，这样可以挑他们的毛病。但如果别人讲的东西我们不懂，怎么挑毛病？宫老师的观点是，要让供应商先讲，但不能让供应商一直讲，我们要在自己"懂"的时候讲。讲什么？讲术语！这时就会让供应商感觉一震：哇，对方很懂。所以跟供应商谈判之前，我们提前就一个问题研究得深一些，透一些，这样当供应商讲到我们自己懂的地方时再接话，我们抛出的都是专业术语，杀伤力很大。

回到刚才的故事，宫老师在供应商的财务经理讲到一半时打断了他，问道："你们用的是传统的成本分摊方法，还是作业成本法？"对方听到这句话，当场愣住了。总经理满头大汗地说："我们回去再算算。"过了几天对方给宫老师打电话，说："宫先生，这次我们不涨价了。"人都是被自己的想象打败的，当供应商听到宫老师讲术语的时候，心里会想"哟，他是懂的"。这里懂，进而想象其他地方也都懂，于是自己被自己打败了。

注意，这招儿不是永远有效，还记得我前面讲的"两个故事"中的 J 经理吗？长期看，还是要有真本事，要有能力回答那四个问题。

 小师妹插嘴

本专题其实也使用了一个术语——宝钢 B510 的钢板。回忆一下看到这里时是什么感觉，是不是觉得很专业？

4. 两个软肋：不专业的采购也能"赢"吗

有人可能说：我不专业，供应商在我面前也"乖乖"降价了。这确实是"事实"，这是因为销售身上有两个软肋，只要采购抓住了，就可以赢。

第一个软肋：问大家一个问题，实战当中，销售是把成交放在第一位，还是把公司赚钱放在第一位？销售是把卖高价放在第一位，还是把成交放在第一位？大家恐怕都会说，成交是第一位的。为什么？因为销售人员的考核、提成都是按照销售额来的。那能不能按成本和利润来考核销售呢？首先利润很难考核，里面有太多费用分摊的人为因素，利润不是绝对真实的，一般企业也做不到足够精细与合理，按利润考核管理成本太高。另外，公司老板往往认为，没有销售额就没有一切，大部分批量制造企业都看重"量"。量上去了，有了规模优势，其他事情都好办。只有极少数行业，比如卖古董的，不能按批量。销售量是公司第一要追求的，采购抓住这个特点就可以说：不满足我的条件，我就不买你的东西。很多采购没有意识到这一点，实际就是这一点在起作用。销售就是怕采购，怕什么？怕采购不买。

第二个软肋：做销售的永远不会比采购更加了解竞争态势。有人说不对啊，搞销售的都是一个行业的，我们采购怎么可能比他们了解还多呢？事实上，如果是为了拿一个具体的订单，各个公司的销售到了采购面前就是竞争对手，相互之间是不了解的。当然也有人问，万一他们串通了呢？即使他们串通了，我们也要"表现"出比他们更了解竞争对手，可以通过各种手段瓦解对手的联盟。"囚徒困境"说明这种串通是不牢靠的。什么是囚徒困境？警察抓了两个嫌疑人，分别跟两个人说"你不要继续顽固了，另一个人已经全招供了"。你想想接下来会朝哪个方向发展？所以哪怕我们不是真的比销售更了解竞争对手，也要"表现"出更了解的样子。抓住这两个软肋，采购的力量就上来了。

上面这个道理，你懂，销售也懂。所以，销售可以故意设计一些"让步策略"，比如让一些"零头"，让你感觉到赢。也有的采购觉得自己很厉害，一下子砍掉20%，但你有没有想过，供应商为什么会让步，这个是不是供应商故意留给你的？！一个优秀的销售一定知道买方砍价的习惯，一定知道买方的决策流程。所以，归根结底，采购需要专业性。

5.降本指标：老板拍脑袋定指标，怎么办

或许，有人想，我可以通过加强考核来"管"采购，这也是我在《总经理在采购管理中常犯的八个错误》一文中讲的一个错误。由于不专业，很多总经理定指标就靠拍脑袋。其实，设哪些指标？指标是多少？非常有讲究。

宫老师曾碰到这样一件事：到一家公司主管采购，工作很努力，领导给定了年度绩效指标"采购成本降低10%"。结果当年降低了12.5%。领导很高兴，说："宫先生很能干啊！明年继续努力啊！"我说："一定努

力!"领导说:"那明年再降 15% 吧!"——鞭打快牛,这是没有道理的事情。降成本一开始会容易些,越往后越难。当然我也不能直接顶撞领导,就开玩笑说:"领导放心,我继续努力,争取免费!"(笑)

站在领导的角度,最关心的未必是采购具体省了多少钱,他们关心的是采购人员的绩效到底如何。站在采购人员的角度,问题就变成:"用什么指标可以充分展示自己的工作绩效?"这里宫老师提出一个概念"采购力",就是采购的竞争力。

采购绩效指标有很多,本书后面会提及,这里首先重点讲降本指标。在企业运营中,采购成本的控制对于提升整体盈利能力至关重要。为了实现这一目标,企业需要设立明确的降本指标,并采取有效的措施来衡量采购绩效。具体确定降本多少,是 5%,还是 10%,需要全面考虑内外因素,确保目标既具挑战性又有可行性。

具体降本基数怎么定呢?这又是一个专业问题。比如显示成本降低多少的指标,术语叫 PPV(Purchase Price Variance,采购价格差异)。这个指标的基数怎么定?一种方法是以去年最后一次购买的价格为基数,有些企业是跟供应商一次性锁定一年的价格,年度中间不谈价格,也有的企业是在年度中和供应商谈几次价格,那么就取最后一次购买的价格为基数。这样就会有采购人员快到年底的时候,能降价也不去谈。为了解决这个问题,有的企业会使用上年度平均价格作为基数,这样稍好一些。还有的企业按照预算价格,但预算价格是从哪里来的?很多时候是采购人员自己报上来的。采购人员自己报预算,多少都会留点水分。还有公司使用标准成本,即由财务人员牵头,基于市场调研结果得出的理想化的、可实现的成本。这个本书后边会讲,它可以让公司成本处于合理水平,并保持可持续的竞争力。

但宫老师认为,同以上几种方法比较,最有意义的是和竞争对手去比较,把竞争对手的采购价格作为指标。什么叫作"好"?就是比竞争对手好。

与竞争对手对标，不但要参照价格，还要考虑交期、付款周期等。我们拿什么去吸引供应商呢？一定是我们比竞争对手开出的综合条件要好，供应商才愿意与我们合作。可能是需求量大，付款周期短；可能是我方管理流程顺畅，让供应商感觉合作起来愉快；可能是我们给供应商输出了管理和技术指导；等等。

作为专业采购人员，要能向领导说明我们当下的采购成本处在什么水平，指标是怎么定的，未来的努力方向是什么，与领导一起结合公司的竞争策略商定一个指标。有理有据，这样就不会让领导"拍脑袋定指标"了。如果你还能引用"采购力"这个说法就更好了。

那什么是采购力呢？采购力，本质上是采购人员在采购活动中所展现出的综合能力，是本书所论述的专业采购四大能力的综合体现。对外，它是获取最优质资源的能力，对内，是通过精细化管理、流程优化和采购战略调整，实现降本增效的能力。

首先，从外部竞争的角度来看，采购力体现在对市场和供应商的敏锐洞察力上。采购人员不仅要有能力挑选出最符合公司需求的合作伙伴，还需要具备吸引供应商的能力，提升供应商合作意愿。这意味着采购人员需要展示公司的实力、信誉和合作潜力，与供应商建立长期稳定的合作关系。在与供应商的谈判中，采购人员需要运用自己的专业知识和谈判技巧，争取到最有利的交易条件和合同条款，从而确保公司能够以较低的成本获得高质量的商品或服务。

其次，从内部管理的角度来看，采购力体现在对采购流程的精细管理和采购战略的优化上。采购人员需要对采购流程进行全面的梳理和分析，找出其中的瓶颈和浪费，通过改进流程、提高效率，实现成本的降低。同时，采购人员还需要根据公司的整体战略和市场环境的变化，不断调整和优化采购战略，确保采购活动与公司整体战略保持一致，为公司创造更大的价值。

在竞争激烈的市场环境中，掌握采购力对公司来说至关重要。一个拥有强大采购力的公司，能够更好地应对外部竞争的压力，同时也能够在内部实现成本的降低和效益的提高。因此，作为采购人员，我们需要不断提升自己的采购力，努力成为公司内外竞争中的关键力量。这需要我们具备敏锐的洞察力、高效的执行力以及不断学习和进步的精神。只有这样，我们才能在竞争激烈的市场环境中立于不败之地，为公司的发展贡献自己的力量。

有了"采购力"这个概念，就可以建立公正衡量采购人员工作绩效的框架。我还专门开设了线上课程"专业采购力"提升训练营，目的就是引导大家抓住"采购力"这个概念去做采购。专业采购，一定要记住"采购力"这个词。

 小师妹插嘴

采购力，就是采购的力量吧？这个概念有点新鲜。

 学霸掉书袋

采购力，就是采购的竞争力。通过采购的专业性，提升采购在供应市场的影响力、吸引力，继而提升企业的竞争力。

6. 职业生涯：如何规划采购人职业生涯

很多采购人员会有困惑，做采购好像没前途。实际上采购人员可以在采购专业这条线上晋升，也可以转型做其他工作，甚至做到高级管理者，比如采购总监，甚至总经理，这是能做到的。这要求采购人员做好自己的职业生涯发展规划。

规划职业生涯，首先要有职业目标，然后决定怎样达成目标。可以问自己：五年、十年、二十年后我在哪里，在什么样的组织工作，做什么职位？如果可以看到自己的职业发展目标，比如"十年后我要做到采购总监"，那么就要看到，今天的你与那个位置之间还有多少距离，你通过什么途径去缩短这段距离。

对于已经从事采购工作多年的人来说，职业转型或晋升是一个经常会考虑的问题。他们可能会问："我已经做了十年采购，如果不继续做采购，我还能去干什么？未来有哪些提升机会？"以下是一些建议和方向，帮助采购人员在职业生涯中寻找新的机会和挑战。

职业转型方向

如果你有十年以上的采购经验，职业转型是一个值得考虑的选择。那么，你可以转向哪些领域呢？

供应链管理：采购是供应链管理的重要环节之一。有多年采购经验的人可以考虑向供应链管理方向转型，负责更广泛的物流、库存、生产计划等工作。

销售管理：采购与销售密切相关，都是企业与外部市场沟通的关键部门。采购人员可以利用对市场和供应商的了解，转型到销售管理岗位，负责销售策略、客户关系管理等工作。

运营管理：采购涉及企业运营的多个方面，如成本控制、质量管理等。因此，采购人员也可以考虑向运营管理方向转型，负责企业的整体运营效率和效益。

咨询顾问：有丰富采购经验的人可以考虑成为咨询顾问，为其他企业提供采购和供应链管理方面的专业建议和服务。

晋升机会

当然，如果你热爱采购工作并希望在这个领域继续发展，那么晋升机会也是非常多的。

采购经理／主管：对于初级和中级采购人员来说，采购经理或主管是一个常见的晋升机会。他们需要管理一个团队，负责制定采购策略、监督采购过程、与供应商谈判等工作。

供应链经理／主管：随着企业对供应链管理重视程度的提高，供应链经理或主管的职位也越来越多。这是一个更高级别的职位，需要管理整个供应链网络，确保物流、库存、采购等环节顺畅运作。

副总经理／总经理助理：对于高级采购人员来说，晋升为副总经理或总经理助理是一个可能的机会。他们需要参与公司的高层决策，协助总经理处理日常事务，并管理多个部门或项目。

企业高管：一些杰出的采购人员甚至有机会晋升为企业的高管层，如首席运营官（COO）、首席采购官（CPO）等。他们需要在企业战略制定、组织管理、团队建设等方面发挥重要作用。

如何抓住转型与晋升机会

机会总是留给有准备的人。那么，如何抓住这些职业转型和晋升机会呢？

持续学习：无论是转型还是晋升，都需要不断学习新知识和技能。采购人员可以通过参加培训课程、阅读专业书籍、参与行业交流等方式来提升自己的专业素养和综合能力。

拓展人际关系：建立良好的人际关系网络对于职业转型和晋升至关重要。采购人员需要积极与同事、供应商、行业专家等建立联系，以了解行业动态和机会。

主动寻求挑战：不要等机会自动降临，而是要主动寻求挑战和机会。采购人员可以采取主动承担更多责任、参与跨部门项目、提出创新建议等方式来展现自己的能力和潜力。

关注企业发展战略和目标：了解企业的发展战略和目标对于职业转

型和晋升非常重要。采购人员需要密切关注企业的市场动态、竞争状况和未来发展方向，以便更好地调整自己的职业规划和发展路径。

告诉大家一个最简单的职业生涯规划方法，就是时刻站在你期待的那个岗位的角度考虑问题，这样慢慢就具备了那个岗位应当具备的能力，剩下的就是等待机会。当然，光等待不行，还要创造机会。怎么创造机会，就是利用各种机会展示自己，做到"能力显性化，知识结构化，个人品牌化"。

我们经常说职业生涯规划，但宫老师常常在想，我们的人生是规划出来的吗？宫老师认为不是，人生是选择出来的，是在各种机会中选择出来的，当然，前提是我们要为自己创造机会。对年轻人，宫老师想说的是，只有先把小事做好，才能让别人相信大事我们也能做好，信任是一点点建立起来的。怎么给自己创造机会？可以多结识青年才俊，多结识社会名流。青年才俊是同龄人当中比较优秀的，未来他们也许可以为你提供无限的机会；社会名流是当前你心目中的成功人士，他们可以为你提供现实的机会。

宫老师曾经参加过一个俱乐部活动。活动进行的时候，旁边有个服务人员给我们端茶倒水，但看言行举止这人不像个服务生。有位嘉宾就好奇，问她是做什么的，她说自己正在某大学读博士，快毕业了，在做一些社会调研工作。这位嘉宾说，自己公司正好要做一次社会调研，干脆把这个活儿交给她做得了。大家想想看，由于这个女孩参加了这次活动，认识了这些嘉宾，所以给自己创造了机会。如果这个女孩直接去敲那位嘉宾（某公司的总经理）的门，说自己想做个调研，人家肯定不理她，最多说"你去找我的下属吧"，那个下属不知道一竿子又给她支到哪里去了。

前面说要多给自己创造机会，那么我们怎么选择机会呢？我写过一篇公众号文章《好的职业生涯有三条标准》。第一，你做这项工作，开心吗？如果开心快乐，说明你适合做。第二，能养家糊口吗？收入肯定也是大家的一个考虑因素。这两点比较容易判断，难的是第三条：它是未来的发展趋势吗？这个需要多参加外部活动，多阅读，以了解趋势。如果这项事业是自己愿意做的，还能养活自己，而且还是未来社会的发展趋势，那就是最好的职业选择。

7. 采购预算：如何编制采购预算

要想获得职业晋升机会，有两个大活儿是必须会干的，一个是编制采购预算，一个是制订采购计划。我们先来说说采购预算。

采购预算是企业或机构在特定时期内，为完成其生产、运营或项目活动而计划采购的物品、服务等的预期成本。它通常以货币形式表示，并列明所需资源的种类、数量和预计价格。

编制采购预算的目的

成本控制：通过预算，企业可以设定采购支出的上限，从而避免超支和浪费。

资源优化：预算有助于企业合理分配资源，确保关键领域获得足够的支持，同时避免资源闲置。

决策支持：预算为企业提供了关于未来采购需求的清晰视图，有助于管理层做出更明智的决策。

风险管理：通过预测和规划，企业可以更好地应对市场波动、供应商变化等潜在风险。

编制采购预算的步骤

编制采购预算是企业采购管理的重要环节，有助于企业控制成本、优化资源配置。

确定采购需求：首先要明确企业需要采购的物品或服务，包括种类、数量、质量等。这可以通过与各部门沟通、分析历史采购数据以及预测未来需求等方式来确定。

了解市场价格：在明确采购需求后，需要对所需物品或服务的市场价格进行调研。这包括了解供应商的价格、市场行情、价格波动趋势等，以便为后续的预算编制提供准确依据。

制订采购计划：根据采购需求和市场价格，制订详细的采购计划，包括采购时间、采购方式、供应商选择等。采购计划应确保满足企业的生产运营需求，同时考虑成本效益。

编制预算：在采购计划的基础上，编制采购预算。预算应包括所需物品或服务的价格、数量、运输费用、关税等相关成本。同时，要根据企业的财务状况和资金计划，确保预算的合理性和可行性。

审批与调整：编制完成的采购预算需要提交给相关部门审批。在审批过程中，可能会对预算进行调整，以确保其符合企业的整体战略和目标。审批通过后，采购预算正式生效。

执行与监控：在采购过程中，要严格按照预算进行执行，并对执行情况进行监控。如遇到预算超支或计划变更等情况，应及时进行调整和处理，确保采购活动顺利进行。

编制采购预算的注意事项

全面性：预算应涵盖所有与采购相关的成本，包括直接成本和间接成本。

准确性：预算的编制应基于准确的市场价格和采购需求信息。

灵活性：预算应具有一定的灵活性，以适应市场变化和企业需求的变化。

可操作性：预算应具有可操作性，能够指导企业的采购活动，并为成本控制提供依据。

总之,编制采购预算是一项复杂而重要的工作,需要企业各部门的密切配合和共同努力。通过科学、合理的预算编制,企业可以更好地控制采购成本、优化资源配置、提高竞争力。

8. 采购计划:如何制订采购计划

制订采购计划,是采购工作的另一个大活儿。采购计划是企业管理人员在掌握物料消耗规律的基础上,在了解市场供求情况、认识企业生产经营活动的过程中,对计划期内物料采购管理活动所做的预见性的安排和部署。它属于生产/销售计划中的一部分,也是公司年度计划与目标的一部分。

制订采购计划的目的主要是降低采购成本,使采购部门事先有所准备,选择有利时机购入材料,规范采购流程,加快采购速度,确立材料耗用标准,以便管理材料的购入数量和成本,更好地服务企业的正常运营。同时,采购计划还可以帮助企业预测和应对市场变化,确保供应链的稳定性,减少急单和库存积压,提高企业的竞争力。

制订采购计划的步骤如下。

需求分析:首先,需要与各使用部门沟通,了解这些部门的需求和预期。这包括所需物料的种类、数量、质量标准、交货期限等。同时,还需要分析历史采购数据,预测未来需求,并考虑季节性、市场趋势等外部因素。

供应商调研与选择:在了解了需求后,需要对潜在的供应商进行市场调研和评估。这包括了解供应商的市场声誉,产品的质量、可靠性和价格等。然后,发送询价单(RFQ)给选定的供应商,收集它们的报价和条件,最终选择最合适的合作伙伴。

制定采购策略:根据需求和目标,确定采购策略。这包括决定是采用集中采购、分散采购还是混合采购策略,考虑长期合同、短期合同或即期采购的利弊，以及制定风险管理计划以应对供应链中断或价格波动等风险。

编制采购预算：根据所需物料的成本、运输费用、关税和其他相关成本，计算总采购成本，并将其与企业财务计划相协调。同时，设定预算控制机制以监控实际支出。

制定时间表和执行计划：设定采购活动的关键时间节点，如订单下达、交货和付款日期。制定详细的执行步骤和责任分配，并准备必要的采购文档，如购买订单、合同和发票等。

监控和评估：建立采购跟踪系统以监控订单状态、交货进度和付款情况。定期评估供应商的表现以确保它们满足合同要求，并收集反馈以持续改进采购过程和策略。

审批和记录：确保采购计划经过适当的内部审批程序，并维护详细的采购记录以供将来参考和审计使用。

在设置采购计划的时间节点时，企业需要充分考虑各个环节的耗时和先后顺序。从需求分析到供应商调研与选择，再到采购策略制定、预算编制和执行计划制订等环节都需要预留足够的时间以确保工作的顺利进行。同时，要根据实际情况对时间节点进行调整和优化，以更好地适应企业的运营需求和市场变化。

综上所述，通过遵循以上步骤和设置合理的时间节点，企业可以制订出一份全面且有效的采购计划，为企业的正常运营和发展提供有力保障。

9. 采购"油水"：为什么说采购是世界上最高级的工作

有了职业生涯规划，就要主动找机会提升自己，比如，可以主动要求轮岗，轮岗到供应链上下游其他环节去，可以在部门里轮岗，也可以在部门外轮岗。举个宫老师自己的例子，我曾在上海一家美资500强企业做采购负责人，有段时间想跳槽。外籍领导问："宫老师，为什么要离开啊？"我说："我现在手头这点事儿，花 20% 的精力就足够了，没有挑战性，没劲。"外籍领导说："那这样吧，质量也交给你，入库质量检验你来负责吧。"

即使我们不换岗位，还是做采购，一样可以学到很多东西，得到很多锻炼。我们可以利用做采购的"便利"条件好好提升自己。其实，做采购，最好的老师是供应商。

宫老师说，采购工作是个"油水"很足的工作，这里的"油水"不是红包、回扣之类的东西，而是一项独一无二的便利条件。如果一个人一开始什么都不会就去做采购，那么可以先去拜访供应商。你放心，供应商一定会给你从头讲到尾，把所有的事情都说清楚。如果你开始什么都不懂，可以一个问题都不问，一句话也不说，供应商说不定还觉得你很深沉。（笑）第一个供应商没完全教会你，你可以再去拜访第二个供应商，第二个供应商又重头讲一遍，这时候你就可以偶尔问他些问题了。再去第三个供应商那里，就不需要他从头讲了，你可以直接问他问题。问什么问题呢？就是前两个供应商没教会你的问题。第三个供应商肯定觉得："哇，你好专业啊！问的全是关键问题！"（笑）三个供应商都看了，你就具备了三个供应商的水平，这时候又可以回头去指导第一个供应商，说：你检验的工序不对，你的那台设备最好换成瑞士的某设备……供应商会把你当老师，但其实是他们把你教会了！

宫老师认为，采购是世界上最高级的工作，且看：

CEO（首席执行官）需要懂公司的战略规划，采购一样要懂。因为我们要理解公司的战略，讲给供应商听，希望能吸引供应商跟我们一起发展；我们还要了解供应商的战略，评审分析其跟我们是不是匹配。

财务要了解公司成本，采购一样需要了解。采购也要阅读供应商的财务报表，评估供应商的财务风险，判断这个供应商 5 年后还能不能继续合作。采购还要能够分析供应商的成本结构。

关于工程技术，采购需要了解产品开发过程，要能参与早期设计。

关于生产，这是跟采购紧密连接的环节，采购当然要熟悉。

关于物流，采购需要熟悉物流解决方案。

关于销售，这是和采购天天打交道的，采购最容易学的就是销售方案。这恰恰是别的岗位很难学到的，因为没有机会。

采购还要懂谈判，懂合同管理，懂法律知识……

所以说，采购是世界上最高级的工作。采购需要的是"杂家"，什么都要懂，要熟悉上面所有环节的知识。"杂家"到一定程度，就是高级专家。

 小师妹插嘴

这样看来，采购真的是"全能型战士"，而且采购也完全有能力去竞争更高的职位，比如 CEO。

 学霸掉书袋

是的，中国一汽集团、上汽集团都有采购出身做集团总经理的，关键是要通过采购工作提升和展现自己的战略眼光和卓越的管理能力。

10. 四大能力：采购需要具备什么能力，技术出身更吃香吗

现在流行的人才叫"T形"人才。"T"上边的一横讲的是"杂家"，要足够宽，采购的"杂"是要懂供应链上下游，懂供应链管理的知识。"T"下边的一竖，是"专业"，要足够深，采购的"专业"是"四大核心能力"。那么，具体是哪"四大核心能力"呢？

20 世纪八九十年代，美国一些大学陆续开设供应链管理相关课程，1983 年，美国麻省理工学院（MIT）成立了全球首个供应链管理研究中

心，此后很多著名大学，如斯坦福大学、哈佛大学和普林斯顿大学等也开设了供应链管理相关专业，采购是其中的重要内容。而我国高校开设采购与供应链专业相对较晚，实践中，大家基本都是"半路出家"转行做采购。那学什么专业的人适合做采购？或者过去从事什么职业的人转做采购比较合适？有些公司喜欢招技术出身的，那么采购一定要技术出身吗？

从实践上看，学什么专业的都有。首先是商务、经济、管理或相关专业，这些专业为学生提供了商业运作、市场分析、财务管理和战略规划等方面的基础知识，有助于培养采购工作中的综合能力。近些年，供应链管理或物流管理专业的学生多起来了，这个专业涵盖了采购、库存管理、运输和分销等方面的知识，为从事采购工作提供了更为系统的理论基础。有时，确实是工程或技术专业背景的比较吃香，在某些行业，如制造业或高科技领域，具备相关工程或技术背景有助于更好地理解产品规格、质量要求和技术细节，能在技术上与供应商交流，尤其是在新产品或技术的引入过程中，技术出身的采购可以在采购时做出更明智的决策。

但要注意，做技术的也有短板，比如成本和市场敏感性不足。工程技术背景的人员可能更关注产品技术和性能，而对成本、市场价格和供应链动态等方面不够敏感。这可能导致在采购决策中过于强调技术性能，而忽视成本控制和市场变化对企业的影响。再比如，采购缺乏商业和谈判技巧。虽然工程技术背景有助于理解产品和技术细节，但在商业谈判、合同条款和供应商管理等方面可能缺乏必要的经验和技巧，这可能导致在与供应商协商时处于不利地位，无法为公司争取最有利的条件。另外，沟通和协调能力也是一个挑战。

可见，采购团队的组成需要多元化。宫老师自己在搭配下属团队的时候，就喜欢把不同专业的人放在一起。团队里有搞技术的，对公司产品比较熟悉；有学法律的，精通民法典；有学贸易的；还有学外语的……大家专业搭配，干活不累。每个人各有所长，团队能力互补，这样的团队才有战斗力。

其实，工作中谁能做一个好的采购，我觉得跟过去学什么专业关系不大。有些人觉得搞技术的好像更容易成为优秀的采购，表面上是这样，但事实上不一定。有学员说：我很专业。我问：啥专业？他说：机械设计专业。我再问：那现在买啥？他说：买电器零件，还有橡胶零件。搞技术的往往只专精一个专业，不见得对所有专业都熟悉。搞财务的，好像应该熟悉成本知识吧，但如果不懂产品、不懂供应市场，照样无法做成本分析。另外，我们不能忘记，采购是一个跟人打交道的工作。对内是需求部门，不同部门有不同特点，对外是供应商的销售，对上是领导，都是活生生的人。我们是在跟各种性格、各种背景的人打交道。采购是项商务活动，有很强的灵活性，善于跟人打交道就能掌握这个灵活性。搞技术的好像很专业，但如果很死板，那么供应商、内部用户都会很难接受他。没有满意度，工作质量就不好，这个人也不会有什么成就感。有人觉得做采购很痛苦，我觉得他是不善于和人打交道。

当然如果具体到某个采购项目或者某个特定时期，就不一定了。比方说，有的企业在搞国产化，针对进口件在国内找合适的供应商。那么在采购前期，就会有大量的技术问题，这时候找做技术的人跟供应商沟通更具优势。如果产品技术稳定了，无非是寻找新的供应商，谈价格，这时候搞技术的不一定更有优越性。实践中，这些问题可以通过分工解决，要根据任务需要，选择不同的人做不同的事。

那做采购的，有没有共同的"专业背景"呢？有，就是采购这个岗位要求的特殊能力。只做杂家，肯定不行，采购还是要有自己的专业性，要知道世事洞明皆学问，我们完全可以在采购这个专业领域深钻，成为专家。

那么，采购人员的专业能力是什么呢？宫老师认为，专业的采购人员必须具备四大核心能力，也就是必须有能力回答四个问题，这些问题，上级领导问，审计部门问，天天被问，必须回答：

（1）为什么选择这家供应商？

（2）为什么是这个价格？

（3）如何控制合同风险与合规？

（4）如何进行一场双赢的谈判？

这四个问题非常有用，有的公司招人、有的 MBA（工商管理硕士）招生，面试官也用它们来问。我给这四个问题配的答案是《供应商全生命周期管理》《全面采购成本控制》《采购全流程风险控制与合规》和《全情景采购谈判技巧》这四本教材。四本教材的主题是本书第 2～5 章的核心主旨，后面会分别展开详述。

小师妹插嘴

除了"T 形"人才，是不是还有"∏ 形"人才？

学霸掉书袋

"T"的竖线代表深厚的专业知识，横线代表广博的跨领域知识；"∏"下面的两竖代表两种专业技能，"∏"形人才是指能将多门知识融会贯通的高级复合型人才。简单说，就是纵向要深，横向要宽，并且拉通。

第2章

供应商全生命周期管理

导　语

　　"为什么选择这家供应商？"这是专业采购必须有能力回答的第一个问题。要想回答这个问题，必须学会供应商选择，选择之前要进行评估，还要学会供应商关系管理。据此，要制定供应商选择策略，制定准入标准、退出条件，还要对供应商进行日常管理，这包括绩效管理和分级、分类管理，综合起来就是**供应商全生命周期管理**。供应商管理的终极目标不是退出，而是持续改进，我总结的方法论是PDCA（即计划、执行、检查、行动）循环。

　　记住：采购人员的职责就是，为公司找到满足当前以及未来需要的供应商，建设高质量的供应商资源池。

11. 管理秘诀：三句话洞悉供应商管理之道

大家知道，企业之间的竞争就是供应链之间的竞争。可见，企业的成败和做采购与供应链管理的人是有很大关系的。

道理很简单，我们要想在市场上竞争取胜，那么我们一定要比竞争对手做得好。什么叫好？就是质量、成本、交付、服务要比竞争对手好一点。要想做到这一点，我们的供应商，甚至供应商的供应商都要好一点。供应链是条链，总体强度不是取决于最强的一环，而是最弱的一环。如果企业整条供应链上有一个供应商做不好，就会带来问题。

实践告诉我，采购的核心任务就是为公司找到满足当前以及未来需要的供应商。供应商的绩效就是采购的绩效，供应商的绩效就是采购的工作成果，供应商好，采购就好，供应商不好，采购就不好，供应商管理已成为企业成功的关键因素之一。

所以，作为采购人员，正确认识供应商的管理很重要。在这里分享三句话。

第一句，供应商是资源。

供应商不仅提供原材料、组件和服务，往往还是企业创新、技术进步和市场信息的重要来源，我们向供应商购买的不仅是产品和服务，更是能力。因此，将供应商视为企业宝贵的资源库是提升企业整体竞争力的关键。我相信，这一点大家口头上都认同，但是，实践中，很多人并没有真正把供应商当资源，有的把供应商当对手进行博弈，有的仅仅向供应商买东西，把东西买来关系就结束。

如果我们把供应商当成对手，双方就有很多地方彼此设防，比方说成本不公开、评审时不让你看到真实情况、报价时投机，大家会打信息差。信息沟通不充分可能带来很多成本浪费，失去很多改进机会，那你的供应链就会不强，甚至变得很弱。

要充分利用供应商这一资源，企业需要建立全面、深入的供应商合作关系。现在有的公司为了控制重要的供应商资源，甚至入股供应商，乃至供应商的供应商，通过供应链向后整合确保供应链的稳定性、提高响应速度并降低成本。有些汽车厂商，包括丰田、比亚迪，都这么做。

举个铁矿石的例子。我们以前一直以为买的量大，一定会便宜。结果我国在国际市场上发现，买的量大，反而贵了。为啥呢？日本的新日铁、韩国的浦项钢铁买这些铁矿石为什么就不涨价呢？那是因为这些铁矿石企业中有它们的股份，而我国以前没有。也就是说，我们对供应链缺少控制，缺少控制就竞争不过人家。现在，我国很多企业也开始入股一些国际上的矿产资源型企业了。

所以，要把供应商当资源，要用心地对待供应商，花精力培养供应商。

第二句，好的供应商是筛选出来的。

为什么强调"筛"，我先给大家讲个故事。宫老师认识 P 公司的一个采购总监，他说外籍面试官面试他的时候，问他一个问题："你在中国，我在外国，用什么来证明你选的供应商是合理的？"他说："我让所有供应商都填一个表格，叫供应商基本信息表（Supplier Basic Information，SBI）。这样我就可以快速考察 300 家供应商。我从中筛选，觉得有希望成为我们的供应商的，再让它们做一个供应商自我评估（Supplier Self-Survey，SSS），这样再筛一轮，就只剩 30 家了。30 家还是太多，而且之前所有的信息和评估都是供应商自己做的，接下来我们就要做正式的评审，建一个供应商评估模型（Supplier Evaluation Model，SEM），这样就可以从 30 家中选出 3 家了。每一步都有筛选的工具，每一步都有筛选的记录。SBI 是一个长清单（Long List），SSS 是一个短清单（Short List）。最后评估，得到的是潜在供应商清单（Potential Supplier List，PSL）。这三步形成一个筛选漏斗，一步步筛选出合格供应商。"我之前也用过这个方法，并把它总结为"三步筛选合格供方"。

也可能会有人质疑，这样会不会浪费时间啊？其实并不费事，这样效率反而提高了，通过三步筛选，供应商选择更精准。而且通过这种方法，我们建立了庞大的供应商数据库，这对我们开展供应市场分析也是有好处的。

当然，如何筛选出最符合企业需求的供应商，需要一套科学、严谨的筛选机制和评估标准。这个在后面会详细讲。

第三句，高效供应商是管理出来的。

选择了合适的供应商后，如何确保这些供应商高效运作并持续满足企业需求？答案是：要做供应商全生命周期管理。

供应商全生命周期管理强调对供应商从引入、日常合作到退出的全面管理。从供应商的初步筛选到合作关系的建立，再到持续的绩效评估和改进，直至最终的退出或再续约，每一个环节都紧密相连，共同构成了供应商管理的完整生命周期。这种管理方式避免了传统供应商管理中可能出现的短期行为和断点，确保了供应链的持续稳定和高效运作。

首先，在引入阶段，企业应明确选择标准，筛选出符合要求的优质供应商。其次，在日常合作阶段，企业应定期对供应商进行绩效评估，进行分级分类管理，根据其表现给予奖惩和激励，推动供应商不断提升自身能力和服务水平，甚至进行整合。最后，在退出阶段，确保过渡期的顺利进行，并总结经验教训以优化未来的供应商选择和管理策略。

此外，全生命周期管理还关注供应商的持续发展和改进。退出，不是供应商管理的终极目的，持续改进才是。公司在不断发展，对供应商的要求也在不断提高，供应商的能力要与公司当前以及未来需要相匹配，所以，我对供应商全生命周期管理总结的方法论是 PDCA 循环。（详见《供应商全生命周期管理》，机械工业出版社）

12. 寻源渠道：18+1 众里寻它，找到最正确的供应商

采购工作强调 5 个 R，即在采购过程中需要考虑的 5 个重要因素，它们是：正确的物品（Right Item）、正确的数量（Right Quantity）、正确

的时间（Right Time）、正确的地点（Right Place）和正确的价格（Right Price）。这 5 个因素对于确保采购活动的顺利进行和满足组织的需求非常重要。这 5 个 R 的实现需要依赖正确的供应商（Right Supplier），没有正确的供应商，就无法确保 5 个 R。因此，在选择供应商时，我们需要进行全面而细致的评估，确保它们具备提供这 5 个 R 的能力。

选择正确的供应商需要前面讲的"三步筛选"，而这之前，我们首先要解决的问题是，到哪里去找供应商？供应商寻源必须广开渠道，这样才能获取最多的供应商信息，建设最优质的供应商资源池。实践中，很多采购人员被其他部门的人诟病，就是这一条没做好。

以下是我整理的寻找供应商的渠道，叫"18+1"。18 个渠道，再加 1 个。为什么不直接说 19 个呢？因为最后那个"1"跟前面 18 个不同。18+1，不仅是一个数字，更代表我们广开渠道、多元寻源的决心与策略。通过 18 种已知渠道的有效整合，再加上那未知的"1"，我们不断挖掘市场潜力，引入优质供应商，为企业注入源源不断的新鲜血液与创新活力。

【知识链接】🛒

寻找供应商的 18 个渠道

（1）互联网搜索：使用搜索引擎，通过关键词快速找到潜在供应商，是初步了解市场的便捷方法。

（2）专业 B2B（企业对企业）平台：如阿里巴巴等，提供大量供应商信息，适合大规模采购或寻找特定产品。

（3）行业展会：直接与供应商面对面交流，了解各环节的供应商，包括原材料、制造等环节。

（4）行业协会：提供成员名录和权威信息，是获取供应商推荐的重要途径。

（5）电话/企业黄页：虽然使用减少，但在某些地区或行业仍然有效，能提供企业信息查询。

（6）采购代理：专攻某些领域，拥有广泛渠道和资源，可协助寻找供应商。

（7）社交媒体：搜索相关话题或群组，适合寻找新兴供应商或进行市场调研。

（8）招标网站：发布采购信息，供应商可参与投标，适用于大型项目或公共采购。

（9）咨询公司：提供市场研究和供应商数据库，可了解市场上的主要供应商。

（10）采购联盟：与多个供应商合作，有助于集中采购力量，获得更好的价格和条件。

（11）内部推荐：企业内部人员提供有价值的供应商信息。

（12）客户／同行推荐：基于实际合作经验的反馈和推荐，具有很高价值。

（13）利用现有供应商：现有供应商了解行业和供应市场，可提供有价值的建议和推荐。

（14）贸易商和代理商：提供一站式服务，特别是进出口业务，可推荐可靠供应商。

（15）商会：提供会员名录和供应商信息，侧重于地区或特定商业群体。

（16）政府机构（大使馆）：提供供应商名录或推荐服务，特别是跨国采购时非常有用。

（17）广告：在各类媒体上发布的供应商广告，可广泛了解市场上的供应商和产品。

（18）临时到访的销售人员：虽然不是主动寻找，但有时能带来意外的商业机会。

这 18 个寻找供应商的渠道，涵盖了多个方面，从线上到线下，从专业平台到传统媒体，都有涉及。这些渠道各有特点，适合不同场景和需求的企业。因此，在选择渠道时要根据你的具体需求和环境做出判断。

我重点讲其中几个。

宫老师坚定地认为，网络时代，我们应该提升"搜商"，也就是利用互联网搜索的能力。互联网，可以让每个人活成一支队伍，只要学会利用互联网，包括使用人工智能（AI），一个人，就可以做到从前一支团队才能做到的事情。

再说说行业展会，相对来说，研发、销售人员参加展会较多，采购人员较少参加。其实，参加展会可以很集中地看到某个行业的较多供应商，一下子获取很多信息，在展会上往往还有行业发展趋势论坛，绝对刷新我们对行业的认知。我参加过很多展会，这种感觉很强烈。

还有一条渠道是利用现有的供应商找新供应商，有人说这怎么可能呢？还真有采购是这么干的，不过这方法没用对。他们跟供应商讲"你看我只有你一家供应商，你再帮我推荐一家呗"。于是供应商回去又注册了两家公司来充数。有的嫌注册来不及，就拉上他两个"兄弟"。本来采购是想多发展几个供应商的，结果变成了供应商联合起来围标。表面上满足了公司"货比三家"这个要求，但是实际效率不高。那么怎么利用现有供应商找新供应商呢？最好的方法是问供应商："你的竞争对手是谁？"当然有人可能不愿意说，或者说没有竞争对手。那就问他这个行业的前三名是谁，当然他也可能回答，他就是老大，前面没人。那就问他，后面三家是谁。他如果回答，对不起，后面也没人，这时你就可以给他扣一个"帽子"，说："怎么可能这行业只有你一个，看来你根本不了解这个行业啊！"在这种激将法下，他不得不介绍这个行业的情况。一下子我们就可以获得很多信息。而且他越不想说的那个竞争对手，可能越是你想找的那个。

还有，就是组织内的工程师和技术人员。内部的最终用户（End User），他们有很多人脉资源，都是同行，当然就可以带来很多供应商资源。这里存在一个问题：他们选择的供应商，到了采购那里，是当作"指定"还是"推荐"呢？其实内部人员在推荐时已经有了倾向性，到了采购再选择供应商就有点难了。这个地方处理起来是有技巧的。宫老师有个十六字方针：广泛参与，以我为主，内部推荐，机会优先。具体怎么操作，这事儿不宜写得太细。

 小师妹插嘴

有些东西一写出来就变味，需要面授机宜，欢迎大家和宫老师面对面讨论。

前面说了18个渠道，还有个"1"。这个"1"是指反向营销。

13. 反向营销：招募供应商的全新策略

营销就是让客户知道你、找到你、信任你，与你成交。反向营销，就是让供应商知道你、找到你、信任你，把东西卖给你。

在网络时代的商业环境中，采购方已不能仅满足于被动地等待供应商上门。采购方应该通过反向营销，主动吸引并筛选出符合自身需求的优质供应商，拓宽供应商资源池。

以下是一些建议，以帮助大家更有效地进行反向营销，招募到合适的供应商。

明确采购需求与定位

首先，采购方要知道自己是谁，需要什么样的供应商，需要清晰地明确自身的采购需求，包括产品类型、质量标准、价格预算、交货期限等关键因素。同时，也要明确自身的市场定位，以便能够找到与自身业务相匹配的供应商。这一点非常重要，后边还会提到。

建立并展示品牌形象

采购方要把自己宣传出去，就需要积极展示自身的企业文化、历史背景、业务规模和市场地位，以树立可信赖的品牌形象。采购方应通过分享与供应商合作的成功案例和长期合作的愿景，吸引更多有实力的供应商主动寻求合作。采购人应该学会，公司也应该鼓励通过采购窗口宣传公司品牌。

利用社交媒体和在线平台

可以利用社交媒体和在线平台发布采购需求、行业动态和合作机会等信息，让更多供应商知道自己，吸引潜在供应商的关注。同时，也可以利用专业的 B2B 在线市场平台发布采购信息和招标公告，吸引更多优质供应商参与竞标。

参与并举办行业活动

采购方可以通过主办或赞助行业内的展览会、研讨会或论坛等活动，展示自身实力和需求。这些活动为采购方提供了与潜在供应商面对面交流的机会，有助于建立联系并收集名片。同时，通过这些活动还可以及时获取行业动态和最新技术趋势信息。

发布公开招标信息

在官方网站、行业媒体和政府采购平台上发布公开招标信息。招标信息应明确招标流程和标准，确保信息的透明和公平。这不仅可以吸引更多优质供应商参与竞标，还可以提升采购方的公信力和品牌形象。

利用 SRM 系统发布采购需求

供应商关系管理（Supplier Relationship Management，SRM）系统是优化企业与供应商之间交互过程的重要工具。采购方通过 SRM 系统发布采购需求信息，邀请供应商报价。这种方式可以提高采购过程的透明度和竞争性，同时，也方便供应商及时了解并响应采购方的需求。

建立合作伙伴关系网络

与行业协会、商会或其他相关组织建立合作关系。通过这些组织的活动和渠道宣传自身的需求和合作意向，可以吸引更多潜在供应商的关注。此外，采购方还可以积极与其他企业建立战略合作伙伴关系，实现资源共享和互利共赢。

案例展示与成果分享

在媒体和官方渠道上展示与供应商合作的成功案例和成果是吸引更多潜在供应商的有效方法。通过分享成功案例和经验教训，采购方可以进一步提升自身的品牌形象和知名度。这些成功案例还能够激发合作意愿，为潜在供应商提供更多参考和借鉴价值。有的公司就通过参加中采商学举办的"中国好采购"案例大赛，来讲述采购故事，宣传公司品牌，吸引更多优质供应商的关注与参与。

14. 优选法则：A 是 120 元，B 是 110 元，该选哪家供应商

俗话说，男怕入错行，女怕嫁错郎。采购最怕什么？就怕选错供应商。有人说，选错供应商有什么关系，换掉就得了呗。其实，换掉供应商没那么容易，隐患很多，不信你自己试试。

那怎么做，才能第一步就选对呢？关键是确立标准。

用什么标准呢？一般来说，会综合考虑 QCDS，即质量、成本、交付、服务，此外，还要考虑供应商的稳定性和可靠性，以及供应商的社会责任和环境保护等方面的因素。问题是"综合考虑"该怎么考虑呢？有人就是一句话：要"物美价廉"，要"性价比"。这听上去很有道理，但怎么操作呢？先来看看下面这个案例。

【微信文章】🛒

审计只问一句话，领导就下课了

某集团领导对我讲了一件事，审计组到各地审计，总爱问一句话："你们为什么选择这家供应商？"

这位被审计的领导对我说："我到菜市场买个萝卜，家人非得问我，为什么买这家的，你让我怎么回答？为什么买这家的？我喜欢啊！我喜欢这家还不行吗？！"

这样回答家人可以，回答审计组就不行了，很多领导由于回答不清楚，就下课了。

比如，审计组在调查一个工程项目，它是审计组关注的一个重点项目。下面是审计组与相关负责人的对话。

审计组：为什么选择这家供应商？

他：这家便宜。

审计组：你们采购都是拣最便宜的吗？

他：也不是。

审计组：那为什么选择这家供应商？

他：这家质量好。

审计组：你们买东西挑最好的买吗？

他：也不是。

审计组：那为什么选择这家供应商？

他：这家公司规模比较大。

审计组：你们不跟小公司做生意吗？

他：也不是。

审计组：为什么选择这家供应商？

他：这家物美价廉。

审计组：不是一分钱一分货？

他：啥意思？（有点不舒服）

审计组：为什么选择这家供应商？

他：与这家公司合作时间长。

审计组：你们从来不找新供应商，只跟合作时间长的做生意吗？

他：也不是。（有点烦躁）

审计组：那为什么选择这家供应商？

他：这家公司服务好。

审计组：是与你关系好吗？

他：……（汗出来了）

审计组：那别在这儿说了，我们给你找个地方……

（当然审计组提前掌握了很多问题线索）

宫老师总结，专业采购必备的四大核心能力，第一个能力，就是要能回答"为什么选择这家供应商"。上面这篇微信文章，大家可以仔细琢磨琢磨。

为什么选择这家供应商？

这看似很简单的问题，实际上蕴含很多道理。我在讲课时每每讲到这个案例，大家往往都非常惊讶，有时如大梦初醒。

有个学员就跟我讲："宫老师，我们领导也很烦的，经常问这个问题。每当我们找领导审批时，领导总爱问，为什么选择这个供应商？我有时很生气，就回领导，你不信任我吗？领导要用人不疑，疑人不用！"

听上去，这多么有道理、多么理直气壮呀，用人不疑，疑人不用。

你的回复真有道理吗？理很直吗？

其实这不是信任不信任的问题，而是供应商选择策略、选择标准的问题。我在《供应商全生命周期管理》这本书里花好大的篇幅讲很多的案例来给大家澄清一个公司究竟应该根据什么来选择供应商。

这个事情说复杂，其实真挺复杂的，因为买方千差万别，所以供应商也千差万别。这件事说简单也简单，就是选择合适的供应商，进一步说，就是选择能够帮助自己公司在市场上获得竞争优势的供应商，注意，是差异化的竞争优势。

以下是宫老师的亲身经历。宫老师到一家外资公司 V 去面试，外籍面试官问了一个问题："A 供应商报价 120 元，B 供应商报价 110 元，我们该选择哪家供应商？"宫老师想，这没有给出限定条件啊，咋选呢？只给一个价格，这个价格含税吗？有的价格看着低，结果不含税，加上税反而价格高。还有付款周期什么样？付款周期当然和价格有关。还有交货进度、公司规模大小……外籍面试官说，不用考虑这么多。如果啥都不考虑，那当然选价格低的 B。外籍面试官说："这样吧，我再给你增加一个条件，A 的价格虽然高一点，但质量比较稳定；B 的价格虽然低，但质量不稳定，产品需要挑选。"当时宫老师说："既然 B 的产品挑能挑出来，而且又是供应商自己挑，没有太大关系，还是选 B。"这时 V 公司的外籍面试官严肃地说："宫先生，你知道 V 公司的理念吗？ V 公司的理念是质量、安全、环保。"什么放在第一位？质量！这里说成本了吗？没有！所以应该选择谁呢，选择 A。

大家都知道，V 公司后来被国内的 J 公司收购了。如果 J 公司的老板问你同样的问题，A、B 两个供应商选谁？讲课的时候，学员们一般都会异口同声说，肯定选便宜的。那么问题来了，同样是汽车行业，为啥 V 公司选了那个贵的，而 J 公司选了那个便宜的？这跟公司的竞争战略、产品的定位有关系。

可见，选择供应商关键是要根据自己的需求，也就是根据企业的战略规划、市场定位确定好标准，根据标准选择"对的"或者叫"合适的""正确的"供应商，做一个"精准对接"。不同发展阶段、不同行业，不同市场定位的企业，需要的供应商是不同的。

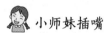 小师妹插嘴

想到了宫老师"SCM（供应链）321模型"中的两条主线：组织之间高效协同，供需之间精准对接。

 学霸掉书袋

3是指物流、信息流、资金流，这是供应链管理的对象；2是指两条主线，这是要解决的两个基本问题；1是指一个突破口，就是交付，供应链管理一切都是为了"交付"。具体可以看《解构供应链》（宫迅伟老师即将出版的新书）这本书。

15.中介价值："不让中间商赚差价"是对的吗

再说供应商选择策略。有些公司，要求采购选择供应商时必须选择制造商，而不能选择中间商，坚决不能让中间商"赚差价"。这个观点宫老师认为是值得商榷的。因为制造商有制造商的作用，中间商有中间商的作用，我们必须重新审视中间商的价值。当然，我也不是说必须使用中间商，只是在强调不能把中间商一棍子打死，要看中间商赚的"差价"是否物有所值。

在供应链管理中，中间商常被视为增加成本、降低利润的环节。实际上，中间商不仅是价格与质量的传递者，更是多重价值的创造者，有时具有不可替代的作用。

比如，有的制造商只管制造，不卖东西。一些日本企业就是通过商

社去卖东西的，你直接去找工厂买，人家根本不理你。另外，制造商的核心能力是制造，经销商的核心能力是服务。如果我们对服务要求很高，那就需要经销商。

举一个例子，两个大公司 A 和 B 要做生意，A 是供应商，B 是采购方。按说两个公司合作应该是没问题的，都是知名的大公司嘛。但恰恰这两家是没办法签合同的，因为两家都太厉害了。供应商要用自己的合同模板，客户也坚持用自己的合同模板，合同条款都谈不拢。两家内部的法律顾问都很厉害，都不愿意妥协。此外付款周期也不契合，供应商厉害啊，说"你必须提前付款"，采购方说"不可能！我们都要求至少三个月的付款周期"。再比如说库存，买方说"你得给我做 ×× 个月的库存"，供应商说"你必须提前给我发预测，我才给你做库存"……很多事情谈不拢，最后就逼出来一个经销商。A、B 两家公司都是这个经销商的"大哥"，经销商跟 A 签 A 的合同，跟 B 签 B 的合同；付款周期的事情，经销商在中间一垫资，就解决了。库存也可以由经销商来备。

有人问了，通过经销商不是增加了成本吗？不一定的。因为两个大公司都很厉害啊，一出差就要五星级酒店，那个经销商的员工可能睡火车站地铺都行。大公司的人都是国内外重点大学的尖子，工资待遇高得不得了，经销商的员工不要求多高的学历，会送货就行。服务呢？有可能经销商还更积极，更贴心。还有的时候，经销商那里有更专业的技术服务人员，帮着你做一些事情。所以经销商有经销商的作用，不能一概而论。

那中间商到底有哪些作用呢？作用有很多。比如，中间商可以提供一站式采购，提高效率，降低交易成本和时间成本；提供市场信息，帮助采购方做出明智决策；还可以承担库存风险，提供售后服务和技术支持。当然，正确使用中间商也很重要。首先，要明确自身需求和定位，确定是否需要中间商；其次，要严格筛选和评估中间商，确保优质服务。也要区分清楚经销商与代理商，经销商拥有产品所有权，承担经营风险，而代理商以厂家名义销售，获取佣金。它们资质不同，明确区分有助于选择合适的合作对象。

16. 订单分配：唯一、单一，还是 AB 角

很多公司会采用"一品两点"，或者叫 AB 角供应商的管理方法。就是一项物品，选两家供应商。这里隐含着一个问题：究竟该选一家供应商，还是两家？宫老师在外资企业工作时，欧洲的同事就问："为什么你们总爱选两家供应商？"宫老师答："怕供应商有问题啊，这叫有备无患。"他说："怎么会有问题？！你这叫三心二意，脚踏两只船，我这里就一个供应商，一心一意，跟供应商长期合作。"宫老师说："你那不叫一心一意，叫一棵树上吊死。"（笑）那么我们到底该脚踏两只船，还是该一棵树上吊死？（笑）其实各有各的道理。如果我们采购的量特别大，一家供应商满足不了，我们当然应该选两家。或者，在目前这个商业环境下，就算我们想跟供应商长期合作，人家还不一定愿意呢，碰到好客户人家就跑了，这时候只好找两家供应商。

这本质上是"供应来源"的选择问题。常见的策略有三种：第一种是 Sole Sourcing，即唯一来源。市场上只有一家供应商，我们想选也没得选。第二种是 Single Sourcing，即单一来源，市场上有多家可以供货，但我们只选一家。第三种是 Multiple Sourcing，即多个来源，AB 角就是多个来源。

具体如何选择，取决于不同情况和需求。以下是针对这三种策略的选择建议。

唯一来源

当某产品或服务只有一家供应商能提供，或该供应商拥有不可替代的资源时，企业可能不得不选择该供应商。例如，某些特定药品或高科技核心组件可能只有一家供应商。

单一来源

当某供应商在质量、价格、交货期等方面明显优于其他供应商时，企业可能会选择该供应商。例如，对原材料质量要求极高的企业，可能只找到一家符合要求的供应商。

多个来源

为分散风险、确保供应链稳定灵活，并满足需求波动，企业通常选择多个供应商。例如，大型制造企业会从多家供应商处采购关键零部件和原材料，以确保生产稳定并降低成本、提高质量。

如果使用 AB 角供应商，就存在一个订单量分配的问题。有的公司说，我们先选好两个供应商，但平时所有的采购量都给 A，不到万不得已不用 B。但问题是，你总是用 A，不用 B，结果 B 从来没有准备过。等你哪天万不得已了，B 现抓也来不及。所以平时总该有一定的采购量给 B。就像话剧演员也有 AB 角，那个 B 角偶尔也要登场去演。那么给 B 多大比例合理？这个不能一概而论。解决方案是：订货量＝（质量／价格）× 关系，即订货量与产品质量成正比，与产品价格成反比，关系要素通常都视为 1（不合格供应商为 0）。这样，只要采购方做到公开、公平、公正，则会使 A 供应商心服口服，从而更注重提升品质，改善管理，努力在竞争中做得更好。

这里还隐含着一个问题，很多公司做采购寻源，寻找供应商的是采购部门，但具体下订单的是另一个部门。所以采购部门要定出一个明确的策略来，是六四开，还是三七开，并清晰地传递到操作部门，让操作部门去执行。

 学霸补充

针对最后一个问题，如果下订单的是另一个部门，采购给出策略时，一要清晰，二要可执行，三要简单方便好操作。如果直接扔一个圈圈要求过去，譬如给 A 采购金额的 70%，给 B 30%，下订单的人可能会很难操作，因为他在具体下订单时可能有最小订货量或者经济订货量的约束条件，因此有必要和操作人商讨出具体可执行的方法来。

17. 量身定制：构建精准的供应商选择评估标准

供应商是资源，想象一下，我们与竞争对手的资源是一样的，会是什么结果？差异化竞争优势如何打造？

培训的时候，经常有学员向宫老师索要别的企业的供应商评估表。我说，照抄没用。其实，每个企业对供应商的要求是不一样的，需要量身定制。不同的公司，公司的不同阶段，甚至是不同的产品，选择供应商的标准都是不一样的，往大了说，需要根据公司市场定位、竞争策略来选择供应商，我们的竞争策略要有别于竞争对手，也就是要有差异化竞争优势。如果自己不知道怎么设计供应商选择评估标准，则需要请专业的咨询公司帮助设计。

做采购就怕选错供应商，选对优质供应商对企业至关重要。那具体怎么量身定制构建供应商选择评估标准呢？

首先，要深入理解企业的战略目标和采购需求，明确产品特性及关键要求，然后识别重要因素并分配权重。评估标准应包括精细化的定量指标，如成本、质量、交货等，以及定性指标，如技术创新、财务稳定性等。评估标准需与公司战略保持一致，满足当前及未来需求。确定标准后，建立综合评估体系对供应商比较选择，定期审查和更新以适应变化。

把评估标准简单总结一下，就是分为因素和权重。各公司因素有时差不多，关键是权重。因素，我们以前常用 QCD（质量、成本、交货周期）三因素来表示。有人说这还不够，又加上了"S（服务）"等因素，后来变成了 QCDTES（质量、成本、交货周期、技术水平、环境、服务）。又有人说，这还不过瘾，要再加两个 S，即 Safety 和 Social Responsibility（安全和社会责任），这好像也有道理。现在，有的企业还要评审 ESG（环境、社会和治理）。这些标准反映了企业构建差异化竞争优势的需要，也反映了社会不断进步的要求。

有人说，在权重方面是不是应该质量多一些，成本第二，交付第三？我认为，不一定。还记得我前面讲的 A 供应商 120 元，B 供应商 110 元的例子吧。不同的企业，评估供应商的权重是不一样的，对不同的产品，评估权重也可以是不同的。

在评审时，针对不同产品，宫老师提出了两种评审策略：首先是"统一考试，不同分数录取"，即使用统一的评估表格对供应商进行打分，但选择时侧重于满足特定需求的部分，类似于高考不同专业录取看重不同科目成绩；其次是"不同考试，按分数录取"，即为特殊项目制订专门的评价方案，类似于艺术学院或体校的加试。虽然不同企业的评估因素和权重各异，需要制定标准，但评审方法基本一致，主要关注质量、成本、交付等因素。

18. 管理评审：全面评审有方法，简单评审有技巧

说到管理评审，有人可能一下子抓不住重点，不知道怎么评审。其实，很多公司都会开展管理评审，作为采购也可以通过"正规"的方法评审供应商，比如，可以看各种体系证书、获奖证书这些外在的，也可以评审一些形式上的，如内部是否定期开展管理评审、第三方审计等。

这里我不讲这些大家都知道的"正规"方法，而是讲一讲我实践中总结的方法论——"透过组织架构看管理"。

评估供应商的组织能力，可以通过供应商的组织架构评审，包括其部门设置、职责划分以及决策流程等。组织是管理的载体，一个简洁、清晰的组织架构图通常意味着公司内部职责明确，沟通顺畅，能快速响应市场需求。

具体我总结为"五看":

（1）看管理层级，层级过多可能导致决策缓慢和官僚主义。

（2）看部门设置，是否确保各部门职责明确，相互支持，共同推动公司目标的实现。

（3）看管理幅度（即每个层级的直接下属数量），过宽的管理幅度可能导致监督不足，而过窄的管理幅度可能导致资源浪费。

（4）看灵活组织，是否存在跨部门的项目团队或临时组织，以应对市场变化和业务需求。

（5）看决策机制，识别组织架构图中的关键职位和决策点，有助于判断公司是否具备有效的决策机制和执行力。

当然，还可以评估供应商的管理团队及员工情况，包括其教育背景、年龄结构、专业经历等。考察供应商在员工培训和发展方面的投入和成果，包括培训计划、培训内容以及员工晋升机制等。了解供应商的企业文化建设，包括其价值观、使命、愿景以及员工活动等。良好的企业文化能够增强员工的归属感和凝聚力，提高供应商的整体绩效。

要特别注意的是，组织能力评估的结果应该与采购需求相结合。例如，如果采购的是技术密集型产品，那么对供应商的研发团队和技术实力应该有更高的要求；如果采购的是大宗原材料，那么对供应商的生产能力和供应链管理应该有更严格的考察。通过这种方式，可以确保选择的供应商能够满足公司当前以及未来的需求。

我这里还想跟大家分享的是，有时，我们跟供应商只是短暂的接触，到供应商现场去"参观"，或者在自己公司会议室"会见"供应商。此时，也可以通过一些简单的方法快速评估供应商。

下面分享一些宫老师自己的小经验。

第一，可以看这个公司的客户。一个公司有什么样的客户，就决定了这个公司有什么样的未来。为什么？一个优秀的客户，要求一定会比较高，这样这个公司的水平也不会太差。优秀的客户，回款一般也会比较好，这样这个公司的现金流也没有大的问题。优秀的客户，订单也会比较稳定，所以其生产不容易产生太大问题。

第二，看这个公司有什么样的管理者。有什么样的管理者，就决定这个公司未来的路怎么走。

大家可以参考宫老师的一篇微信文章。

【微信文章】🛒

如何快速评估供应商

无论我们是什么职务，都有可能去拜访供应商，拜访时间有长有短。长的可能是对供应商进行体系评审、过程评审，这需要一定的专业知识。更多的时候，到供应商那里考察，不过是走马观花"参观"一下。这时，就有一个问题，在这么短的时间，如何快速有效地评估供应商的管理能力呢？

我总结了四种方法。

一、看接待

大家说，看接待，是看供应商接待是否热情吗？

我来讲一个亲身经历。

有一次宫老师去考察一家供应商，这家供应商在无锡，是日企。对方派销售经理到上海接我，快到无锡时，销售经理打了一个电话，当然我没听懂，因为他说的是日语。待我们到公司办公楼前时，总经理已经等在楼下，车刚停稳，总经理走上前打开车门，说声"欢迎光临"，然后带我走上二楼。二楼那里有个背景墙，上面是公司的标识，前面已经放了几把椅子。还没等我反应过来，总经理说"宫先生，请坐"，他率先坐下，示意我坐在旁边，同行的几个人纷纷落座后，我们的前面已经站了一个摄影师，他看我们都坐下，立即按动快门，咔咔咔，估计连续拍了十几张，意外的是，并没有我们经常喊的"茄子"。想一想也真没必要，从十几张中挑出一张就好。

"咔咔咔"后，总经理引我们到旁边的会议室。此刻，会议室里 PPT 已经打开，首页显示"欢迎宫迅伟一行到 XX 公司指导"。我们落座后，总经理简单致欢迎辞，总经理是日本人，不会中文，然后迅速由中方副总经理介绍公司，他边介绍，我们边翻看桌前的资料，资料的旁边还有安全帽。15 分钟介绍完毕，问我们有啥问题。一看大家没啥问题，就让我们戴上安全帽参观车间……接待流程非常流畅。

大家可以对照一下自己被接待的亲身经历，看看是否有过一些"小尴尬"。比方说，到了约好的见面时间，但领导迟迟没到，接待人一遍遍跟你说"抱歉，领导太忙了"……

当然还有车辆准备、样件准备等，不要小看接待，它关联多个部门，是协同能力的一个体现，完全可以看出公司的管理水平。

二、看现场

大家说看现场当然是对的，丰田都说了"现场、现地、现物"，还可以看 5S：整理 (Seiri)、整顿 (Seiton)、清扫 (Seiso)、清洁 (Seiketsu) 和素养 (Shitsuke)，现在还有人说 6S，在 5S 的基础上增加了安全（Security），强调一下安全。大家都懂这个道理，但要有能力看门道。

我到珠海一个供应商那里去，由于航班晚点，晚上 9 点才到公司，总经理执意让我们看看公司，其实我是不情愿去看的，因为根本不买他的产品，我现在是培训老师，并且肚子已经咕咕叫了。

但在总经理的盛情之下，我们还是去参观了这个公司，在车间里快步走了 10 分钟，马上就去饭店了。老板问我："宫老师，看了我们公司有什么评价？"

我低头看了看摆在眼前的名酒，说"不错"，大家坏坏地笑了。我说："不是因为这酒我说你们公司好，是因为我在现场，连续查看了 5～6 台设备的点检记录，上面都在我拜访当天画着'√'，并且这个'√'与前一天的'√'是不一样的笔迹。这让我想起了天津的一个公司，去拜访时也查看了点检记录，也都画着'√'，但这个'√'是2个月之前的，并且那些'√'长得都一样，说到这里，你懂的！"

三、看仓库

仓库很能看出一个公司的管理，公司任何问题都会反映到库存上，比方说供应商交货拖期、质量不稳、销售预测不准、生产设备经常出故障……这些都会带来库存的增加。

四、看卫生间

访问供应商，难免你要去卫生间。

我去过一个工厂，去办公室要换拖鞋，卫生间里放着鲜花和香水，非常干净。讲课时我经常问学员，猜猜看，这是什么工厂，有人说是制药厂，有人说是食品厂，有人说是电子厂，其实这是一个铸造厂。一个铸造厂为何要这样装饰卫生间？有人不解。

要知道，人的行为是不知不觉养成的，人肯定要去卫生间，肯定是会被约束的，时间长了，习惯肯定就被动养成了，这种习惯会被带到工作中去，而这种环境就会潜移默化地影响工作。

再看有的公司，卫生间脏得要命，水渍遍地……这样的公司只适合干粗活！

当然还可以看物流通道等。

小师妹插嘴

真是一个好招儿，学会了。

学霸掉书袋

见微知著，魔鬼藏在细节里，不用怀疑，非常有效。

19. 技术评审：如何评审供应商的技术能力

这里说的技术，一是指研发，二是指制造。我重点说说研发。

看研发技术，一般会看研发人员使用的软件和硬件，以及研发工程师的数量、学历和年龄结构。宫老师曾经跟外籍同事到国内的一家民营企业去做供应商评审，外籍同事很纳闷，说："你们的工程师怎么都这么年轻！一批大学刚毕业的，名片上写着张工、李工、王工……老工程师哪儿去了？"宫老师说，老工程师要么升职，要么都在广场跳舞呢。（开玩笑）我们看很多外国公司，比如德国企业里，一线工程师很多是五六十岁，日本还有很多七十多岁的，经验丰富。一般来说，老工程师比年轻工程师水平更高是个大概率事件。一家公司如果有比较多的老工程师，一般来说研发水平会高一些。所以要看供应商工程师的年龄结构，看他们从事这项工作的年限，甚至要仔细问问他们是否有开发同类产品的经验。还要问他们使用什么样的研发软件，因为这会涉及与我方图纸对接的问题。如果我方是跨国公司，还要评估对方的语言能力。

在评估技术能力时，我们要特别注意的就是产品认证能力。对于这些能力，有些小公司，确实不如那些著名的大公司。我跟好多负责研发的朋友交流过，为什么一样的图纸，甚至用一样的设备，不同厂家生产的产品不一样呢？一个非常重要的原因就是产品的认证能力。比方说，型式检验认可是为认证目的而进行的型式检验，是由认证机构对一个或多个具有生产代表性的产品样品，通过一系列试验及合理评价来证明受试样品是否符合其相应标准的过程。注意，这里的"一系列试验及合理评价"，是很多企业的短板。

以下从评估角度和现场评审观察点两方面，探讨如何评估供应商的研发能力。

评估角度

研发团队：优秀的研发团队是研发能力的基石。了解团队规模、人

员构成、教育背景、工作经验和技能水平是关键。注意，团队年龄结构
应合理搭配，以充分利用各年龄段的优势，实现知识和技能的互补。

研发投入：查看资金、设备、时间等方面的投入情况。较大的投入
通常意味着更高的技术创新追求。

技术成果：过往的研发成果，如专利数量、新产品开发速度等，能
反映研发实力。

合作伙伴：与知名企业或机构的合作是技术研发能力的重要证明。

现场评审观察点

研发环境：良好的实验室设备、办公环境和测试设施是研发工作的
基础。

研发流程：完善、科学的流程能确保产品研发的效率和质量。

技术交流：通过与技术人员交流，了解其专业技能、工作态度和对
行业发展趋势的看法。

文档管理：规范、有序的管理体系能确保技术信息的准确性和可追
溯性。

此外，创新能力的评估也是重要一环，具体包括了解供应商的研发
投入、技术实力、产品创新能力、市场敏锐度以及合作意愿和开放性等
方面的信息。在评估过程中，应结合行业和市场情况，制定适合的评估
标准和方法，以便进行横向比较和选择。这能够帮助我们更好地了解供
应商在未来的市场竞争中的潜力和优势。

在实际操作中，我们可以根据具体情况和需求，灵活运用上述评估
角度和现场评审观察点。例如，对于某些关键领域或核心技术的供应商，
我们可以更加深入地了解其研发团队和技术成果；对于市场变化快速的
行业，我们应重点关注供应商的市场敏锐度和产品创新能力。同时，我
们也要注意评估过程中的一些常见误区。例如，不能单纯以团队规模或

投入资金大小来评判研发能力的高低；也不能忽视对供应商合作意愿和开放性的考察，因为这关系到未来双方能否在技术创新和市场开拓等方面形成有效的合作。当然，技术评审是项复杂而严谨的系统性工作，往往需要研发工程师一起参与。

【案例】🛒

某世界500强V公司的供应商评审表如表2-1所示（只是部分，供参考）。

表2-1 V公司的供应商评审表

产品开发				得分
产品开发及过程/项目支持	有限的开发程序和试验，总是略迟（0分）	试验资源有限，影响买方进度（1分）	有独立的能力，基本符合进度（2分）	有全部必要的研发资源，所有期限都能满足（3分）	
工程经验	在买方产业里没有经验（0分）	经验有限，仅针对个别客户，产品单一（1分）	有几个客户，可以提供组件（2分）	行业领先，为行业大多数客户提供产品，有能力设计并提供完整的系统（3分）	
产品工程技术	很少使用CAD（计算机辅助设计），与买方无信息联系（0分）	某种程度使用，可接受买方信息（1分）	使用CAE（计算机辅助工程），具有与买方相连的能力（2分）	可与买方全部连接（3分）	
样品原型	不能支持样品制作（0分）	样品制造与正常生产脱离（1分）	原型按自己工艺生产，在质量和交付上有变化（2分）	原型按自己工艺生产，质量和交付满足要求（3分）	
研究开发	<1%，不可接受（0分）	>1%，需要客户驱使（1分）	>2%，有自己的开发计划（2分）	>3%，行业标杆（3分）	
设计变更	没有设计变更系统，杂乱无章（0分）	根据客户要求进行设计变更（1分）	为每一个客户进行设计变更（2分）	由供应商为所有客户进行变更，供应商对所有行动负责（3分）	

看制造技术，就是要看供应商制造的能力和先进性，什么好产品都是生产出来的，好的质量也是制造出来的，制造能力非常重要。具体要看工艺设备是什么样的，如设备型号、工艺参数、新旧程度、生产厂家，

这些在评审时都要做记录。甚至有多少台设备也要问清，这涉及产能。

这些是硬的部分，评审比较容易，更难的是软的部分，不容易评审，也就是供应商是否有一套工艺文件、作业指导书，是否按照这些文件上的要求去做。这就要进行过程评审了。

作为采购，可能不明白那些制造工艺，但我们最容易做的就是"对照检查"，要求供应商提供这些工艺文件或作业指导书，然后对照它们去检查供应商是否按照要求做了。

【案例】

某世界 500 强 V 公司的供应商评估表如表 2-2 所示（只是部分，供参考）。

表 2-2　V 公司的供应商评估表

竞争性				得分
产品和工业技术	未被证实有能力（0 分）	证实有一定经验（1 分）	证实有很好经验（2 分）	证实有杰出能力，是行业领先者（3 分）	
工业工程	部分能力过时，技术标准低（0 分）	设施为一般水平（1 分）	设施超出平均水平（2 分）	设施行业领先（3 分）	
客户服务及通信	缺少服务意识和承担义务（0 分）	意识差但不断改进中（1 分）	需要时反应敏捷（2 分）	熟悉买方，反应迅速，处理问题突出（3 分）	
EDI（数据交换、信息共享）	无交换（0 分）	交换少（如发票)(1 分）	部分信息交换（2 分）	信息全面交换（3 分）	

20. 质量评审：四重评审，评估供应商的质量控制能力

购买的任何产品，首先要符合质量标准，符合公司质量要求。我们可以看到，几乎任何公司都有"质量是企业的生命"这样的标语。所以，无论什么供应商，其质量控制能力都是必不可少的一个评审维度。

具体可以通过以下几个方面进行评审。

• 了解供应商的质量管理体系：询问供应商是否建立了质量管理体

系，是否获得了相关的质量认证，例如 ISO 9001 等。这些都可以作为评估供应商质量控制能力的重要依据。

- 了解供应商的质量控制流程是否完善，是否覆盖了从原材料采购、生产加工到产品检验的各个环节。同时，也要关注供应商是否对关键工序和特殊过程进行重点控制。

- 了解供应商是否配备了先进的检测设备和专业的检测人员，这些设备和人员是否能够满足产品的检测需求。如果可能的话，可以实地参观供应商的检测实验室，了解其设备状况和检测能力。

- 了解供应商的历史质量数据，包括产品合格率、退货率、客户投诉率等。这些数据可以反映供应商的质量控制水平，以及是否存在质量风险。

- 了解供应商是否有针对质量控制方面的改进计划，是否有持续改进的意识和行动。这可以反映供应商对质量控制的重视程度，以及是否有能力不断提升其质量控制水平。

值得注意的是，不同的公司评审供应商的重点是不一样的。因为不同公司、不同产品的要求不一样。具体怎么做呢？又该怎样保证质量的一致性呢？宫老师总结了一下，可以从四个方面来做供应商的质量评审，即体系评审、过程评审、产品评审和绩效评审。以下是对这四种评审的举例说明。

体系评审

目的：评估供应商是否拥有健全的质量管理体系。

举例：

- 审核供应商的质量手册、程序文件和工作指导书等文档，确认其是否符合国际质量管理标准（如 ISO 9001）。

- 检查供应商的质量管理组织结构、职责分配和培训记录，确保有专门的质量管理团队负责质量控制。

说明：可以用 ISO 9000 来评审，加上本行业的标准，如 TS 16949、ISO 13485 等，或者使用自己企业的评审标准。很多大公司都有自己的一套评审体系，这些体系通常超越了 ISO 9000 的要求，因为 ISO 9000 是个通用的体系，是 60 分水平。企业的标准应该高于行业标准，行业标准应该高于国际标准——这点有的人经常搞反。用这些体系去评估供应商，叫资质评审，或者叫体系评审。好比公司里招聘一个员工，会要求必须本科以上学历，甚至要求 211，等等，这些都是"资质"。

过程评审

目的：确认供应商的生产和质量控制过程是否有效。

举例：

- 实地考察供应商的生产线，观察其生产流程、设备维护、工艺控制等关键环节。
- 审核供应商的过程控制计划、检验标准和作业指导书，确保关键工序和特殊过程得到有效控制。

说明：先讲个故事，宫老师有个大学同学，是多年好友，经常过年的时候全家来做客。那么多人到我家，就遇到一个困难。我家里平时生活比较简单，晚上喝点粥、吃点咸菜就完事儿，而同学他们家吃得特别讲究。为了保持生活水平不变，他们会带一个东西。大家猜猜带什么？带锅？带蔬菜？一般人可能想不到，他们会带个计时器来。比如清蒸鱼，要 6 分半钟正好，7 分钟蒸老了，6 分钟没熟。到了宫老师家，甭管谁做蒸鱼，都开着计时器。这就是过程控制。

有人可能说，怎么去评审供应商的过程，我们又不懂产品工艺。不懂没关系，我们就看供应商是否按照作业指导书、操作规程、控制计划做。比如作业指导书上标明橡胶硫化时间，我们就看工人是否按照这个标准做。有的企业的工人在实际操作中会偷偷改时间，因为工人薪酬是计件的，时间改短，产量就大，可以多拿奖金，这样做出来的产品表面上看不出什么不一样，实际质量大打折扣。所以过程评审非常重要。

产品评审

目的：验证供应商提供的产品是否符合规格和质量要求。

举例：

- 对供应商提供的样品进行详细的检测和评估，包括外观、尺寸、性能等方面。
- 要求供应商提供产品的测试报告、合格证明和第三方认证（如 UL 认证⊖、CE 认证⊜等），确保产品符合相关标准和法规。

说明：供应商符合资质要求，也未必完全满足要求，还需要做产品评审，看看供应商的产品怎么样。产品评审的水平，有些企业是落后的。比方说，汽车制造企业会要求对原样（Prototype）、首件样品（Initial Sample）、生产件（PPAP）等不同阶段生产出来的样品进行评估，保证未来交付的产品质量。前一阵儿，宫老师去一家汽车零部件工厂做管理诊断，对方搞不清楚不同阶段样品抽样的作用。有的企业只注意交付产品的检验。还有的企业会跟供应商说"你们给我们提供个'样品'吧"。但是这个"样品"是供应商特别制作出来的，当然能符合要求，和前面我们说的不同阶段的样品是完全不同的概念。

⊖ UL 认证，即一种国际安全标准的认证，旨在保证产品在设计、生产和销售过程中符合相关的安全要求。

⊜ CE 认证，即只限于产品不危及人类、动物和货品的安全方面的基本安全要求。

绩效评审

目的：评估供应商的交货准时率、产品质量、售后服务等绩效指标。

举例：

- 定期收集和分析供应商的交货数据，计算交货准时率，并对延迟交货的情况进行调查和分析。
- 跟踪和分析客户对供应商产品的反馈和投诉，评估产品质量水平和供应商的响应速度。
- 定期举办会议，对供应商进行绩效评估，回顾过去的绩效，讨论改进计划，并设定未来的绩效目标。

说明：我们可以设计一套针对供应商交货情况的绩效打分表格，来开展绩效评审。这是在事后对供应商交付产品的情况进行控制。前面说的体系评审是事前控制，产品评审和过程评审是事中控制，后文还有专门的内容介绍绩效评审。

通过这四种评审的综合应用，可以全面评估供应商的质量保证能力和持续交付合格产品的能力。这有助于及时发现供应商的问题和潜在风险，并与供应商进行有效的沟通和改进，从而确保采购方能够稳定获得高质量的产品和服务。更优秀一点的企业，针对一些特殊产品，有时还会加一项"设计评审"，在供应商的设计阶段进行评审，考察供应商的设计是否合理。这是因为设计涉及工艺衔接问题，涉及能否保证品质的问题，很大程度上决定了质量和成本。

注意，前面说的四种评审，要依靠企业整体的控制体系和各部门的参与。采购是与供应商的接口，所以对所有的事情都要牵头推动，但不一定是采购本人来操作。

21. 成本评审：评估供应商的成本控制能力

供应商的成本决定了它的报价，报价决定了采购方的成本，所以，采购方要想有成本竞争力，必须选择有成本控制能力的供应商，形成可持续的低成本优势。

要评估供应商的成本控制能力，我们需要从多个维度进行考量。不仅要了解供应商的成本构成和分析能力，还要探究它们采取的成本控制策略和方法，以及它们在供应链管理、技术创新、质量管理和持续改进等方面的表现。

具体可以通过以下几个方面来进行。

成本构成和分析能力

了解供应商是否能够提供详细的成本构成分析，这包括直接材料、直接人工、间接费用等。

评估供应商是否有能力对成本进行逐项分析，识别成本中的可变部分和固定部分，以及各项成本对总成本的影响。通过这个可以看到公司成本核算的能力和报价的能力，当然也能评估供应商的合作意愿。

成本控制策略和方法

询问供应商采取的成本控制策略和方法，如目标成本法、标准成本法、作业成本法等。

了解供应商是否有专门的成本控制团队或人员，并评估他们的专业能力和经验。通过这一条可以看出供应商的成本控制能力，包括可持续的降本能力。

供应链管理

评估供应商与上下游合作伙伴的关系，了解其供应链管理的效率，分析供应商在原材料采购、库存管理、物流配送等方面的成本控制措施。魔鬼藏在细节里，细节决定成败，通过细节可以看到落地执行能力。

技术创新

了解供应商是否采用先进的生产技术、自动化设备和信息化管理系统来降低成本。评估供应商在产品研发、工艺改进等方面的创新能力，以及这些创新对成本控制的贡献。降本不是降价，所以，技术改进和创新是高水平成本控制能力的体现。

质量管理和持续改进

分析供应商的质量管理体系，了解其是否有能力通过减少废品、返工和退货来降低成本。

评估供应商在持续改进方面的努力，如实施精益生产、六西格玛等方法，以及这些改进对成本的影响。这体现的是成本控制能力，也是质量控制能力，更是管理能力。

合同和商务谈判能力

评估供应商在合同谈判中表现出的成本控制意识，如是否能够提出合理的价格、交货期等条款。了解供应商在商务谈判中是否能够灵活运用成本信息，为自身争取更有利的条件。供应商的成本也取决于供应商的供应商成本，评审这一项，不仅可以评审出供应商的供应商管理水平，或许还能学到一些我们并不具备的本领，我们是买方，不见得水平就比供应商高。

历史绩效和信誉

说得好，不如做得好，我们要查看供应商的历史绩效数据，如成本控制成果、客户满意度等。

了解供应商的信誉和口碑，以判断其在成本控制方面的可靠性和稳定性。在条件允许的情况下，还要对供应商进行实地考察，观察其生产现场、仓库管理、设备状况等，以获取更直观的成本控制信息。必要时可以聘请第三方机构对供应商进行财务审计或成本审计，以获取更准确的成本控制数据。

通过以上几个方面的综合评估，可以对供应商的成本控制手段和能力形成一个全面而客观的认识。这有助于企业在选择合作伙伴时做出更明智的决策。

22. 交付评审：不断料，不呆料，供需精准对接

交付是采购人的第一要务，准时交货是供应商应尽的职责，但实践中，供应商常常不能按时交付。不能准时交付，会造成库存增加或供应链中断，所以，为了确保供应链稳定和高效运作，在评审供应商时，不仅要评审供应商的交付能力，还要评审其"准时交付"能力。

"不断料，不呆料，供需精准对接"，这是宫老师总结的交付评审的目标和关键要素。其中，"不断料"指的是确保物料流动的连续性，避免因缺料而导致生产中断；"不呆料"则强调避免库存积压和物料浪费，保持库存的高效周转；"供需精准对接"则要求供应商和需求方之间的需求和供应能够准确匹配，实现无缝衔接。它是交付评审的核心要点，即确保供应链的稳定性、效率和准确性。同时，它也体现了对供应链管理的全面考虑，涵盖了物料管理、库存控制和供需协调等多个方面。因此，这句话可以作为交付评审工作的指导原则或口号，有助于提醒相关人员关注并优化这些关键方面，从而提升供应链的整体绩效。

具体怎么评呢？以下通过一个案例给大家一些建议的步骤和方法，供参考。

【案例】🛒

某汽车公司评审座椅组件供应商 A

评审步骤如下。

1. 收集交付历史数据

过去一年的合作中，A 公司共接收了 100 个订单。其中有 90 个订单是在承诺的日期内准时交付的。

分析：根据这些数据，A 公司的准时交付率为 90%。

2. 调查供应链管理能力

访问 A 公司的生产现场，发现其采用了先进的生产计划和物料管理系统。A 公司展示了其应对突发事件的应急计划，同时，提供了过去成功应对生产中断的案例。

分析：这表明 A 公司具备较好的供应链管理能力，能够在面对挑战时保持交付的稳定性。

3. 评估生产能力和资源

A 公司拥有现代化的生产线和充足的生产能力，能够满足汽车制造商的需求。公司在高峰期间采取了加班、增加临时工等措施来确保交付。

分析：A 公司的生产能力和资源充足，能够应对不同情况下的交付需求。

4. 沟通与合作

双方建立了定期的交付进度会议制度，确保信息透明。在过去的合作中，A 公司对于任何可能的延迟都提前进行了沟通，并提供了解决方案。

分析：良好的沟通和合作机制有助于减少误解和延误，增强交付的可靠性。

5. 监控供应商财务状况

A 公司提供了最新的财务报表，报表显示其财务状况稳健，没有发现任何可能影响其交付能力的财务风险。

分析：A公司的财务稳定性为其持续的交付能力提供了保障。

6. 设置关键绩效指标（KPI）

与A公司商定了准时交付率、订单周期时间等KPI。这些KPI将被定期评估，并与奖励和惩罚机制挂钩。

分析：明确的KPI和奖惩机制能够激励供应商不断提高交付能力。

通过上述一系列评审步骤和分析，可以得出结论：A公司具备较强的交付能力和准时交付能力，是一个可靠的供应商。该汽车公司可以考虑与其建立长期合作关系，并确保供应链的稳定性。

要做到"不断料，不呆料，供需精准对接"，只评审准时交付能力就可以了吗？不行。现在，市场竞争激烈，产品更新迭代的速度非常快，另外，随着经济和技术的发展，人们个性化的需求日益增加。在定制化时代，小批量多品种的生产模式已成为行业常态，这对供应商的柔性供货能力提出了前所未有的挑战。为确保供应链的稳定性和满足市场的多样化需求，评估供应商的柔性供货能力显得尤为重要。我把这种能力总结为"三柔"，即品种柔性、数量柔性和时间柔性。

以下是一个"三柔"供货能力评审框架，并通过具体例子来说明如何应用这些标准来评估供应商的供货能力。

【案例】🛒

"三柔"供货能力评审框架

1. 品种柔性评估

品种柔性反映了供应商在应对产品种类变化时的灵活性和效率。评估时，应重点关注以下几个方面。

产品切换能力：考察供应商在不同产品线之间平稳切换的能力。例如，供应商 A 能够在一周内完成从生产电视到生产显示器的切换，且切换过程中生产效率和质量不受影响，这表明其具有较强的产品切换能力。

设计与制造灵活性：评估供应商在设计和制造方面的灵活性。例如，供应商 B 采用模块化设计，能够快速适应不同客户的需求变化，并在短时间内完成新产品的引入和生产，这显示了其设计与制造的高灵活性。

新产品开发协作：了解供应商在新产品开发过程中的表现。例如，供应商 C 与客户紧密合作，积极参与设计讨论和原型制作，通过几轮迭代改进成功推出新产品，这证明了其在新产品开发协作方面的能力。

2. 数量柔性评估

数量柔性体现了供应商在应对订单量波动时的调整能力。评估时，须考虑以下要素。

产能伸缩性：分析供应商的生产线是否具有可扩展性。例如，供应商 D 的生产线能够根据订单量的增减灵活调整生产规模，既能够满足大批量订单的需求，又能够应对小批量订单的灵活生产。

库存管理策略：考察供应商的库存管理水平。例如，供应商 E 通过先进的库存管理系统实时跟踪库存水平和市场需求，既避免了缺货现象，又减少了过度库存造成的成本浪费。

订单响应机制：了解供应商在接收订单后的处理流程。例如，供应商 F 在收到订单后能够迅速确认并回复客户，同时制订详细的生产计划和发货安排，确保订单的及时处理和高效交付。

3. 时间柔性评估（包含供应链考虑）

时间柔性是指供应商在应对客户交货期变化以及整个供应链波动时的响应能力。评估时，应关注以下几个方面。

交货期可靠性：考察供应商的交货准时率。例如，供应商 G 在过去一年中的交货准时率达到了 98%，且在紧急情况下也能够保证按时交付，这显示了其在交货期可靠性方面的高水平。

生产计划调整：了解供应商的生产计划调整能力。例如，当客户提出提前交货的需求时，供应商 H 能够迅速调整生产计划并确保按时交付，这证明了其生产计划调整的灵活性。

供应链协同与响应速度：评估供应商与整个供应链的协同合作程度以及应对供应链中断的能力。例如，供应商 I 与其上游供应商建立了紧密的协同合作关系，实现了信息共享和计划协同，且在面临供应链中断时能够迅速应对并恢复生产，这体现了其在供应链协同和响应速度方面的优势。

 小师妹插嘴

供应链的柔性，也是通过这"三柔"来评估吗？

 学霸掉书袋

是的，供应链必须满足小批量多品种的要求，柔性评估越来越重要。

23. 财务评审：如何评审供应商的财务能力

为啥要评审供应商的财务呢？有人可能说，财务报表是供应商的秘密，它也不能给我呀。给不给是另外一回事，你先要明白为什么要评审供应商的财务状况，因为我们购买的很多产品是不能随时更换供应商的。

比方说汽车行业，一旦选定了一个供应商，在产品的生命周期内，是不能换供应商的，所以供应商财务状况的好坏，直接关系到它的持续供货能力，这就跟采购方有很大的关系了。所以，必须通过评审供应商财务状况，来评估它的风险。

评审财务风险，可以看财务三张表，即资产负债表、损益表、现金流量表。根据这三张表可以看出供应商的财务能力，这些能力可以分成三个方面。

偿债能力

偿债能力是指企业偿还到期债务（包含本金及利息）的能力。能否及时偿还到期债务，是反映企业财务状况好坏的重要标志。通过对偿债能力的分析，可以考察企业持续经营的能力和风险，有助于对企业未来收益进行预测。企业偿债能力包括短期偿债能力和长期偿债能力两个方面。这里最重要的是短期偿债能力。因为短期偿债能力有问题，企业马上就会遇到危机。通过评估供应商债务的偿还能力，可以看到它对其供应商的付款能力、短期借债能力等。评估供应商的偿债能力，一般通过以下两个指标。

$$流动比率 = 流动资产合计 / 流动负债$$

一般来说，流动比率在 2 左右比较好。

$$速动比率 = 速动资产合计 / 流动负债$$

一般来说，速动比率应该大于 1。

盈利能力

盈利能力是指企业获取利润的能力，也称企业的资金或资本增值能力，通常表现为一定时期内企业收益数额的多少及其水平的高低。

评估一家企业的盈利能力，可以使用投资回报率、资产回报率和销售利润率这三个指标。但除这三个指标外，还有其他多个财务指标可以帮助我们全面评估企业的盈利能力。以下是对这些指标的详细解释和归纳。

（1）投资回报率（ROI）：衡量通过投资得到的经济回报，反映了企业投资项目的效益和盈利能力。

$$投资回报率 = 税前年利润 / 投资总额 \times 100\%$$

（2）资产回报率（ROA）：衡量每单位资产创造的净利润，展示了企业资产利用的效果和整体盈利能力。

$$资产回报率 = 税后净利润 / 总资产 \times 100\%$$

（3）销售利润率：衡量企业销售活动的盈利能力，反映了每单位销售收入所带来的净利润。

$$销售利润率 = 净利润 / 销售收入 \times 100\%$$

还有一个重要指标是**净资产收益率**（ROE），它衡量企业自有资金的投资收益水平，反映了企业自有资本获取收益的能力。

$$净资产收益率 = 净利润 / 平均净资产 \times 100\%$$

这些个指标当然都是越高越好，越高证明这家公司的盈利能力越强。上课时，有人说："这些指标很高是不是说明供应商赚了我挺多钱呀？"我说："你可以这么认为，但你想一下，如果供应商赚钱能力很差，这个供应商能持续经营下去吗？它可能会很快经营不下去，那时你怎么办？"

 小师妹插嘴

小师妹在闺密圈里以会买东西著称，经常能买到一些价格低廉、质量超好的尾单，但是，小师妹很郁闷地发现，自己喜欢的那些店，往往下次去的时候就关门了，于是得到一个"倒闭女王"的称号。

 学霸掉书袋

所以，作为专业采购必须有能力回答"为什么选择这家供应商""为什么是这个价格"。保证低价的可持续性，必要时要做财务评审。

运营能力

运营能力，是指在一定的外部市场环境下，内部干得怎么样。它常常成为考核工厂经理的重要指标。

要考察一家公司的运营能力，可以从多个方面进行，一般使用下面4个指标：应付账款周转率、应收账款周转率、库存周转率和现金周转率。以下是对这些指标计算方法和意义的详细解释。

（1）应付账款周转率：反映企业应付账款的流动程度。应付账款周转率较高可能意味着公司与供应商之间的账款结算较为迅速，资金流动性好。

$$应付账款周转率 = (主营业务成本 + 期末存货成本 -$$
$$期初存货成本) / 平均应付账款 \times 100\%$$

或者简单理解为销售成本除以平均应付账款。

（2）应收账款周转率：反映企业应收账款变现速度的快慢及管理效率的高低。应收账款周转率高意味着账龄较短，资产流动性强，短期偿债能力强，可以减少坏账损失。

$$应收账款周转率 = 赊销收入净额 / 应收账款平均余额$$

其中：

$$赊销收入净额 = 销售收入 - 销售退回 - 现销收入$$
$$应收账款平均余额 = (期初应收账款余额 + 期末应收账款余额)/2$$

（3）库存周转率：显示企业库存货物周转的速度，反映了库存管理的效率。库存周转率越高表明销售情况越好，库存积压越少。

$$库存周转率 = 销售物料成本 / 平均库存$$

（4）现金周转率：企业主营业务收入与现金平均余额之间的比率，反映了企业对现金的利用效率。较高的现金周转率通常意味着企业对现金的利用效果较好。

$$现金周转率 = 主营业务收入 / 现金平均余额$$

其中，现金包括库存现金和可随时支取的银行存款，现金平均余额 = （期初现金 + 期末现金）/2。

当然，用 365 除以上面的指标，就变成了相应的周转天数，这样可能更容易理解。通常，库存周转天数越短越好，现金周转速度越快越好，应付应收要匹配，维持现金流平衡，不能简单地说长好还是短好。

评估这些能力的数据都可以从供应商提供的财务报表中提取出来，

用这些数据进行计算即可得出相应的指标，从而评审供应商的财务能力。

那供应商会不会给你数据呢？这要看你和供应商的关系。如果是长期伙伴关系，供应商应当提供；如果是上市公司，可以查询它们对外公布的年报或中期报表；如果不是上市公司，可以到邓白氏等调查机构查询。当然，在国内拿到供应商的报表确实有一定的困难，这主要是因为买卖双方还没有建立起互相信任的伙伴关系，还有一个可能的原因，就是这些企业的报表本身有问题，有啥问题，你自己琢磨吧。（笑）

24. 责任评审：ESG、社会责任、可持续评审有啥区别

在当前的商业环境中，上市公司面临着越来越多的要求，被鼓励甚至要求披露其环境、社会和公司治理（ESG）表现。投资者们已经把ESG视为企业的第二张财务报表，它体现了企业在非财务指标上的表现。特别是在供应链管理领域，对供应商进行社会责任评审已经变得至关重要，尤其是对于大型企业而言。这不仅仅是为了满足合规管理的需求，更是为了塑造和维护企业的品牌形象。

社会责任评审是一个涵盖环境、社会和治理三方面的综合评估。它确保供应商在运营过程中遵守相关的法律法规，维护员工的合法权益，并致力于环境保护。这种评审不仅有助于企业识别供应链中的潜在风险，避免供应链中断和声誉损害，还能推动企业朝着可持续发展的目标前进，进而提升其在市场中的竞争力。

让我们回顾几个案例，以更好地理解社会责任评审的重要性。

【案例】

供应链黑洞：大品牌背后的社会责任隐患

苹果公司因富士康工人跳楼事件被指责未对供应商进行足够的社会责任评审。同样，麦当劳因食品安全问题受到质疑，实则是其供应商福喜的

问题。这些案例凸显了知名企业对供应商进行社会责任评审的重要性。

此外，20 世纪 90 年代初，美国服装制造商 Levi-Strauss 在类似监狱的工作条件下使用年轻女工的事件被曝光。为了挽救其公众形象，该公司草拟了自己的第一份"公司社会责任守则"（也称"生产守则"）。再比如，作为全球知名的体育用品制造商，在 20 世纪 90 年代，耐克被指控与所谓的"血汗工厂"（Sweatshops）有关联，这些工厂通常存在严重违反劳工权益的问题，如低工资、恶劣的工作环境、长时间工作以及缺乏必要的安全措施。其中一个著名的案例是耐克在印度尼西亚的供应商被曝出存在上述问题。这一曝光引起了广泛的公众关注和抗议，消费者对耐克产品的抵制活动也随之而起。耐克的品牌形象受到了严重损害，销售额大幅下降。

【案例】🛒

昆山爆炸案：供应商社会责任缺失的警钟

2014 年，昆山中荣金属制品有限公司发生爆炸，爆炸发生当天共造成 75 人死亡，185 人受伤，凸显了供应商社会责任评审的紧迫性。昆山中荣金属制品有限公司设备老旧，缺乏除尘和检测设备，未设置逃生通道，最终导致悲剧发生。若事先进行社会责任评审，或许能避免这场灾难。

近年来，越来越多的大型公司在订单中加入社会责任条款，要求供应商必须接受并通过社会责任审核才能进入电子订单系统。有些跨国公司明确提出，供应商必须通过社会责任标准认证才能获得订单，甚至建立起订单追溯系统，对整个供应链进行社会责任合规方面的追溯。

ESG、社会责任和可持续发展这三个概念相互联系，但各有其独特的侧重点。以下是关于这三个评审及其内在关系的阐述。

ESG 评审，它综合考虑了环境（Environmental）、社会（Social）和公司治理（Governance）三个维度。ESG 评审的主要作用是，它为企业提供了一种全面审视自身环保、社会责任履行以及内部治理效率的方式。借此，企业能够清晰地认识到自己在这三个方面的表现，进而制定出更为精准的改进措施。

社会责任评审，主要聚焦于企业对外部社会和环境的责任承担。它鼓励企业在追求经济收益的同时，关注并减少其对外部社会和环境的负面影响。通过这种方式，企业的社会形象及公众信任度将得到显著提升。

可持续发展评审，强调的是企业在满足当前运营需求的同时，不损害未来世代满足其自身需求的能力。它旨在确保企业的所有商业活动均不会对外部环境或社会造成长期、不可逆的损害，从而为后代保留足够的发展空间和资源。这有助于引导企业走向更加稳健和长久的发展路径。

三者之间具有互补性。ESG 提供了对环境、社会和公司治理的全面评估框架，而社会责任评审则更进一步地强调了对外部的责任承担。与此同时，可持续发展评审为前两者提供了一个更为长远和宏观的视角，确保企业在追求短期利益的同时，不损害其长期的发展潜力和外部环境的可持续性。这三者共同为企业构建了一个全面、均衡且长远的评估与发展体系。

社会责任标准是经济全球化背景下劳工标准之争的一种表现形式，对于发展中国家既是挑战，也是机遇，从短期看是增加劳动成本，从长期看是倒逼企业提高效率和员工待遇。一直以来，人们对供应商的关注点就是成本、成本、成本！供应商评审也就是质量、交付、服务，关注环境、关注社会责任的评审很少。作为供应链管理人员，你不可不知"社会责任评审"，在全球化背景下，这已成为企业不可或缺的管理环节。

25. 物流甄选：如何找到最佳物流供应商

任何公司都会使用物流服务，包括买进来和卖出去，它贯穿了从原材料供应到最终产品销售的整个过程。这包括运输、仓储、包装、装卸搬运、流通加工、配送以及信息管理等多个方面。选择一家合适的物流供应商可以确保企业物流的顺畅和高效，对内提高库存周转率，对外提高客户满意度。与评审物料供应商相比，选择物流供应商具有一些独特之处。

以下将详细介绍如何评审物流供应商，并强调与物料供应商评审的不同之处。

评审物流供应商的关键点

服务质量和可靠性：考察供应商的交货准时性、货物包装质量以及信息沟通的准确性。这些因素会直接影响企业的库存周转和客户满意度。

成本效益：综合考虑供应商的服务价格与整体成本效益，确保物流费用在预算范围内且具备合理性。

运输能力和覆盖范围：评估供应商的运输网络是否完善，能否满足企业的运输需求，并具备扩展到新市场的潜力。

技术和信息化水平：检查供应商使用的物流管理系统和技术是否先进，能否提供实时货物追踪和信息共享。

灵活性和定制化服务：考察供应商能否根据企业的特殊需求提供灵活、定制化的物流解决方案。

可持续性和环保政策：关注供应商在环保和社会责任方面的表现，如使用环保包装材料、减少能源消耗等。

安全和合规性：确保供应商遵守相关法律法规，保障货物运输过程中的安全。

与评审物料供应商的不同之处

评审重点不同：物料供应商评审主要关注产品质量、价格、供货能力和研发能力等方面，而物流供应商评审则更加注重服务质量和运输能力等方面。

合作模式不同：与物料供应商的合作通常涉及采购合同、质量控制和付款条款等，而与物流供应商的合作则更注重长期合作关系、信息共享和持续改进等方面。

评价标准不同：物料供应商的评价标准可能包括产品质量合格率、交货期准确率等，而物流供应商的评价标准则包括交货准时率、货物损耗率、客户满意度等。

风险控制不同：物料供应商的风险控制主要集中在产品质量和供应链稳定性等方面，而物流供应商的风险控制则涉及货物运输安全、信息泄露等方面。

综上所述，评审物流供应商时需要关注其服务质量和可靠性、成本效益、运输能力和覆盖范围、技术和信息化水平等多个方面，并与评审物料供应商有所不同。企业需要根据自身需求制定具体的评审标准，以便更准确地评估物流供应商的综合实力并选择最合适的合作伙伴。

26. 跨国采购：国外的供应商要不要做评审

经济全球化，寻源也要全球化，如何评估国外供应商，是让部分企业头疼的问题。讲课时经常有人问："国外的供应商，我们看不见摸不着，就凭几封邮件，见过几次面，就从它那里买东西了，我不放心呀！可我自己又不能过去考察，能不能就不评审了？"

这个观点是不对的，你看那些世界500强公司，它们是怎么管外国的供应商的？简单回答，同国内供应商一样，一视同仁。为什么？因为供应商的好坏决定了你的好坏，供应商质量有问题，你就有问题，供应商交货不及时，你的交付可能就有困难，供应商的绩效就是你的绩效，你的一切都在供应商手里，这是宫老师讲课时反复讲的。宫老师做过全球采购经理，就是按照公司国外工厂的标准、国外工厂的要求去评审中国供应商，评审标准都是一样的。要求一样，产品才能一样。所以，如果企业规模足够大，可以在国外派驻代表对供应商进行评审和管理。

当然，具体情况可能很复杂，评审方法也可以多样化。首先你要问问自己：为什么到国外买东西？有的可能是本公司的国外工厂推荐的，或者是跨国公司总部推荐的。那好，既然是国外工厂推荐的，那么这个供应商可能就是国外工厂的供应商，那你就认可本公司国外工厂对供应商的评审就可以了。这在集中采购管理方式里，叫作领导部门采购（Lead Divisional Buying），或者叫代表部门采购。也就是说，在一个大的集团里，由于这个部门有专家，或是这个部门距离供应商近，或是这个部门的采购金额大，或是其他什么原因，这个部门可以代表集团和其他部门与供应商进行谈判并对供应商进行管理。

当然，也可以采用互认的方式，如不同的子公司间就可以采用互认的方式。比如一汽大众和上海大众对供应商的评审互认，因为它们的评审体系相似，甚至是相同的，都采用大众的模式，又是兄弟单位，就互认了。那如果我们不是集团公司，也可以借鉴同行经验，比如我们的同行已经评审过的供应商，我们就可以认可。但通用汽车和大众汽车能不能互认呢？这就不好说了，要企业自己判断。选择供应商是公司一项非常重要的战略性职责，我们前面讲过，不同的企业需要不同的供应商，供应商是要帮助我们创造竞争优势的。就像我们选人生另一半，是不能照搬别人的模式的。

此外还可以选择代理，委托第三方去做评审。总之，对国外供应商，可以变通评审方式，但不能不评审。

当然，评审和管理国外供应商与国内供应商存在一些显著差异，主要包括地域文化差异、法律合规性、物流与供应链管理以及货币与金融风险。为应对这些挑战，我们可以采取以下特别方法：建立跨文化团队，促进有效沟通与合作；利用第三方机构的国际经验和专业知识，进行准确的供应商评审与风险管理；通过强化远程监控，实时了解供应商的生产与质量控制状况；建立风险应对机制，以应对可能的汇率和法律风险。在信任的基础上，我们还可以考虑采用互认或代理的方式简化评审与管理流程。这些方法有助于更有效地评审和管理国外供应商，确保供应链的稳定性与合规性。

27. 评审 NG：未通过评审，但不得不用，怎么办

评审供应商可能会遇到一个问题，就是评审不合格，但不得不用这个供应商，这咋办呢？有一个学员就问过这个问题，供应商报价非常低，但就是评审通不过，问我能不能降低标准，或者闭着眼把这个供应商变成合格的？

这种观点肯定是错的，这就像到医院去检查身体，本来体温是偏高的，结果隔着衣服量体温，量下来没问题，这就掩盖了病情，最后搞不好病死了。那应该怎么办呢？你该给多少分就给多少分，不合格就是不合格。

当采购遭遇供应商评审不合格（评审 NG）的困境时，应如何权衡利弊并做出明智决策呢？

 小师妹插嘴

NG 是啥意思？是电影术语中"NG"的意思吗？

 学霸掉书袋

NG，表示 No Good，或 Not Good，表示不符合标准或要求，和电影的 NG 是一个意思。

标准处理流程： 及时与供应商沟通，了解评审未通过的原因，为后续改进指明方向，并根据评审结果对供应商进行辅导和改进，提升其满

足采购要求的能力。同时，反思并优化评审标准和流程，确保其科学性和有效性。若供应商无法满足要求，果断替换为更合适的合作伙伴。

面对不得不使用的"不合格供应商"：如果是客户指定，要与客户和供应商深入沟通，探讨调整评审标准或妥协方案的可能性。如果"不得不用"，就要制定临时措施和应急计划，降低风险并应对可能出现的问题，并且，在合同中明确约定评审 NG 后的处理方式和责任划分，确保法律保障。

总之，面对评审 NG 的情况，采购方应保持冷静和专业，通过沟通、辅导、优化和替换等措施妥善处理。在不得不使用不合格供应商时，应权衡利弊并做出明智决策，确保采购活动的顺利进行和企业利益的最大化。

其实，供应商评审不合格是很正常的现象，供应商总有可能某些方面不能满足你的要求，这就要看是哪些方面不能满足，如果是直接影响产品质量的，必须辅导合格以后才能开始供货。如果不是直接影响产品质量的，可以给一个期限整改。供应商整改期间我们怎么做，这就是个供应商提升、供应商辅导方面的问题。

有人可能说，"供应商改进是供应商自己的事情，主要靠它自己"。"主要靠它自己"这没错，但如果你说"这是供应商自己的事情"那就错了，这也是你的问题，因为供应商的问题就是采购方的问题，供应商是采购方的资源。作为采购方，不仅要提出要求，还要监督供应商、帮助供应商。大的公司，甚至有专门的供应商帮扶团队。

具体怎么辅导？不同的原因要有不同的辅导方式。

（1）供应商不理解你的要求。这种情况在刚开始合作的供应商中很常见。供应商不能完全理解你的要求，这就需要你派人到供应商那里去给供应商解释清楚你的要求是什么，为什么这样要求。

（2）供应商理解要求，但是不会做。这种情况更常见，这种供应商水平不高，所以更加需要你派专家到供应商那里去辅导，很多日本企业就是这么干的，一遍遍地派人。宫老师在日本企业担任过总经理，感觉有些日本企业对供应商的辅导，就像老师对待学生、父母对待孩子，真心去辅导帮助。

（3）供应商不肯投资。这种情况也很多，主要是由买卖双方的关系造成的。因为双方不是伙伴关系，供应商担心投资了，你不用它了。有很多采购方跟供应商讲，你投资了，我才敢用你，可供应商说，你确定用我，我才敢投资。双方不信任，所以"问题"一直存在。这就需要建立信任。

（4）也有人说，我那个供应商就是扶不起的阿斗。宫老师觉得这种情况比较少见，作为一个供应商，总是想做好事情的。如果不幸真遇到了……那就赶紧寻找一个能够扶起来的阿斗吧。

28. 绩效评审：听其言，更要观其行

供应商评审，说白了就是咱们得看看这家供应商到底有没有真本事，能不能满足采购需求。这可不是口头承诺那么简单，得看他们实际交货的情况如何，也就是供应商的绩效如何。

说实话，供应商销售的承诺通常都让你开开心心的，但能不能真正做到就另说了。毕竟，销售团队只管卖，真正执行还得靠他们公司上下齐心协力。所以，评审的时候要擦亮眼睛，不能只听他们怎么说，更要看他们怎么做。

在评估供应商的时候，我们会设置一堆指标，就是为了全面地、客观地看它们在各个环节都表现得怎么样。这些指标包括但不限于质量、交付、成本这些老一套指标，还得看看它们的服务和创新能力如何。这样一来，就能更全面地了解这个供应商到底值不值得合作！

怎么收集供应商绩效数据呢？收集这些绩效数据需要多个部门的协作和配合。

质量管理部门：该部门负责监控和评估供应商的产品质量，提供如产品合格率、退货率等关键数据。

物流、仓储和采购部门：这些部门跟踪供应商的交货情况，记录交货准时率、交货周期等数据，为评估供应商的交货能力提供重要依据。

财务部门：该部门与供应商进行财务交易，记录和分析成本数据，如产品价格、成本控制水平等，为评估供应商的成本竞争力提供关键信息。

通过多部门的协作和数据共享，企业能够更全面地评估供应商的绩效，为后续的供应链管理决策提供有力支持。

服务绩效数据：采购部门本身可以收集与供应商服务相关的绩效数据，如供应商的响应速度、问题解决能力和售后服务质量。此外，其他部门如客户服务部门也可以提供关于供应商服务绩效的反馈。

创新能力数据：这可能需要与供应商的研发部门或技术团队进行沟通获取。企业可以评估供应商的新产品开发能力、技术创新投入以及与企业合作进行创新的能力。

请注意，具体的数据提供方可能因企业组织结构和职责划分而有所不同。因此，在实际操作中，企业应明确各部门和团队的职责，并建立有效的数据收集和共享机制。同时，与供应商保持良好的沟通和合作关系也是确保数据准确性和可靠性的重要一环。

采购部门在拿到这些指标后，应进行汇总、整理和分析，以形成对供应商绩效的全面评估。这样的评估有助于企业做出更明智的供应商管理决策，如调整订单份额、进行供应商谈判或寻找新的供应商合作伙伴。还可以进行综合分析和比较，以了解各供应商在各方面的表现。

根据绩效评估结果，采购部门可以采取以下措施。

奖励表现优秀的供应商：对于在质量、交货、成本等方面表现优秀的供应商，可以采取给予更多的订单份额、签订长期合作协议等奖励措施，以激励其继续保持优秀表现。

督促表现不佳的供应商改进：对于表现不佳的供应商，可以与其进行沟通，指出问题所在，并要求其提出改进措施。同时，可以减少其订单份额或加强对其的监督和考核，以促使其改进。

替换不合格的供应商：对于长期表现不佳或无法达到企业要求的供应商，可以考虑替换为其他更优秀的供应商，以确保供应链的稳定性和可靠性。

此外，采购部门还可以利用绩效数据进行趋势分析、供应商分类管理等工作。通过对绩效数据的长期跟踪和分析，可以发现供应商表现的变化趋势和潜在风险，及时采取相应的应对措施。同时，可根据供应商的绩效表现将其分为不同类别，如战略供应商、优先供应商、一般供应商等，以便进行差异化管理和资源配置。

29. 分级管理：奖优罚劣优化供应链

分级管理是供应商管理的重头戏，它的核心目的就是通过科学、公正的评估，把供应商分成不同的绩效等级。这样一来，采购效率提高了，采购风险降低了，资源配置也更合理了。这种管理方式，可以帮助企业建立长期稳定的供应链合作关系，让采购活动更加顺畅。

要实施分级管理，首先得搞个全面又细致的供应商评估体系。这个体系得考虑到供应商的绩效、合作能力、风险控制等方方面面。评估结果是分级的重要依据，得确保分级的公正性和准确性，这样才能让大家心服口服。

根据供应商的绩效评估结果，通常将供应商划分为 A 级（优秀）、B 级（良好）、C 级（一般）和 D 级（不合格）四个等级。每个等级都对应着不同的管理策略和奖惩措施，以确保企业能够根据供应商的实际情况进行灵活调整和优化。

分级标准

（1）A 级：绩效优秀，满足采购要求，合作顺畅，风险低。

（2）B 级：绩效良好，基本满足采购要求，合作稳定，风险可控。

（3）C 级：绩效一般，部分满足采购要求，合作存在一定问题，风险较高。

（4）D 级：绩效差，不满足采购要求，合作存在严重问题，风险高。

分级流程

（1）采购部门根据绩效评估结果，对供应商进行初步分级。

（2）采购部门与相关部门协商确认分级结果。

（3）将分级结果通知供应商，并要求供应商对分级结果进行确认和反馈。

分级应用

（1）A 级供应商：优先合作，增加采购份额，给予付款优惠等奖励措施。

（2）B 级供应商：保持合作，鼓励改进和提高绩效。

（3）C 级供应商：要求整改和改进，采取限制采购份额和给予更严格的付款条件等惩罚措施。

（4）D 级供应商：考虑终止合作关系或采取更严厉的惩罚措施。

在实施分级管理时，企业需要建立完善的供应商评估体系和管理制度，确保评估过程的公正性和透明度。同时，还需要与供应商保持良好的沟通与协作，共同推动供应链的持续改进和发展。

30. 分类管理：科学分类，精准施策

供应商分类管理是一种策略性方法，根据采购物品的特定属性将供应商细分为不同群体，并针对不同群体制定差异化管理策略，科学分类，精

准施策，避免一刀切。通过对供应商的分类，企业能够精准地调配资源，提高管理效率，确保关键供应商获得充分关注，有效识别并降低潜在风险，进而优化采购流程、降低成本，并增强供应链的稳定性与安全性。

这种分类方法不仅有助于企业与供应商建立更紧密的合作关系，还能提高供应商的忠诚度和信赖度。在供应链管理中，对供应商进行有效的分类是确保采购效率和供应链稳定性的关键。

值得注意的是，供应商分类管理、品类管理和分级管理比较容易混淆，它们虽然有所重叠，但各有侧重。

分类管理与品类管理、分级管理的区别

品类管理：主要关注企业所采购的商品或服务的分类。它的核心是确保采购的商品或服务能够满足企业的需求，并优化采购成本。

供应商分类管理：侧重于对提供商品或服务的供应商进行分类。这种分类基于供应商的特性、能力、风险等因素，主要目的是确保与最合适的供应商建立合作关系。

供应商分级管理：在分类管理的基础上，进一步对同一类别的供应商进行绩效评估和能力分级。这种管理方式允许企业对同一类别中的不同供应商采取差异化的管理策略和激励措施。

供应商的分类与管理策略

常见的分类依据包括供应商的收益影响和供应风险。这两个维度综合考虑了供应商对企业的重要性以及与之合作可能面临的风险。根据收益影响和供应风险，供应商通常被划分为四个类别，并有对应的管理策略。

战略型供应商：高收益影响、高供应风险。管理策略为建立长期稳定的合作关系，共同发展，确保供应链的稳定与安全。

杠杆型供应商：高收益影响、低供应风险。管理策略为采取竞争谈

判，定期评估以获得更好的采购条件，并保持一定的灵活性。

瓶颈型供应商：低收益影响、高供应风险。管理策略为实施多元化采购以降低对单一供应商的依赖，同时寻找备选供应商以应对潜在风险。

一般型供应商：低收益影响、低供应风险。管理策略为简化采购流程，提高效率，降低管理成本，并保持一定的市场敏感性。

通过对供应商进行上述分类与管理，企业可以更加有针对性地与不同类型的供应商建立合作关系，优化采购流程，降低采购成本，并确保供应链的稳定性和安全性。这种分类管理方法有助于企业实现更高效、更灵活的供应链管理。

这里介绍一个非常著名的分类模型——卡拉杰克模型（见图 2-1）。很多咨询公司都在使用这个模型给企业做战略采购咨询。这个模型基于两个维度将供应商的产品分为四类，每种产品类型对应一类供应商，第一个维度即横坐标是供应风险，第二个维度即纵坐标是采购金额。

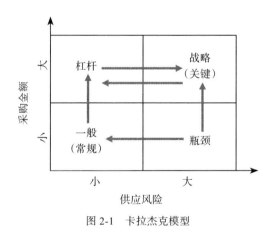

图 2-1 卡拉杰克模型

（1）**战略产品**：供应风险大，采购金额也大。这样的供应商就是战略供应商。应对战略供应商的办法是建立战略伙伴关系。采购人员要有创新能力、战略眼光、领导力。

（2）**瓶颈产品**：供应风险比较大，但是采购金额不高。这种产品让人觉得很难受。瓶颈供应商怎么应对？宫老师认为需要两手抓，一手叫"保证供应"，用一切方法保证日常供应；另一手叫"寻找替代"，或者是找到替代的产品（能轻易采购到，那就不是瓶颈产品了），或者寻找一个替代供应商。两手都要抓，两手都要硬。采购人员要注重关系管理，成为关系管理者，而不是强势谈判者。

（3）**杠杆产品**：采购金额很大，供应风险不高。对杠杆型供应商，适合采用竞标方式，让供应商充分竞争。采购人员需要具备强势谈判能力，签好合同后，可以交给普通采购跟单。

（4）**一般（常规）产品**：采购金额不高，供应风险也不高。这种产品往往采购的频次比较高，操作成本高。所以我们要思考怎么降低这种产品的采购操作成本。比如使用电子采购平台，如京东工业品、震坤行工业超市、固买供应链等平台，或者转换采购模式，采用系统化合作、一体化供应商等方法。

31. 关系管理：深化合作策略与层次

有道是，亲戚有远近，朋友有厚薄。生活中，我们经常说，与谁关系好，与谁关系坏。所谓关系好，就是你可以向对方借钱，双方可以共担风险，共同成就一番事业，与供应商的关系也一样。

首先，通过与供应商建立稳定、互信、共赢的合作关系，企业可以更好地应对市场变化，提高供应链的可靠性和灵活性。其次，有效的供应商关系管理还可以帮助企业获取新技术、新业务的发展机会，推动创新和持续改进。最后，通过对供应商的培训和支持，企业还可以促进供应商自身管理水平的提升，从而提高整个供应链的绩效。

宫老师将供应商日常管理细分为两大核心部分：交易管理与关系管理。

交易管理涵盖了从询价、签合同到结算付款的整个交易流程，是确保每一次采购活动都能按照既定的时间、质量和成本要求顺利进行的基石。

然而，仅有交易管理是不够的。为了真正提升供应商的合作意愿和能力，我们还需要重视关系管理。我们看看销售是怎么做的？有生意时拜访客户，没有生意时也拜访客户，还经常搞些活动邀请客户参加。

关系管理超越了单纯的交易层面，更多地关注如何与供应商建立长期、稳定且互利的合作关系。这包括建立互信、共享信息、提供培训和支持，以及共同面对和解决供应链中的各种挑战。

那么，具体来说，该通过哪些方法来提升供应商的合作意愿和能力呢？

（1）**建立明确的沟通机制**。定期的业务回顾会议、使用共享的信息平台，以及设立专门的沟通渠道，都有助于增进双方的了解和信任。

（2）**提供培训和发展机会**。根据供应商的实际需求，为其提供相关的技术培训、管理培训或市场分析，以帮助其提升竞争力。

（3）**设定合理的激励机制**。对于表现优秀的供应商，可以通过订单优先、付款条件优惠等方式进行激励，以鼓励其持续保持良好的合作态度和绩效。

（4）**共同研发与创新**。邀请供应商参与产品的研发和创新过程，不仅可以利用其专业知识和经验，还能进一步增强双方的合作关系。

（5）**建立公平、透明的评价体系**。定期对供应商进行绩效评价，并确保评价标准的公平和透明，这样可以让供应商明确知道自己在合作中的位置和需要改进的地方。

请注意，交易管理与关系管理在供应商管理中是相辅相成的。通过精细化的交易管理和富有策略性的关系管理，企业不仅可以确保采购活动的顺利进行，还能持续提升供应商的合作意愿和能力，从而实现整个供应链的持续优化和升级。

从关系深浅的角度来看，宫老师将供应商关系分为交易关系、长期关系、协同关系和伙伴关系，这是一种很有洞见的分类方式。以下是对这四种关系的简要描述。

（1）**交易关系**。这是最基础的关系层次，主要基于单次或短期的交易活动。在这种关系中，双方关注的是价格和交付条件，很少涉及更深层次的合作。交易关系通常是短期的，缺乏稳定性和长期合作的承诺。旅游区、火车站的小商贩与顾客之间，基本上都是简单的交易关系。

（2）**长期关系**。在长期关系中，供应商和企业之间建立了较为稳定的合作关系，超越了简单的交易层面。双方可能签订了长期合同，并在一定程度上共享信息、资源并共担风险。这种关系强调持续性和互惠互利，旨在实现长期的合作稳定和业务增长。你看，家门口的小商店，办公楼下的饭店，都要讨好周边小区的居民，这就是要构建长期关系。

（3）**协同关系**。协同关系是一种更高层次的合作关系，其中供应商和企业不仅在交易层面合作，还在产品开发、流程优化、技术创新等方面进行协同工作。双方通过紧密的合作和信息共享，共同创造价值，提升整个供应链的效率和竞争力。协同关系的标志性动作是信息共享。

（4）**伙伴关系**。伙伴关系，也可以说是联盟关系、生态伙伴关系，它是一种深度合作模式，它的典型特征是基于相互信任，共享资源、共担风险、共享收益。在这种关系中，采购方与供应商形成一个紧密的合作共同体，旨在通过合作创新、持续改进和共同进化，实现更高的业务价值和提升市场竞争力。这种关系超越了传统的买卖关系，更加注重长期、稳定和共赢的合作。注意，我这里没有用"战略关系"，因为现在的实践中，很多企业与供应商签有战略协议，但没有实质的可以操作的机制，"战略关系"变成只是嘴巴上说说而已。伙伴关系的标志性动作是风险共担。

这种分类方式有助于企业更清晰地理解和管理与供应商的关系，并根据实际情况选择合适的关系层次。随着关系的深入，双方的合作将更加紧密，共同创造价值的能力也将不断提升。

小师妹插嘴

供应商关系梳理清楚，采购才能发现更多新机会。

 学霸掉书袋

很多管理，都是从分类开始的，分类的目的是管理，区别对待，有所为有所不为。

32. 供采大会：开好供应商大会，激发合作潜能

对于供应商关系管理，供应商大会就是一个特别有效的手段，一个成功的大会可以极大激发供应商的合作意愿，甚至让供应商亢奋，对未来的合作充满期待。所以，采购人员一定要精心策划并举办一场高效、有影响力的供应商大会。在大会主题、会议议程上，包括会务上都要多花些心思，要让会议卓有成效，真正激发供应商的合作潜能，共筑合作新篇章。

我受邀参加过一些公司的供应商大会，做采购总监时也策划过几次成功的供应商大会，结合这些实践，我总结了开好供应商大会的步骤。

确立清晰的目标与主题

明确大会的核心目标，是希望与供应商加强合作、分享行业知识，还是解决特定的供应链问题？主题应与大会目标相一致，同时体现行业的最新动态和企业的战略方向。要让大会主题更具前瞻性和吸引力。比如强调创新时，可以用"创新引领，共筑新篇"作为主题。

制定详细的大会议程

大会议程，是供应商大会策划的重头戏。通常会邀请领导讲话、供应商代表发言，也有很多公司邀请行业专家做演讲。这些邀请没有问题，

非常棒，但是注意一定要提前对他们演讲的内容进行策划，否则很有可能与主题不符，或者是内容空泛。

（1）**领导讲话**。值得注意的是，领导的讲话需要紧扣大会主题，关注供应商的兴趣，避免只是客套话。可以介绍公司战略和规划，可以提及优秀供应商的成功案例和具体贡献，让供应商觉得领导"看见"了他们的付出。可以强调诚信、公平、透明原则，承诺与供应商建立长期合作关系，支持供应商发展并提供技术、市场等支持。同时，强调持续创新和共同应对市场挑战的重要性，激发合作信心。

（2）**行业专家演讲**。邀请在行业内有影响力的专家或学者进行主题演讲，可以请他们分享行业的前沿趋势、市场洞察以及供应链管理的最佳实践。内容提前与专家沟通，让他们心中有数，提前沟通会让演讲更有针对性。行业专家的参与不仅能提升大会的权威性，还能吸引更多高质量的供应商和参会者。

（3）**供应商代表发言**。鼓励供应商代表分享真实的合作经验、面临的挑战以及抓住的机遇。避免只说些"感谢、感恩、愿意跟随一起成长"这类空洞的感谢和客套话。要求供应商准备具体的合作案例，展示合作成果，这既是对它们自身能力的展示，也能为其他供应商提供有价值的参考。

增强互动与参与感

除了传统的演讲形式，还可以考虑组织小组讨论、研讨会或现场互动环节，鼓励与会者积极参与，分享观点和经验。在大会筹备和进行期间，关注供应商的需求和反馈。通过问卷调查、面对面交流等方式收集意见，确保大会内容符合供应商的期望和需求。

提供优质的会议体验

从会场布置、设施配备到餐饮安排等细节入手，确保与会者能够享受到舒适、便捷的会议体验。同时，提供清晰的指引和及时的帮助，确保会议的顺利进行。让供应商感受到平等、尊重。我看过很多公司，经销商大会在豪华酒店举办，供应商大会在公司会议室举办，规格待遇不是一个档次。

一句话，策划并举办一场高效、有影响力的供应商大会需要前期的精心准备和细致的策划。

特别注意，我这里一直在说"策划"一场会议，没有说"召开"或"组织"会议。

 小师妹插嘴

为什么强调"策划"呢？是强调"全流程参与"吗？

 学霸掉书袋

"策划"强调了从更高层次谋划的意思，一场会议，要有明确的目的、目标，不能为了开会而开会，"形式主义"要不得。

33.采购人员：采购方与供应商协同的纽带

采购人员天天与供应商打交道，是采购方与供应商之间信息交互的接口，是构建买卖双方关系的桥梁和纽带。作为纽带，采购人员不仅负责协调双方的需求和期望，还促进双方之间的有效沟通和协同工作。采购人员与供应商之间的关系，不仅影响着企业的成本控制，还直接关系到供应链的稳定性与效率。因此，建立与供应商的良好人际关系，是每个采购人员都必须努力追求的目标。采购人员对外代表公司，对内代表供应商，要"勇敢"地站出来，为构建良好的合作关系多做些事情。

要实现这一目标，采购人员可以采取以下策略。

第一，确保与供应商之间的沟通畅通无阻。明确、及时的沟通是任何合作关系的基础。采购人员应该与供应商建立固定的沟通渠道，确保双方的信息能够快速、准确地传递。这有助于减少误解，避免不必要的冲突。

第二，**建立并维护信任**。信任是合作关系的基石。采购人员应该通过遵守承诺、保护供应商的商业机密等方式来赢得供应商的信任。只有当双方都相信对方是可靠的合作伙伴时，合作关系才能持久发展。

第三，**追求公平交易**。公平是合作的基本原则。采购人员应该确保采购流程的公平性和透明度，避免偏袒或歧视任何供应商。所有供应商都应该在相同的标准下进行评估和选择，以确保竞争的公平性。

第四，**以长期合作的视角看待与供应商的关系**。一次性交易往往难以建立深厚的合作关系。采购人员应该寻求与供应商建立长期、稳定的合作关系，共同面对市场的挑战和机遇。

第五，**定期评估供应商的表现并提供反馈**。评估与反馈是合作关系中不可或缺的部分。采购人员应该定期对供应商的绩效进行评估，了解它们的优点和不足，并提供建设性的反馈。这有助于供应商进行自我改进，提升整体供应链的效率。

第六，**与供应商共同解决问题**。面对问题时，采购人员应该采取合作的态度，与供应商共同寻找解决方案。指责和推诿只会破坏合作关系，而合作与改进才是解决问题的正确途径。

第七，**互相学习，共同进步**。采购人员和供应商都应该在合作过程中保持开放的心态，愿意分享自己的经验和知识。通过互相学习，双方可以不断提升自己的能力和竞争力，实现共同进步。

第八，**确保所有合作活动都符合法律法规的要求**。合规是任何商业活动的前提。采购人员应该确保与供应商的所有交易活动都符合相关法律法规和行业标准的要求，以降低法律风险。

最后，我想说的是，要构建定期互访与交流的机制，并且是多层级沟通的机制来加深合作关系。面对面的交流和多层级的沟通合作可以加深双方的了解和信任，提高整体协作效率和响应速度。有些公司不希望采购人员去访问供应商，有些公司只是采购人员去访问供应商，这些都是错误的，不到现场，不了解情况，沟通不充分，合作不可能顺畅。

34. 淘汰机制：有理有据，不留后患

作为采购，难免会遇到淘汰供应商的情况，这种情况如果处理不好，会带来很多问题。实践中，有的人"不好意思"，有的人强调"我说了算"，这些都需要改善。

淘汰不合格的供应商是确保供应链质量和效率的关键，淘汰一家供应商，也可能打破了某个"生态平衡"，淘汰过程需要谨慎处理，以避免不必要的冲突和负面影响。

以下是一些建议，帮助你优雅地淘汰不合格的供应商。

明确评估标准

首先，制定明确、可衡量的供应商评估标准。这些标准应包括质量、交货期、价格、服务等方面，以便对供应商进行全面、客观的评价。有了标准，就在一定程度上解决了"不好意思"和"我说了算"。

定期评估供应商

定期对供应商进行评估，了解它们的表现是否符合预期。这可以通过问卷调查、现场考察、客户反馈等方式进行。确保评估过程公正、透明，以便准确识别不合格的供应商。淘汰要有事实依据，不能凭感觉。

与供应商沟通

在决定淘汰某个供应商之前，与对方进行充分的沟通。明确指出它在哪些方面未达到标准，以及改进的建议和期望。这有助于建立互信，

让供应商了解问题的严重性，并为其提供改进的机会，淘汰也要让供应商心服口服。

逐步减少合作

为了避免突然中断合作给双方带来损失，可以采取逐步减少合作的方式。例如，减少订单量、缩短合同期限等。这样可以让供应商有时间寻找其他客户，同时降低企业自身的风险。这个要做好评估，与相关部门商量好对策，特别注意处理好断点和库存的问题。

遵循合同条款

在淘汰供应商时，务必遵循合同条款，确保按照合同规定的程序进行解约，并支付应付的款项。这有助于维护企业的信誉，避免法律纠纷。依据合同处理，不要留下后患。

提供帮助和支持

在可能的情况下，为被淘汰的供应商提供一定的帮助和支持。例如，介绍其他潜在客户、分享行业信息等。这有助于减轻供应商的压力，同时体现企业的责任心和人文关怀。

总结经验教训

在淘汰不合格供应商后，一定要总结经验教训，完善供应商选择和评估流程。分析导致供应商不合格的原因，以便在未来的合作中避免类似问题。

通过以上步骤，我们可以优雅地淘汰不合格的供应商，确保供应链的稳定性和高效性。同时，这也有助于提高企业的竞争力和声誉。对于淘汰失败，或者是淘汰供应商遇到的各种困难和挑战，我这里就不多举例子了。待你遇到，问问旁边的老采购就知道了。

记住一句话，淘汰一个供应商，就是打破了一个生态平衡。

 小师妹插嘴

每个采购都会有淘汰供应商的经历，虚心请教老采购，或许能收获更多。

 学霸掉书袋

淘汰供应商可是个技术活儿，打破生态平衡可不是闹着玩儿的。

35. 强势供方：八招应对强势供应商

在采购过程中，我们有时会遇到一些强势供应商。这些供应商可能因为独家供应、高市场份额、垄断地位或强大的品牌影响力而表现得非常强硬。它们往往给采购带来诸多困扰，如价格难以谈判、合同条款不让步，甚至以断货相威胁，缺乏灵活性。这无疑增加了供应风险和谈判压力。

面对这种情况，我们首先要冷静甄别供应商的真正实力。有些供应商可能只是虚张声势，借各种理由来坚守自己的立场。

为了应对这种情况，我们可以采取"多层接触，培养代言人"的策略。这意味着我们要与供应商内部的多个人建立联系。这样，在他们内部讨论时，就会有人为我们说话。

此外，为了探听供应商内部的真实情况，我们可以使用这两招。第一招：在不同的时间向同一个人询问同一个问题。这种方法类似于警察询问嫌疑人的技巧，通过反复询问来观察对方的回答是否一致。当然，提问时要将关键问题巧妙地隐藏在其他问题中，以增加对方撒谎的难度。

然而，如果对方准备充分，能够自圆其说，那么第一招可能就不够用了。这时，我们可以使用第二招：在同一时间向不同的人询问同一个问题。这种方法可以验证供应商说话的真实性，因为不同的人对同一件事的描述应该是相似的。如果他们的回答存在明显差异，那就说明有人在撒谎。

通过以上策略，我们可以更好地应对强势供应商，降低采购风险，提高谈判效果。

在应对强势供应商时，以下八招可供参考。

（1）**尽量避免**。尽量使标准更为通用化，避免与过于强势的供应商合作。

（2）**长期合作**。构建长期伙伴关系，通过信任和合作来平衡供应商的实力。

（3）**联合采购**。通过集中 / 联合采购，以量取胜，增加议价筹码。

（4）**专业采购**。用数据和事实说话，确保采购决策的合理性。

（5）**以人为本**。建立人际情感连接，找到关键人，增进彼此的了解和信任。

（6）**解铃还须系铃人**。如果是指定，需要找到关键人沟通，从源头上解决问题。

（7）**以弱示强**。如果自己确实处于弱势，则要用柔性示弱的策略打动供应商。

（8）**终极策略**。与竞争对手比"买价"，确保采购条件超越竞争对手，获得更好的合作机会。

最后，我想说的是，什么是"中国好采购"，就是与竞争对手比"买"价。这是判断采购能力优劣的终极标准，也是应对强势供应商的终极购买策略。大家都知道"企业间的竞争，就是供应链的竞争"。组织战略的一切目的都是创造竞争优势，采购是组织的一部分，就要帮企业创造竞争优势。就像非洲草原上的羊，跑的绝对速度不需要有多快，只需要比别的羊快一点，就不会被狮子吃掉。

　　图 2-2 是企业竞争三角形，它向我们展示，客户是企业的资源，是企业存在的基础，供应商也是资源，也是企业存在的基础。此处，大家最容易忽视的是"竞争对手"。试想一下，如果竞争对手给供应商的条件比你好，供应商会愿意把东西卖给你吗？如果我们购买的条件不如我们的竞争对手，那我们拿什么去创造竞争优势呢？再次重复一下，企业与企业的竞争就是供应链和供应链的竞争！判断采购好坏的终极标准，就是比竞争对手好。如果你的竞争对手拿不到的资源，你能拿到，竞争对手拿到的价格比你贵，周期比你长，那么你就已经赢得了胜利！

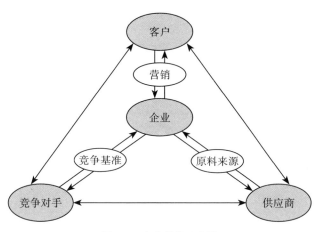

图 2-2　企业竞争三角形

更多应对强势供应商的方法，请见本书第 5 章。

 小师妹插嘴

宫老师每次演讲和课程的最后，都会以这张图作为结尾，都是精髓啊！

 学霸掉书袋

还记得前面提到的"采购力"吗？什么叫"好采购"，就是比竞争对手好。

第3章

全面采购成本控制

导　语

前一章分析了"为什么选择这家供应商",这一章分析"为什么是这个价格"。要想回答这个问题,需要会做两件事,一个是成本分析,一个是价格控制。成本分析就是供应商给你一个成本分解报价单,你要有能力分析判断成本的真实性和合理性;价格控制就是要能进行价格预测,并且根据预测制定定价策略和购买策略。

并且,要记住,降本不是采购部门一个部门的事儿,需要全员、全流程、全方位降本,我把它叫作"**全面采购成本控制**"。

36. 透视成本：解开报价背后的秘密

"不同企业的成本结构一样吗？"可能很多人觉得不一样。

那宫老师问："不同的人，人体结构一样吗？"可能也有人说不一样。

但我们想想看，我们去医院看病，会做人体透视。如果人体结构不一样的话，给甲做手术发现心脏在左边，给乙做手术发现心脏在右边，那医生就没法干了。人体结构大体是一样的，但并不是完全一样，而是大同小异。那么不同企业的成本结构一样吗？如果不一样的话，财务就没法干了。不同企业的成本结构也是大同小异的。

那么大同，同在哪里？小异，异在何处？

首先说"大同"，一个企业的成本结构，包括六个方面：**直接材料、直接人工、制造费用、财务费用、销售费用、管理费用**。

以上是根据通用会计准则做的分类，企业向税务局提供的报表也是按这个结构来的。

什么是直接材料？ 直接材料是指构成产品实体的材料，也就是在产品上能直接看见的材料。与之相对应的就是间接材料，是指在生产过程中没有直接变成产品但生产过程必需的材料，比如刀具、工作服、生产车间里用的办公用品等。也有企业把间接材料称为辅助材料，或非生产材料，把直接材料称为主要材料或生产材料。间接材料有个英文缩写——MRO（Maintenance, Repair & Operations），即维护、维修和运营材料。

什么是直接人工？ 直接人工就是生产一线的员工，他们的工作量和生产产量直接相关。直接人工的工作，在企业产品工艺中应该有详细的描述，直接人工的劳动直接凝结在产品上。相对应的是间接人工。宫老师常在培训中问，来参加培训的采购人员是间接人工吗？很多人回答：是。其实错了，采购人员属于管理人员，这是好多人的误解。间接人工也在生产一线工作，但不是生产一线的工人，比如叉车司机、仓库保管员、统计核算员等。

什么是制造费用？ 宫老师常在培训中问这个问题，有人说是折旧，有人说是消耗，有人说是水、电、气费。宫老师让大家列举，大家列了二三十项，还是担心有遗漏。宫老师给的初步定义是：制造费用是生产过程中除直接材料和直接人工外，发生的其他所有费用。这个定义不会有遗漏。有的书上把制造费用定义成"制造过程当中产生的费用"，这个定义没说清楚；还有的书上有另一种定义，"制造费用是折旧、水电气，等等"，这个"等等"也没说清楚。我们在工作中，碰到一项费用，怎么判断它是不是属于制造费用？再进一步阐述一下宫老师的定义，我们到生产现场去，在生产线上一站，目光所及之处看到设备，看到厂房，这些在老板的眼里，都是钱啊。（笑）这就是我们和老板的区别，老板看见的是钱，我们看见的是设备。厂房和设备都会产生折旧，制造费用的第一项就是折旧，如果是租来的就是租金，折旧和租金都需要分摊到各个产品上去。第二项是能源费用，厂房设备只要一运转，就要消耗能源。第三和第四项，就是前面讲的"两个间接"，间接材料和间接人工。这四项说得既清楚，又没有遗漏。

前面说的三大项（直接材料、直接人工、制造费用）合在一起，叫制造成本，也就是制造过程中产生的成本。还有另外一个提法——销售成本，大家很容易被搞糊涂。"制造成本"怎么变成"销售成本"了呢？我们来看看它的英文，销售成本的英文是COGS（Cost Of Goods Sold），就是已经销售出去的产品的成本。我们来看表3-1。

销售收入减去这六大项，就是利润，这就是损益表，或者叫利润表，这是管理人员要重点关注的。如果销售收入减掉六大项叫利润，但如果仅仅减去前三项，会得到什么呢？毛利！这就是表3-2。

表 3-1　简化利润表（1）

销售收入
－ 直接材料
－ 直接人工
－ 制造费用
－ 财务费用
－ 销售费用
－ 管理费用
利润

表 3-2　简化利润表（2）

销售收入
－ 直接材料
－ 直接人工
－ 制造费用
毛利

销售收入包含了三部分，即"成本"（直接材料、直接人工、制造费用）、"费用"（财务费用、销售费用、管理费用）和利润。已经实现销售的产品才有收入，"收入"包含这个"成本"，所以有人习惯上，就把制造成本理解为已经销售出去的产品所包含的成本，这就是销售成本。制造成本和销售成本，本质上是一个事儿，只是从不同的角度去说。

再看下面的三项。**什么是财务费用？**财务费用是企业运作资金而发生的成本，主要有三项：一是贷款利息；二是企业到各种金融机构去办事，支付的手续费；三是产品如果要进出口，就存在人民币和外币的兑换，那么就存在汇兑损益，这一项有可能是损失，也有可能是收益。

什么是销售费用？销售费用是销售环节发生的费用。首先销售环节要雇用人员，所以包括了销售人员的工资，还包括销售人员的差旅费、招待费等。企业还会做一些市场营销活动，比如打广告，这都算销售费用。最后把产品卖出去了，还产生一笔很大的费用——物流费用。有人说，物流还包括把供应商的东西运进来啊，这种入场的物流费用，算在直接材料里面。直接材料包含了材料从供应商到我方仓库之前发生的所有费用。如果是场内的物流，比如把半成品从一个车间运到另一个车间，这是制造费用。所以物流费用是包含在销售费用、直接材料和制造费用当中的。

最后说管理费用。有教科书是这么写的，管理费用就是管理部门发生的费用。这话对不对？也没错。但是总会让人担心有遗漏。最聪明的解释是，除前面五项外发生的所有费用。

上面三项叫制造成本，下面三项合在一起又叫什么呢？叫"销售及一般管理费"，英文是 SGA（Sales, General & Administrative Costs）。有人说 general 不是"总体"的意思吗？但这里的翻译就是"一般"。还有后面这个 A，有人说 administrative 是"行政"的意思啊，所以有的 MBA 教材上叫"行政费用"。这个"行政费用"可把人害苦了，以为是行政部的费用。但其他的呢？研发人员的工资在哪里呢？其实都在 A 里面。

一个公司的成本就是这六个方面，也就是六个筐，产生的任何费用都在六个筐里，不能多放、少放、漏放。有人说，为什么要分成六大项，而不是五大项？好比销售费用，能不能干脆合并到管理费用里面去呢？理论上是可以的，但财务要体现管理会计的职责，要体现管理意图。

什么是管理？我经常说，管理就是我想怎么管，就怎么管。什么意思呢？就是管理者必须根据自己的管理意图去管理，试想一下，如果管理有固定模型，那就可以用计算机当总经理了。

"六大项"并不是宫老师个人的发明，而是大多数企业经过财务管理实践后总结的框架。如果在这个框架基础之上再有其他的管理意图，也是可以的。这就体现了"小异"。比如直接材料，可以细分为直接材料1、直接材料2……直接人工也可以细分为车间1、车间2……这都是可以的。但如果拆得太多会没有重点，归根结底是根据管理意图来。

如果大家觉得看懂了，考大家几个问题：

（1）财务部员工的工资算哪一项？算管理费用。销售部员工的工资算哪一项？算销售费用。这里很多人会弄混，以为既然销售部员工的工资属于销售费用，财务部员工的工资就属于财务费用，大错特错。

（2）采购部员工的工资属于什么费用？通常情况下，采购部员工的工资算管理费用，但有的公司里采购部归生产部管，视作一个车间，那采购部工资就算制造费用了。

为了帮助大家理解那么多复杂的费用，宫老师选用了两个词。**第一个词叫"发票"**。以上说到的所有成本费用，都是真实的，都是有发票（或者单据）的。那么机会成本是成本吗？有人说，应该算成本啊。但谁开过机会成本的发票吗？报销过吗？先说下什么是机会成本，比如宫老师今天在上海讲课，那就不能去北京讲课。为什么愿意在上海讲课？因为在上海讲课的收入高于在北京讲课的收入。在北京讲课只是一个机会，这个机会产生的收入就是在上海讲课的机会成本。所以"机会成本"的准确说法应该叫"机会收入",机会产生的收入嘛。那为什么偏叫"成本"?因为我们做决策时总是喜欢用收入减去成本,这样表达比较容易理解,所以前面我就用在上海讲课的收入减去了在北京讲课的"机会成本",看看是不是大于零。

第二个词是"预算"。比方总经理请客户吃饭,这笔费用算什么项目?有人说应该算销售费用,因为请的是客户嘛!其实也不一定,关键看谁去报销。如果是销售总监去报销就归入销售费用;如果是总经理秘书去报销,就归入管理费用了。财务并不关心请谁吃饭,而是关心谁来报销,走哪个部门的预算科目。宫老师常开玩笑说,老板请经理们吃饭,大家吃完了都赶紧撤,为啥?尽管最终是公司报销,但谁留到最后谁买单啊,买单了就要走他部门的费用。(笑)

37. 成本分解:全面解构供应商六大成本

很多公司会要求供应商在报价时做成本分解,以便让采购更好地评估供应商报价的真实性和合理性。因此,作为专业的采购,评估供应商报价中成本的真实性与合理性就成为一个必备技能。具体怎么做呢?下面我将结合一个小案例,讲一讲成本分解的步骤和要点。

【案例】

A 公司成本明细表

假设某制造企业 A 公司在一季度内生产并销售了一批产品,其成本费用明细如下。

原材料成本:100 000 元(占总成本的 40%)

A 公司从供应商处购买了生产所需的原材料,由于原材料价格上涨,原材料成本较上期有所增加。

人工成本：80 000 元（占总成本的 32%）

A 公司为了提高产品质量和生产效率，对员工进行了培训，并相应提高了工资水平，导致人工成本上升。

制造费用：30 000 元（占总成本的 12%）

其中包括设备折旧费 10 000 元、维修费 5000 元、电费 10 000 元等。由于设备老化，维修费用有所增加。

财务费用：5000 元（占总成本的 2%）

A 公司为了筹集资金用于生产扩张，向银行贷款，产生了利息支出。

管理费用：15 000 元（占总成本的 6%）

由于公司规模扩大，行政管理部门人员增加，管理费用上升。

销售费用：20 000 元（占总成本的 8%）

A 公司为了拓展市场，加大了广告宣传力度，导致销售费用上升。

下面，按照直接材料、直接人工、制造费用、财务费用、管理费用、销售费用六大成本结构顺序，讲一讲成本分解的要点。

直接材料

首先关注原材料成本，这是产品成本的重要组成部分。在 A 公司的案例中，原材料成本占总成本的 40%，达到 100 000 元。这一比例相当高，因此原材料价格的波动对总成本有着显著影响。

作为采购人员，我们需要：详细了解供应商采购原材料的渠道和价格水平，以评估其成本控制能力；关注原材料价格的市场动态，以便及时应对潜在的价格波动；与供应商建立长期稳定的合作关系，确保原材料供应的稳定性和成本的可控性。

直接人工

人工成本是另一个重要成本项，占 A 公司总成本的 32%。人工成本受多种因素影响，如员工数量、工资水平、福利待遇等。

在分析供应商的人工成本时，我们应关注：供应商的员工配置和薪酬政策是否合理；人工成本的增长是否与销售额或利润的增长相匹配；员工培训和技能提升对人工成本及生产效率的影响。

制造费用

制造费用涵盖了生产过程中的间接成本和费用，如设备折旧、维修费、电费等。在 A 公司的案例中，制造费用占总成本的 12%。

分析供应商的制造费用时，我们应考虑：设备的维护和更新状况，以确保生产效率和产品质量；生产流程的优化和能源利用效率，以降低制造费用；制造费用与产量的关系，以评估规模效益和成本控制水平。

财务费用

财务费用主要涉及企业筹集资金所发生的各项费用，如利息支出、手续费等。在 A 公司的案例中，财务费用占比（2%）较小。

在分析财务费用时，我们应关注：供应商的融资策略和资金成本；财务费用与负债总额的比例，以评估财务风险和偿债能力；宏观经济环境和金融政策对供应商财务费用的影响。

管理费用

管理费用是企业行政管理部门产生的各项费用，如工资、办公费、差旅费等。在 A 公司的案例中，管理费用占总成本的 6%。

在分析管理费用时，我们应考虑：供应商的企业规模和业务复杂度与管理费用的关系；管理流程的优化和信息化水平；管理层对企业成本控制和绩效管理的重视程度。

销售费用

销售费用涉及产品推广、销售和市场开拓等方面的支出。虽然占总成本的比例较低（在 A 公司的案例中为 8%），但对于提升市场份额和品牌知名度至关重要。

在分析销售费用时，我们应关注：供应商的市场拓展策略和客户关系管理能力；销售费用占销售额的比例，以评估营销活动的效益；市场趋势和竞争对手动态对销售费用的影响。

综合分析

最后，我们需要将以上各项成本的分析结果综合起来，与供应商的报价进行比较并据此谈判。同时，还可以结合其他财务报表，如资产负债表和利润表，进行全面综合的分析评估。通过这种方式，我们可以更准确地判断供应商报价的合理性和竞争力，从而为公司的采购决策提供有力支持。

 小师妹插嘴

学会成本分解，咱们是不是就能知道供应商报价里的"水分"了？

 学霸掉书袋

不仅能挤出"水分"，评估成本的真实性，还能判断其合理性。

38. 成本分类：直接费用与间接费用、变动成本与固定成本

报价单里的各项成本，它们之间到底有啥联系呢？这就说到成本分类了。在会计学中，有两对成本分类概念是我们经常碰到的：直接费用和间接费用、变动成本和固定成本。这些概念听起来可能有点抽象，别急，我来给你举个例子说明一下。

想象一下你开了一家烘焙店，制作美味的蛋糕来卖。直接费用呢，

就是那些能直接和蛋糕生产挂钩的费用，比如原材料费——鸡蛋、面粉、糖等。而间接费用呢，就是那些不直接和蛋糕生产相关，但也是你经营烘焙店必不可少的费用，比如店铺的租金、水电费等。

再来说说变动成本和固定成本。变动成本是会随着你生产的蛋糕数量的变化而变化的成本，比如前面提到的原材料费，你做的蛋糕越多，用的原材料就越多，这部分成本就越高。而固定成本就是不管你生产多少蛋糕都不会变的成本，比如烘焙店的租金，无论你今天卖了几个蛋糕，这个租金都得付。

现在你是不是对报价单里的成本有更清晰的认识了？

下面，我用规范的语言给大家讲一讲。

直接费用和间接费用

（1）**直接费用**。直接费用与特定产品或服务的生产直接相关，能够明确地追溯到某一个成本对象上。这意味着，当产品或服务被生产或提供时，相关的直接费用可以直接计入该产品或服务的成本中。

例子：

直接材料费：假设一家家具制造公司生产一张桌子，需要木材、五金配件等原材料。这些原材料的费用就是直接材料费，因为它们直接用于桌子的生产。

直接人工费：同样在这家家具制造公司，木工师傅的工资是直接人工费，因为他们直接参与桌子的制作过程。

（2）**间接费用**。间接费用则不能直接追溯到某一个特定的产品或服务上，而是与多个成本对象相关。因此，这些费用需要按照一定的分摊方法，分配到各个成本对象上。

例子：

制造费用：家具制造公司的工厂租金、设备折旧以及设备维护费用等，都属于制造费用。这些费用虽然与产品生产有关，但不能直接追溯到某一张桌子或某一件家具上。

管理费用：公司管理人员的工资、办公设备的折旧费、行政开支等则是管理费用。这些费用与公司的整体运营有关，而非特定产品的生产或服务的提供。

固定成本和变动成本

（1）**固定成本**。固定成本在一定时期内保持不变，不随产量或销量的变化而变化。这意味着，无论公司生产多少产品或提供多少服务，这些成本都会发生，并且通常是固定的。

例子：

租金：无论家具制造公司生产多少张桌子，它每月支付的工厂租金都是固定的。

管理人员工资：公司管理人员的工资通常也是固定的，不会因为产量的增减而改变。

（2）**变动成本**。变动成本则随产量或销量的变化而呈正比例变化。当产量增加时，变动成本也会增加；当产量减少时，变动成本也会相应减少。

例子：

直接材料费：如果家具制造公司生产更多的桌子，它就需要购买更多的木材和五金配件，因此直接材料费会增加。

电费：随着产量的增加，机器设备的运行时间也会增加，电费也会随之上升。

综合应用

了解这些成本分类后，企业可以更加准确地核算产品或服务的成本，制定合理的定价策略，以及进行有效的成本控制和决策分析。例如，通过分析变动成本和固定成本的构成，企业可以确定盈亏平衡点，即企业需要达到多少销量才能覆盖所有成本并开始盈利。这有助于企业制定更加明智的生产和销售策略。

39. 四大成本：报价单外不为人知的成本

在商业交易中，报价单通常是客户与供应商之间达成交易的基础。然而，报价单上所列出的成本往往只是冰山一角，还有许多隐藏在背后的成本并不为人所知。这些成本虽然不直接体现在报价单上，但却对供应商的利润和交易的实际成本产生重要影响。以下就是这些报价单外不为人知的四大成本。

（1）机会成本。机会成本是指在面临多方案择一决策时，被舍弃的选项中的最高价值者。它代表了一种潜在的收益，而非实际支付的成本。在进行商业决策时，企业需要考虑机会成本，以确保所选择的方案是最优的。

例子：

假设一家制造公司面临两个项目选择：项目 A 和项目 B。项目 A 的预期收益为 100 万元，而项目 B 的预期收益为 120 万元。公司选择了项目 B，因此项目 A 的 100 万元就成为机会成本。尽管这 100 万元并未实际支付，但它代表了公司因选择项目 B 而放弃的潜在收益。

（2）质量成本。质量成本是为了保证和提高产品或服务质量而发生的费用，以及因未达到质量标准而产生的损失。这些成本通常不会直接体现在报价单上，但对产品的整体成本和企业的声誉具有重要影响。

例子：

一家电子产品制造商为了确保其产品的质量和可靠性，投入了大量资金进行质量检测和认证。这些费用包括购买先进的检测设备、聘请专业的检测人员以及支付认证机构的费用等。尽管这些成本并未直接体现在产品的报价中，但它们对于确保产品质量和满足客户需求至关重要。

（3）**专属成本**。专属成本是指那些能够明确归属于特定决策方案的固定成本或混合成本。它们与特定的产品或部门相关，通常不会直接体现在报价单上。

例子：

一家汽车制造商为了生产一款新型电动汽车，投资了一条专用的生产线。这条生产线的折旧费、维护费以及专属保险费等都属于专属成本。这些成本仅与这款电动汽车的生产相关，因此在制定报价时通常不会直接体现在其中。

（4）**沉没成本**。沉没成本是指已经发生且无法回收的成本，它们不应影响当前或未来的决策。因此，沉没成本通常不会体现在报价单中。

例子：

一家餐饮企业在开业初期投入了大量资金进行装修和购买设备。然而，由于市场变化和经营不善，该企业决定关闭并重新定位。在重新定位的过程中，企业需要考虑新的投资和市场策略，但之前的装修和设备投入已经成为沉没成本，不应再影响当前的决策和报价。

综上所述，机会成本、质量成本、专属成本和沉没成本是报价单外不为人知的四大成本。企业在制定报价时，需要充分考虑这些隐性成本对决策和盈利能力的影响，以确保报价的准确性和合理性。同时，不同行业和企业的实际情况可能有所不同，具体是否将某些成本体现在报价中还需要根据具体情况进行判断。

小师妹插嘴

原来还有这么多看不见的成本。

学霸掉书袋

要把隐性成本显性化，"看见"之后，才能判断真实性与合理性。

40. 行业比较：不同行业的成本结构一样吗

我们来看一下不同行业的成本结构（见图 3-1）。

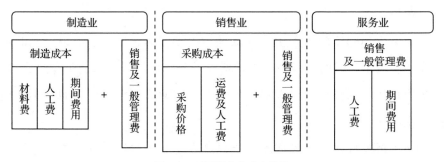

图 3-1   不同行业的成本结构

图 3-1 中的期间费用（Period Cost）是指企业本期发生的、不能直接或间接归入营业成本（销售成本），而是直接计入当期损益的各项费用，包括销售费用、管理费用和财务费用等，也就是指某个时间区间产生的费用，因此有人把制造过程中产生的如折旧等费用叫作制造期间费用。

我们要分清制造业、销售业（贸易公司）和服务业大概的成本结构。比如供应商属于制造业，我们让供应商报价，它可以报出前面说的那一套（成本分解）。但如果供应商是贸易公司，就不行了。贸易公司最多能报个进货价，也就是它的采购成本，等于采购价格加上货物运到该公司过程中的运费及人工费。当然贸易公司也有 SGA。如果供应商属于服务业，那它们购买的材料就很简单了，都不重要，所以成本基本上是 SGA。服务业的 SGA 中，人工是非常大的一块，所以通常会单独列出来。

这样我们跟不同的行业的供应商打交道，就要求供应商提供不同的成本分解报价。对于制造业企业，可以要求它对成本进行分解，分解成六个方面，直接材料、直接人工、制造费用、财务费用、管理费用、销售费用，然后对这些成本进行核算；如果是贸易公司，通常就要求它提供进货价格，以及它自身的财务费用、管理费用和销售费用；但要是服务业企业，比方说清扫保洁、安保、咨询等，就需要供应商提供人工量和单价。

比如我们企业要上 ERP（企业资源计划），只购买 ERP 软件还不行，需要请人帮助我们来上，于是就需要找一家 ERP 辅导公司，也就是 ERP 咨询公司。与这家公司分析成本，就需要了解这家公司的成本结构。这家公司的成本结构就是：人工量，也就是人天数（即需要多少人干多少天），乘以人工单价，这样得到总的人工成本，然后再加上该公司的期间管理费。人工占比非常大，所以这些企业都是"劳动密集型"企业。

41. 五步建模：PPDAR 五步构建成本模型

构建成本模型是一个细致且重要的任务，它要求企业全面理解其产品的构成和生产过程，以便能够准确地估算成本，并据此制定明智的定价策略和业务决策。PPDAR 是一个有效的五步框架，即"产品分析（Product Analysis）、工艺识别（Process Identification）、数据收集（Data Collection）、算法设计（Algorithm Design）、结果分析（Result Analysis）"，这五步可以帮助企业系统地构建成本模型。

以下是从采购角度，利用这五个步骤构建供应商标准成本模型的例子。

【案例】🛒

构建智能手机的标准成本模型

第一步：产品分析。

目标：了解智能手机的产品结构，包括主要部件和组件。

行动：列出智能手机的所有主要部件，如屏幕、电池、处理器、摄像头等，并确定每个部件的成本占比和重要性。

第二步：工艺识别。

目标：理解供应商生产智能手机部件的工艺流程。

行动：与供应商沟通，了解每个主要部件的生产工艺和流程，并确认生产过程中的关键步骤和成本驱动因素，如原材料成本、人工成本、设备折旧、生产效率等。

第三步：数据收集。

目标：收集与智能手机部件生产相关的成本数据。

行动：向供应商索取详细的成本数据，包括原材料成本、直接人工成本、制造费用、间接费用等，并验证数据的准确性和完整性，确保它们反映了实际的生产成本。

第四步：算法设计。

目标：基于收集到的数据，设计一个成本模型算法。

行动：分析收集到的数据，识别成本的主要组成部分和影响因素，开发一个成本模型算法。该算法能够根据输入参数，如原材料价格、生产量、工艺变化等，计算出智能手机的总成本，并在模型中考虑供应商的规模经济效应、生产效率差异等因素。

第五步：结果分析。

目标：利用成本模型进行结果分析，以支持采购决策。

行动：使用成本模型计算不同供应商提供的智能手机部件的成本，比较不同供应商的成本差异，并分析差异原因。结合其他因素，如质量、交货时间、服务等，做出综合评估，选择最合适的供应商。

以下通过一个构建智能手机标准成本模型的示例，做进一步说明。

【案例】🛒

构建智能手机标准成本模型的示例

1. 了解产品结构

示例：假设你正在为一家制造智能手机的公司构建成本模型。智能手机由屏幕、电池、处理器、摄像头等关键部件组成。每个部件的成本都是构建总成本模型的一部分。

屏幕：假设每块屏幕的成本为 150 元。

电池：每块电池的成本为 75 元。

处理器：每个处理器的成本为 125 元。

摄像头：每个摄像头的成本为 50 元。

2. 了解产品工艺

示例：智能手机的制造过程包括部件采购、组装、测试和包装。每个阶段都会产生不同的成本。

部件采购：包括屏幕、电池、处理器和摄像头的采购成本，总计为 $150 + 75 + 125 + 50 = 400$（元）。

组装：假设组装每部手机的成本为 100 元（包括人工和设备折旧）。

测试：每部手机的测试成本为 50 元。

包装：每部手机的包装成本为 30 元。

3. 收集有关数据

示例：除直接材料成本外，还需要考虑间接费用，如租金、电力和管理费用。

租金：每月固定租金为 10 000 元，分摊到每部手机上的成本为 10 元（假设每月生产 1000 部手机）。

电力：每部手机生产过程中的电力成本为 20 元。

管理费用：包括工资、办公用品等，每部手机的管理费用为 15 元。

4. 对收集到的数据进行分析

示例：将所有成本汇总，我们可以得到每部智能手机的总成本。

直接材料成本：400 元。

组装成本：100 元。

测试成本：50 元。

包装成本：30 元。

间接费用（租金、电力、管理费用）：45（= 10 + 20 + 15）元。

总成本：625（= 400 + 100 + 50 + 30 + 45）元。

5. 根据分析结果，构建模型

示例：使用电子表格软件，你可以创建一个成本模型，其中列出了每部手机的各项成本。通过调整输入参数（如原材料价格、工人工资率、生产量等），你可以观察总成本的变化。

例如，如果原材料价格上涨 10%，你可以立即在模型中看到总成本如何变化，并据此做出决策，如调整售价或寻找更经济的供应商。

这个成本模型不仅提供了每部手机的成本，还可以作为决策支持工具。

假设在数据收集阶段，我们得到了两家供应商 A 和 B 的详细成本数据。通过算法设计，我们构建了一个成本模型，该模型可以根据输入的原材料价格、生产效率和规模经济效应等参数计算出智能手机的总成本。在结果分析阶段，我们发现供应商 A 的成本比供应商 B 低 5%，这主要是由于供应商 A 在生产工艺和原材料采购方面具有优势。基于这一分析，我们决定与供应商 A 进行进一步的谈判和合作。

通过 PPDAR 模型构建供应商标准成本模型，采购团队可以更加准确地评估供应商的成本结构，从而做出更明智的采购决策，降低采购成本、提高采购效率，并为企业创造更大的价值。

42. 成本定价：如何根据成本报价

想象一下，供应商是如何报价的？它们报价时一定有一个"逻辑"，做采购的一定要把这个逻辑找到，然后，才可以优雅地、从容地与供应商谈价。

（1）**成本定价**。这是最常见也是最基本的定价方式，一般叫成本加成定价法，或者叫直接加价法（Straight Markup），计算公式是：

$$价格 = 单位成本 \times （1+ 加价比率）$$

例如，单位成本 80 元，加价 20%，则价格 =80 × （1+20%)=96(元)。

如果供应商采用成本加成定价法，我们就要对供应商的成本做细分，对其中的摊销做分析，看是否合理，还要分析加价比例和利润是否合理。

（2）投资回报率法。 有的供应商会根据投资回报率来报价，也就是要考虑投资回报。

$$价格 = （1+ROI） \times 投资 / 销售量 + 单位成本$$

ROI（Return On Investment），即投资回报率。

例如，需要投资 150 000 元，期望 ROI 为 15%，预计销售 5000 件，单位成本是 80 元。则价格 = （1+15%）× 150 000/5000+80 = 114.5 （元）。

（3）可变成本定价法。 这是比较重要的一种方法，也是采购人员应该重点掌握的。

这里首先要讲到盈亏平衡的问题。

$$销售额 = 成本 + 利润$$

在盈亏平衡的时候，利润等于零，成本等于固定成本加变动成本，用字母表示就是：

$$P \cdot Q = F + CV \cdot Q$$

其中，P 为销售价格；Q 为销量；F 为固定成本；CV 为单位变动成本。

所以盈亏平衡时：

$$Q_0 = \frac{F}{P - CV}$$

Q 是销量。在利润为零的时候，Q 就是达到盈亏平衡的销量，也就是盈亏平衡点。我们给这个特殊的点 Q 起个名字，叫 Q_0。

例如，我们开个服装店，房屋租金是每月 1 万元，这就是固定成本 F。衣服进货价格是 100 元，这就是 CV。那么作为老板，就要给衣服定价了，定多少钱合适呢？有人说，定得越高越好啊。可不可以定 10 100

元？当然可以。如果定 10 100 元，意味着卖掉一件，本钱就全回来了。有人说，卖不了这么贵吧？其实也不一定，看卖家是谁了，如果卖家有自己的特殊光环效应，多少钱都能卖掉。但我们没有，那就降价吧，降到 1100 元，这就要卖 10 件才能回本。如果 1100 元也太贵，那就卖 110元吧，卖 1000 件回本。如果经济环境不好，110 元都没人买，那我们卖101 元吧，卖 10 000 件回本。有人说，这么低的价格，我一件都不卖！如果不卖，就要亏 1 万元。卖掉一件，就少亏 1 元钱。上面的分析里，价格从 10 100 元降到 101 元，那降价的底线是多少呢？是 100 元。这时无论如何也不能降了，否则 100 元买进来，100 元卖出去，你就成搬运工了。低于 100 元更不能卖，老板没法当了。

所以对外出售的条件，用数学公式来表述，就是：

$$P-CV>0$$

"$P-CV$" 就是"边际贡献"，也有叫作"边际毛利"的。$P-CV>0$，意味着有毛利。所以企业在某个特殊的情况下，当然也是比较"倒霉"的情况下，定价方式采用"可变成本定价法"。只要价格高于变动成本，有毛利，就可以卖，卖了就可以摊销固定成本，就可以少亏损。供应商会出现这种倒霉的情况吗？当然会。比如供应商产品销路不畅，有剩余产能的时候；或者供应商为了促销，占领市场份额的时候。还有一种情况，就是我们买的是供应商生产过程中产生的副产品，供应商的主打产品已经把管理费都摊销掉了。比如制造企业里的边角料，就可以卖得很便宜，因为这些是不摊销固定成本的。

举个例子，某汽车公司 X，买某个零件要 50 元；还有个公司 J，是仿造 X 的产品的。J 买同样的零件，就只要 30 元。为什么？因为 X 去买的时候，已经帮供应商分摊掉很多固定费用了，等到 J 去买的时候，供应商还有些剩余产能，不用也是闲着。这时候只要 J 的买价大于供应商的变动成本，供应商就可以接受。J 对自己的采购策略很骄傲，美其名

曰"充分利用社会剩余产能"。J 的老板总结自己的成功经验，也说自己
是"投机取巧"，投的是市场经济给他提供的机遇，取的是社会剩余资源
之巧。

再比如，一个刚开张的饭店，暂时不是为了赚钱，这时候就可以打
很大的折扣，折扣只要大于饭菜的可变成本，就可以帮着分摊房租。等
聚来一定人气后，再恢复正常价格。很多企业在刚开始营业时都采用这
个策略。

43. 价值定价：如何根据价值报价

宫老师常以玫瑰花为例，讲解价值定价的精髓。情人节那天，玫瑰
花价格飙升，原因何在？难道仅仅因为需求量大吗？实则不然。玫瑰花
的高价，更多是因为它象征着爱情，而爱情是无价的。生活中，代表爱
情的物品往往价格不菲，这正是因为它们承载了深厚的情感价值。

这就是价值定价策略的核心：根据产品或服务为买方创造的实际经
济价值或主观感受、感知来设定价格。这种方法侧重于买方的整体评价
和认知价值，而非仅考虑成本。在定价决策中，供应商会深入评估其产
品或服务的独特价值，并据此制定价格策略。

价值定价的关键因素包括替代物感受、独特性价值、转换成本、比
较的困难程度、优质优价、费用开支的大小、公平性以及最终收益。这
些因素共同构成了买方对价格的认知和接受度。

替代物感受是指如果产品容易被替代，其价值就会降低。因此，供
应商需要强调自己的独特性或与高端产品进行对比，以提升买方的认知价
值。独特性价值则是指产品或服务的独特之处，如果买方对此表示认可并
愿意付费，价格就可以相应提高。转换成本是指更换供应商所需承担的成
本，如果成本较高，供应商的定价也会相应提高。比较的困难程度则是指
在没有直接参照物的情况下，买方对价格的敏感度会降低。优质优价则是

指如果价格较高但能让买方感受到优质的产品质量，那么买方对价格的接受度也会提高。费用开支的大小则是指如果购买决策对买方来说是一笔大开支，那么他们对价格就会更加敏感。公平性则是指供应商的报价需要让买方感觉合理，一旦超出买方的心理预期，他们就会觉得价格过高。最终收益则是指如果供应商能够让买方感受到购买决策将为他们带来可观的收益或市场影响，那么买方往往愿意支付更高的价格。

　　以下是几个具体的案例，展示了供应商如何运用价值定价策略。

【案例】🛒

定制高端花束服务

　　小张想为女友购买一束特别的玫瑰花以表达爱意。供应商通过广告和社交媒体强化玫瑰花的情感价值，同时提供个性化定制服务，如定制花朵数量、特殊包装等，以增加产品的独特性和情感价值。在情人节等高峰期，供应商适当提高价格以反映市场对情感价值的认可和支付意愿。最终，小张愿意为一束精心定制、品质上乘的玫瑰花支付高价，因为他认为这完美表达了他对女友的爱意。

【案例】🛒

专业化高端医疗服务

　　小李的父母年迈，需要定期接受医生的健康检查和治疗。医疗机构通过展示医生的专业资质、丰富经验和成功案例来凸显医疗服务的高价值。同时，根据患者的具体情况制订个性化的诊疗方案并提供全面的健康管理和后续关怀服务。医疗机构还投入高端医疗设备和技术以提高诊疗的准确性和效率。尽管价格较高，但小李愿意为父母支付更高的医疗费用，因为他相信这样的投资能够确保父母得到最好的医疗照顾和治疗效果。

【案例】

个性化定制教育辅导服务

小王的孩子在学习上遇到困难，需要寻找一位家庭教师进行辅导。教育机构通过展示之前学生的成功案例和学习进步证明来凸显教学服务的高效果和价值所在。同时，根据孩子的具体情况和学习需求制订个性化的教学计划和学习目标，并提供灵活的时间安排以适应孩子和家庭的日程需求。尽管价格较高，但小王愿意为这种定制化的、高效果的教育辅导服务支付更高的费用，因为他相信这样的投资能够帮助孩子取得更好的学习成绩和未来发展机会。

这些案例表明，价值定价策略不仅能够帮助供应商实现报价中的物有所值，还能够提升买方的满意度和忠诚度。通过强调产品或服务的独特价值和满足买方的特定需求，供应商可以制定高于成本的价格并获得更好的利润回报。同时，这种策略也有助于长期合作关系的建立和品牌形象塑造。供应商会利用价值定价策略影响你的认知，但采购方自己不要被这个策略迷惑，要正确认识价值，让采购实现物有所值。

学霸荐书

操纵人的感觉和认知的方法很多，我们的大脑其实并不理性，很容易被影响，推荐罗尔夫·多贝里的《清醒思考的艺术：你最好让别人去犯的 52 种思维错误》。

44. 竞争定价：如何根据竞争报价

定价策略是一门艺术，也是一门科学。供应商在制定价格时，会考虑多种因素，而这些因素在不同的竞争市场中会有所不同。同时，采购方也需要根据市场情况来调整自己的策略，以确保获得最佳的采购效益。

垄断市场

在垄断市场中，供应商是市场的独家提供者，没有直接竞争者。这意味着供应商在定价方面具有很大的自由度和议价能力。但是，供应商在定价时也需要考虑消费者的接受程度，以避免过高的价格引发公众不满或政府的干预。因此，供应商可能会通过市场调研来了解消费者的支付意愿，并据此制定一个既能保证利润又能被市场接受的价格。

采购方的应对策略：在垄断市场中，采购方处于相对弱势地位。为了获得更好的采购条件，采购方可以尝试以下几种策略。

寻求长期合作协议：与供应商建立长期的合作关系，以获得更稳定的价格和供应条件。

谈判技巧：运用谈判技巧来争取更好的价格或服务条款，例如威胁转向其他潜在的供应商（如果存在的话）或提出合理的价格比较。

政策与法规利用：了解并利用相关的政策和法规来维护自己的权益，例如反垄断法、消费者权益保护法等。

寡头垄断市场

在寡头垄断市场中，少数几家供应商控制大部分市场份额。这些供应商通常会密切关注彼此的价格策略，并据此调整自己的价格。由于市场竞争相对有限，供应商在定价时可能会考虑竞争对手的价格水平、市场份额以及市场反应等因素。

采购方的应对策略：在寡头垄断市场中，采购方可以利用供应商之间的竞争来寻求更好的报价。具体策略包括以下几种。

多方询价：向多家供应商询价，以了解市场价格水平和竞争态势。

引入新供应商：积极寻找并引入新的供应商，以增加谈判筹码。

定期评估市场状况：定期关注市场动态和价格变化，以便在价格变动时快速反应。

垄断竞争市场

在垄断竞争市场中，存在许多供应商提供相似但不完全相同的产品。供应商在定价时会考虑产品的差异化、品牌形象、市场需求以及竞争对手的价格等因素。为了吸引消费者并获得市场份额，供应商可能会通过提供独特的产品特性、优质的售后服务或采取创新的营销策略等方式来与竞争对手区分开来。

采购方的应对策略： 在垄断竞争市场中，采购方需要比较不同供应商的产品特性和价格，以找到性价比最佳的供应商。具体策略包括以下几种。

明确需求：清晰明确自己的采购需求，以便更好地比较不同供应商的产品和价格。

注重品牌声誉和售后服务：考虑供应商的品牌声誉和售后服务质量，以确保采购的产品具有良好的品质和可靠性。

鼓励竞争：通过向多家供应商询价、与之谈判并对其比较，鼓励供应商之间的竞争，以获得更好的报价和服务。

完全竞争市场

在完全竞争市场中，存在大量供应商提供几乎无差异的产品。由于市场竞争非常激烈，供应商无法单独影响市场价格。因此，供应商在定价时通常会接受市场决定的价格水平，以确保能够售出自己的产品。

采购方的应对策略： 在完全竞争市场中，采购方可以充分利用市场竞争来获得最低价格。具体策略包括以下几种。

市场调研：了解市场价格水平和竞争态势，以便在谈判时掌握主动权。

大宗采购：通过集中采购或大宗采购来降低单位成本，获得更优惠的价格。

长期合作协议：与信誉良好的供应商建立长期合作关系，以确保稳定的价格和供应条件。同时，定期评估合作效果和市场变化，以便及时调整合作策略。

45. 关系定价：如何根据关系报价

关系好，定价高还是低呢？这里的关系不是长期合作的意思，关系定价是指"内部定价"，即公司内部的或与自己有股权关系的供应商的定价，这种定价也被称为"转移定价"（Transfer Pricing）。这通常发生在一家集团公司的母子公司之间或子公司之间，比如很多跨国公司在中国有合资或独资子公司。

跨国企业内部不同部门或子公司之间买卖产品、提供服务、授权使用知识产权等交易的价格设定和核算方法就是转移定价。转移定价方法很重要，因为不同子公司可能位于不同的国家、地区，涉及不同的税法和税率，价格设置不当可能会导致利润的移动，从而影响税收。

转移定价也有多种方式。

（1）**市场定价**。就是同等对待自己的公司和外部的公司，同等竞争，内部市场化。很多公司不乐意用这种方式，因为总希望肥水不流外人田。但这种方式也有其好处，可以让自己的公司充分参与市场竞争，有利于公司成长。

（2）**以市场为基础协商价格**。以市场价为基础，内部进行协商，这样既可以肥水不外流，也可以提高公司竞争能力，是一个折中的办法。有人称这种定价方式为"最佳法则"。

（3）**成本定价**。供应商发生的固定成本和变动成本加在一起，"实报实销"，全部成本转移。

（4）**变动成本定价**。固定成本都是自己家的事情，生产不生产都会发生。那就按变动成本计价，"实报实销"。

其实很多公司的转移价格不是采购或者财务定的，而是老板定的。

举个例子，很多国内的合资公司从国外买零件，都会很贵。为什么？要让总部多赚钱，子公司少赚钱。因为子公司是个合资公司，转移价格可以用来转移利润。还有一种情况，老板有两个公司，转移利润就是左口袋转右口袋，为什么？主要就是为了避税，准确地说是税务筹划。采购人员需要理解这些定价规则。一些采购人员对自己内部公司的供应商很生气，这是因为他们不理解定价规则背后的东西，理解了就好办了。

采用转移定价时要确保内部交易公平、合理，同时平衡公司的盈利目标和内部竞争能力，还要考虑税法的相关要求。具体选择哪种方式，取决于公司的具体情况和策略。

46. 揭秘水分：供应商报价策略与心理分析

供应商为何会在谈判中让步？这往往是因为它们的报价存在一定的"水分"。那么，这些"水分"究竟隐藏在哪里呢？"水分"主要是指供应商在报价时为了增加利润空间或应对谈判压力而故意提高的价格部分。这种"水分"可能存在于材料成本、人工成本、管理费用等各个环节。例如，供应商可能会在材料成本上加价，或者虚报人工成本和管理费用。因此，在谈判过程中，采购方需要仔细甄别供应商的报价，通过市场调研和对比分析，挤出其中的"水分"，从而达成更有利的采购协议。同时，建立良好的沟通机制和信任关系也是降低"水分"的重要途径，这有助于促进双方的坦诚相待和长期合作。

材料费的水分在哪里

直接材料费 = 产品实体 + 损耗 + 废品

这个公式是采购人员要明白的。在宫老师曾经工作的一个公司，销售很实在地按上面正规的公式去报价，客户的采购就很生气，说："你们要把废品卖给我吗？"搞得销售没办法，只能把废品的费用去掉，加在一些客户发现不了的科目上，反正不会让自己的公司承担。

供应商的报价里，直接材料费是个笼统的数字，但这里面是含有废品和损耗的。举个例子，我们买一个圆形的零件，供应商是用方形的材料制造出来的。供应商报材料费肯定会报方形的，我们拿回公司的是圆形的，剩下的就叫边角余料。供应商会卖掉边角余料，卖掉的钱如果我们不问，对方就装自己口袋里了。这部分是可以要求供应商返还的，就像在饭店里吃饭，吃剩下的是可以打包带走的。所以采购可以要求供应商把直接材料费的细化条目列出来，然后一项项核定，挤出报价里的水分。

人工费的水分在哪里

直接人工费 = 用时 + 间歇 + 停工（工间休息、设备调整）+ 废品耗时

用时，就是实际用时，跟直接材料费里的产品实体是类似的，这部分是不可能减少的。如果减少，就变成偷工减料了。

间歇，举个例子，宫老师曾在一家汽车制造公司工作，公司做汽车覆盖件模具。覆盖件就是汽车前面那个发动机盖，是一个钣金件。那个钣金件很大，所以模具也很大。车间里有一个大的刨床，工人用天车把料吊到操作台上，启动设备。然后工人在旁边打呼噜，因为刨床要工作两小时，这两小时里工人在旁边无事可做。这两小时的人工，供应商是要付钱的，但实际上浪费了，这就是间歇。日本公司里，为了把人工充分利用起来，一个工人会同时操作好几台设备。

停工，指工间休息和设备调整的时间。宫老师看过一些工厂，里面的工人基本不休息。工厂水都不怎么给工人喝，但也不好意思直接不给，而是把水放得很远，因为水喝多了要上厕所，工间休息时间会长。

废品耗时。工人生产了废品，也是会消耗时间的，也要付工资。废品和废品耗时，正常情况下都是可以报给客户的，但作为采购在谈判的时候就可以说"废品率太高了，损耗太大了，应该降一点"。

制造费的水分在哪里

制造费可以分为变动制造费和固定制造费。先看变动制造费的分配率：

$$变动制造费分配率 = \frac{变动制造费总额}{直接人工总工时}$$

这个分配率就是单价。于是：

变动制造费标准成本 ＝ 变动制造费分配率 × 直接人工标准工时

再看固定制造费。如果供应商对我们公开成本数据，这也可以核算出来。至少供应商自己手头应该是有的，否则它没法管理。

$$固定制造费分配率 = \frac{固定制造费总额}{直接人工总工时}$$

与变动制造费类似：

固定制造费标准成本 ＝ 固定制造费分配率 × 直接人工标准工时

这里涉及一个问题：标准费用是用人工来衡量，还是用机器设备来衡量？这要具体分析，如果这个产品的主要投入是人工，就用人工来衡量；如果产品制造以机器设备为主，就用设备去衡量。目前大多数公司都用设备衡量。

费用分摊的水分在哪里

企业的成本结构分为六大项。面对前三项，我们的处理方式是"核算"，就是前面所论述的核算方法，而后三项（财务费用、管理费用、销售费用）不跟产品直接挂钩，只能算出一个总数。问题是，总的费用怎么分摊到具体的产品上？这种处理方式就是"分摊"。分摊主要有两种方式，一种叫传统分摊，另一种叫 ABC 法（作业成本法）。

传统分摊以直接材料作为分摊标准。这种分摊方式的好处是容易计算，产品的直接材料非常容易算出来。材料费高的多摊一些，材料费低的少摊一些。还有个好处，是消费者容易接受。消费者一看这个产品的材料这么复杂，这么贵，多付点钱也乐意。但事实上这种方法不一定公平，没有理由说某个产品的材料费贵，财务费用、管理费用、销售费用就会多在这个产品上发生，这是不一定的。举例来说，企业生产捷达和奥迪两种车，奥迪的零件比较精密，价格也比较高，捷达比较便宜。如果按直接材料费来分摊，奥迪要多分担一些。奥迪多分了，卖得贵，消费者也能接受。但是换个角度看是不合理的。很有可能奥迪好卖，实际发生的销售费用反而少，而捷达不好卖，做了巨量的市场活动、公关活动、广告，实际销售费用非常高。这种不合理会导致企业管理决策失误。管理者一看奥迪发生了这么多费用，为了省成本，就有可能把这个车型砍掉。结果费用一样要发生，发生在捷达身上。

如果从成本管理的角度看，最好是"发生在谁身上的费用，就由谁来承担"。前面说了，能直接就直接，能变动就变动。这就是ABC（Activity-Based Costing）法，即作业成本法。把我们做的事情拆分，每件事情都会发生成本，这些成本因为谁发生的就由谁来承担。这里也存在一个问题，有的成本分不出来。比如参加一次培训，这次培训费是为哪一个产品发生的？谈不上，是为公司所有业务发生的，那摊到谁的身上？为了解决这个问题，宫老师举两个例子。

第一个例子。家里有三个儿子，要分摊父母的养老费用，三个儿子怎么分？有人说平均分啊。这的确是最容易想到的方式。但如果平均分的话，三个人中间收入高的那个很轻松，收入低的压力很大。那有人说，那干脆按收入高低分算了。那又导致隐瞒收入的问题了，收入是不容易准确衡量的。又有人说，那老大多分点吧。老大说："凭什么？我出生的时候家里最困难，后来我对家里的贡献也最大，应该老三多分，因为家里所有的爱都给老三了。"于是争吵不休。最后父母生气了："按我说的分！"一拍板，给定了。这就叫"管理者决策"。很多企业在进行成本分摊的时候，是管理者综合考虑各项数据，再考虑市场接受程度做出的判断。但管理者必须明白以上的道理再做决策，很多企业的管理者不明白这些理论，都是财务直接分，不一定合理。

另一个例子。我们聚餐吃饭经常采用 AA 制。中国的 AA 制，把总数按人头一除，大家平均。于是有人就有意见了，我吃这么少，分摊这么多啊，你们还点了那么贵的酒，我又不喝酒，还要出钱。外国人也有 AA 制，自己点自己的菜，最后自己买单，比较公平，这也是 AA 制。

水分，就是当我们不明白以上分摊方式的时候，承担了本来不应该由我们承担的费用。比如宫老师的一个供应商的报价里，厂房分摊的费用很高，问对方："为啥？"对方说："宫先生，我们造了那么大一个厂房啊！"宫老师说："那么大的厂房也不是都为我的产品造的，凭什么全分摊给我？！"于是让供应商重新核算，降低了报价。

47. 成本估算：BCD 三种估算方法

为了确保谈判的主动权和达成对自己最有利的协议，在与供应商进行谈判之前，我们应对供应商的成本进行准确的估算。为此，我总结了三种有效的估算方法，并将其命名为 BCD。接下来，我将结合具体案例来详细阐述这三种方法。

圆桌会议（Roundtable，Brain Storming）

圆桌会议，是一种特殊的会议形式。不论参与者的阶层或地位，每个人都有均等的机会自由表达自己的观点和想法，以集思广益，汇聚来自各方的观点和想法，制订全面的解决方案或战略计划。

在圆桌会议中，头脑风暴可以作为一种非常有效的手段来激发大家的创造力。头脑风暴允许参与者自由地提出各种想法和观点，不受任何限制，旨在产生新的创意或解决问题的方法。在头脑风暴的过程中，所有的想法都受到尊重和欢迎，没有人对想法进行批评或评判，这样，每个参与者都能在无压力的环境中，尽情地分享和激发创造力。

这是一种非常简单有效的决策方式，特别适合在时间有限、资源有限的情况下采用，尤其是对一些相对陌生或需求模糊的产品采购。

【案例】🛒

圆桌会议助力智能手环降本

公司背景：某创业公司计划推出一款新型智能手环，需要采购相关组件进行生产。

应用情景：由于这是公司首次涉足智能手环领域，采购部门对很多组件的成本并不了解。于是，在谈判前，采购部门组织了工程、制造、财务等部门的专家进行圆桌会议。

案例描述：在会议中，工程部门提供了所需组件的技术规格和要求，制造部门分享了生产流程和潜在的生产瓶颈，财务部门则根据市场调研和公司财务状况提供了预算范围。通过集思广益，采购部门对智能手环各组件的成本有了大致了解，并制定了合理的谈判策略。

结果：在与供应商谈判时，公司能够更有针对性地进行议价，并成功降低了采购成本。

比较估算（Comparative Estimation）

如果时间充分、资源充足，可以寻找多家供应商，比较它们之间的成本差异，然后寻求降本空间，挖掘降本机会。

【案例】🛒

比较估算助力钢材降本

公司背景：一家大型制造公司需要采购大量的钢材用于生产。

应用情景：由于钢材市场价格波动较大，采购部门需要准确估算钢材的成本以制订合理的采购计划。

案例描述：采购部门收集了多家供应商的报价、市场价格、历史价格等数据，并进行了比较分析。采购部门发现，虽然某家供应商的报价较低，但其钢材质量不稳定；另一家供应商虽然价格稍高，但质量稳定且交货及时。综合考虑后，采购部门选择了后者作为合作伙伴。

结果：通过比较估算，公司成功避免了低价低质的供应商，确保了生产的质量和稳定性。

细化分析（Detailed Analysis）

如果时间非常充分，资源非常充足，并且具有非常强的成本分析能力，就可以选用这种方式，通过成本分解，细化供应商成本，做更加详细的分析和比较，从而判断供应商成本的真实性和合理性。

【案例】

细化分析助力跨国公司设备降本

公司背景：一家跨国公司计划在中国建立一个新的生产基地，需要采购大量的生产设备。

应用情景：由于生产基地规模庞大且设备种类繁多，采购部门需要对各种设备的成本进行详细分析以制定预算。

案例描述：采购部门与工程部门紧密合作，对每种设备的规格、性能要求、交货期等进行了详细分析。同时，采购部门还邀请了专业机构对设备的市场价格、行业利润等进行了评估。通过细化分析，采购部门准确估算了各种设备的成本，并制定了合理的预算。

结果：在与供应商谈判时，公司能够准确把握各种设备的成本构成，成功降低了采购成本并确保了生产基地的顺利建设。

以上三个案例分别展示了 BCD 三种估算方法在不同场景下的应用及效果。这些方法各有优缺点，可以根据实际情况灵活选择或结合使用。

48. 核算成本：如何核算报价真实性与合理性

作为采购人员，要有能力核算供应商成本的"两性"。一是真实性，二是合理性。

怎么核算真实性？要做成本细分，把成本项目拆分开，一项项去核算。制造行业里管理做得细的，可以把成本拆分到工序。

供应商是怎么报价的呢？首先由技术人员核定出直接材料、直接人工和制造费用，这样就算出来变动成本。为什么让技术人员去做？因为直接材料、直接人工和制造费用每个环节都可以找到量和价。材料的价格采购部可以给数据，核定量就可以。直接人工的价格，人力资源部也有，工资也是相对固定的，重点也是量。制造费用的价格，财务也核定好了，也是量的问题。量的问题，技术人员是清楚的，价格也有了，所以技术人员可以完成这个工作。

完成以后交给财务。财务再去分摊财务费用、管理费用和销售费用。完成后把这个数据交给销售，销售再加上利润，就是报价。销售加多少利润？要看客户是谁了。如果是有实力的客户，那可能就要多加些；还要看竞争对手，可以参考前面说过的四种市场情况；还要看供应商和客户之间的关系；还要看给客户创造的价值。

供应商是这样报价的，我们就要反过来去核实它的报价是否真实。如果供应商对我们公开成本，我们是可以核算出来的，否则，供应商自己是怎么核算成本进行报价的呢？！

但真实的，未必是合理的，我们可以从三个维度去分析供应商报价的合理性，即横向比、纵向比和结构比。

横向比就是货比三家。把两个供应商的报价拿来进行比较。比较下来，价格通常不一样，因为两家供应商的工艺、能力不一样，管理水平不一样，生产消耗量不一样，进货渠道不一样，所以量也不一样，价也不一样。有没有可能一样呢？有可能的，就是串标了。即使不一样，差距也不应当很大。那如果差距真的很大呢？第一种情况，图纸看错了；第二种情况，供应商不会报价；第三种情况，恶意报价，瞎报价。

有时候我们采购手上没有其他供应商，或者供应商之间成本结构不一样，这时候就要纵向比了，就是自己跟自己比。跟去年这个时候的采购价比，就叫同比；跟上个季度的价格比，就叫环比。

还有结构比，或者叫百分比。就是看前面说的六大项成本占总成本的比例。用这些百分比，参考行业的一般数据，又可以去做横向比、纵向比。

 小师妹插嘴

核算真实性和合理性，也是采购控制成本的基本功。

 学霸掉书袋

只有这样，才能坚定地回答"为什么是这个价格"。

49.恶意报价：如何判断供应商是否恶意报价

恶意报价指供应商出于某种目的，严重脱离实际情况而做出的报价，这种报价影响了正常的判断和正常的竞争秩序，所以是恶意报价。采购为了预防恶意竞争，必须要能识别供应商报价是不是恶意的。

如何判断供应商是否恶意报价？这里有两个标准。一是标准成本，二是变动成本。

标准成本，是理想情况下可以实现的成本。为什么要这么定义，强调"可以实现"？有的教科书是这么定义的——标准成本就是理想情况下的成本，给人感觉好像是不能实现的。还有一种表达，说标准成本就是正常情况下的成本，那么谁不正常呢？这个表达也不够好。这里有一个相关概念——预期成本。培训的时候宫老师经常举这个例子，比如宫老师要去机场，需要多长时间？大概60分钟。那同样的路线，换成某位领导人去机场呢？大家会说，可能 30 分钟就够了。同一件事儿，为什么差别这么大？因为 60 分钟是在有红绿灯、交通堵塞这些情况下的估计，30 分钟是在交通非常顺畅的条件下的估计。如果宫老师是大家的供应商，报价的时候会以哪个为基准呢？应该是 60 分钟。宫老师撒谎了吗？没有啊，是把困难考虑得比较充分，这就是预期成本。你们如果要还价，会以哪个为基准？大家说当然以 30 分钟为基准，这就是标准成本。于是，我们谈判的区间就是 30 分钟到 60 分钟。所以作为专业的采购人员，我们在和供应商谈判之前必须知道标准成本，这是我们和供应商砍价的基准。否则无论供应商报多少钱，采购只能拿大刀一通砍，真砍下来自己还吓一跳：供应商是不是在骗我？

 学霸笔记

　　预期成本是供应商报价的基础，标准成本是我们和供应商砍价的基础，谈判的区间在预期成本和标准成本之间。

　　所以如何判断恶意报价？如果报价低于标准成本，那就是低于正常情况，属于恶意报价。但并不绝对，这时候还要参考另一个标准，即变动成本。如果一个供应商刚开张，为了打开市场，有可能采用变动成本定价法，报价就会比标准成本低，这种情况不属于恶意报价。但如果报价比变动成本还要低，买进来 100 元，卖给你 80 元，亏本卖，那就是彻底的恶意报价了。也有供应商会说"我们这是策略性的报价呀""这个订单不赚钱，其他订单我再赚钱呀"。但宫老师不论作为老师，还是作为采购，都反对这种做法。即使作为买方总经理，宫老师也反对。有人说，为什么现成的便宜不占？接受恶意报价有一系列风险。恶意报价不能持久，作为采购，意味着这次买这个东西很便宜，下次再买就会很贵，这就会让公司产生疑问：为什么相同的东西价格差别这么大？公司肯定要质疑你。作为总经理为什么也要反对？因为会造成公司的成本不真实。这次买的时候价格很低，下次又变得很高，公司就无法知道这个产品真实的成本是多少，对产品核价也有影响。当然特殊情况下，比如企业面临很大的生存压力时，也管不了那么多了，先买来再说吧，下次买不买这家的都不一定了。给大家讲一个真实的案例。宫老师有个学员，是个企业销售额百亿元级别的企业家，我问过他这个问题。他回答说："宫老师，我刚开始创业的时候，供应商恶意报价，价格极低，我也买；现在呢，我一百个亿了，要规范了，就不能再这么干了。"宫老师补充了一句："一个干瘪的躯体，很难养活一个圣洁的灵魂。"他说："还是宫老师总结得好！"

50. 核价难题：供应商不给成本数据怎么办

在商业合作中，采购方为了优化成本控制并提升市场竞争力，通常希望深入掌握供应商的成本构成，有时像侦探一样，瞪大了眼睛，想窥探供应商成本的秘密。然而，由于供应商的能力限制、对商业机密的保护以及对利润的担忧，它们往往"守口如瓶"，小心翼翼保护着自己的成本数据，生怕被你窥探到，影响自己的谈判地位和利润。

为了应对这一挑战，采购方可以采取以下策略来评估成本的真实性和合理性。

进行市场调研与价格比较

通过了解同类产品或服务的市场价格范围及行业平均成本，采购方可以对不同供应商的报价进行对比分析，从而探究价格差异背后的原因。

建立长期信任与合作关系

通过长期的商业合作与供应商建立稳固的互信关系，这将有助于采购方更容易地获取关键的成本信息。在此过程中，采购方应承诺对供应商提供的商业机密信息进行严格保密，仅用于内部评估和分析。

进行成本估算与分析

采购方可以利用标准的成本估算方法，结合行业知识、历史数据和专家意见，对供应商的成本进行预测和分析。这种方法虽然可能存在一定误差，但能够为采购方提供有价值的参考信息。

要求供应商提供部分成本信息

即便无法获取完整的成本数据，采购方也可以要求供应商提供某些关键的成本信息。通过分析这些信息与市场价格和行业标准的吻合程度，采购方可以对供应商的成本情况进行初步判断。

利用第三方信息与资源支持

采购方可以寻求行业协会、咨询机构等第三方机构的支持，以了解行业的成本结构和趋势。此外，参考公开数据资源，如上市公司年报等，也有助于采购方更全面地了解市场情况。

在合同中约定成本审计权利

在签订商业合同时，采购方可以与供应商约定成本审计条款，要求供应商定期提供成本证明文件或接受第三方的成本审计。这将有助于确保供应商提供的信息的真实性和准确性。

进行技术分析与评估

通过分析供应商的生产流程、技术水平、原材料使用情况等方面，采购方可以评估其生产效率和成本节约潜力，从而对供应商的成本控制能力有更深入的了解。

构建成本模型并对比分析

基于收集到的多方数据，采购方可以构建成本模型，并将供应商的报价与模型预测结果进行对比分析。这将有助于采购方更准确地判断供应商的成本真实性和合理性。

运用谈判与协商策略

在价格谈判的过程中，采购方可以灵活运用各种策略，结合对市场情况的了解进行合理压价。同时，探索与供应商建立成本共享或风险共担的合作模式，也有助于实现双方的共赢。

对于上市公司而言，采购方还可以通过分析其公开财务报表（如利润表、成本费用明细表和资产负债表等）来间接了解其成本结构和控制情况。但需要注意的是，报表解读具有一定的局限性和专业性，因此在进行分析时需要谨慎并咨询专业人士的意见。

综上所述，评估供应商成本的真实性和合理性是一个复杂而重要的问题。采购方需要综合运用多种方法和策略来进行分析和判断，并根据实际情况进行灵活调整。同时，保持与供应商的良好沟通和合作关系也是确保获取准确成本信息的关键因素之一。

51. TCO 全览：总拥有成本的深度解析

购买产品，不能只看价格！在整个采购过程中，我们的目光得放长远，要考虑到购买前、购买中和购买后的所有投入。这就是大家常说的"总拥有成本"（Total Cost of Ownership，TCO）。

计算 TCO，从选购的开销，到日常维护的费用，再到最后处理旧物的成本，要全部考虑到。要想做出明智的采购决策，计算 TCO 可是关键一步。这样我们才能全面了解产品的长期成本，不会因为漏看了某些后续费用而做出错误的决定。

那如何计算 TCO？下面通过案例来说明。

【案例】 \ 🛒

购买电脑的总成本

假设某公司需要购买 10 台电脑，每台电脑的基本价格为 5000 元。除了购置成本外，还需要考虑以下因素：

每台电脑每年的维护费用为 500 元。

预计使用寿命为 5 年，届时每台电脑的残值为 500 元。

每年每台电脑的能耗费用为 200 元。

那么，这 10 台电脑的 TCO 计算如下：

购置成本 = 10 台 × 5000 元 / 台 = 50 000（元）

运营成本（5 年）= 10 台 × 500 元 /（年·台）× 5 年 = 25 000（元）

能耗费用（5 年）= 10 台 × 200 元 /（年·台）× 5 年 = 10 000（元）

处置收入 = 10 台 × 500 元 / 台 = 5000（元）（注意这是收入，所以应从总成本中减去）

因此，这 10 台电脑的 TCO 为：

TCO = 购置成本 + 运营成本 + 能耗费用 − 处置收入

　　　= 50 000 元 + 25 000 元 + 10 000 元 − 5000 元

　　　= 80 000（元）

通过这个例子，我们可以看到，仅考虑购置成本（50 000 元）会低估实际的总成本。通过计算 TCO，我们可以更准确地了解长期成本，并做出更合理的采购决策。

这个案例与生命周期总成本很像，我再举一个 TCO 的案例。

【案例】🛒

引入新材料替代现有高成本材料

某企业每年需要采购 1000 个部件。现有材料的成本为 100 元 / 个，维护成本为材料成本的 10%，废弃处理成本为材料成本的 5%。考虑引入新材料，其成本为 80 元 / 个，预计维护成本将降低 20%，废弃处理成本将降低 50%。

现有材料的 TCO（1 年）= 采购成本（100 元 / 个 ×1000 个）+ 维护
成本（10%×100 元 / 个 ×1000 个）+ 废
弃处理成本（5%×100 元 / 个 ×1000 个）

= 100 000 元 +10 000 元 +5000 元

= 115 000（元）

新材料的 TCO（1 年）= 采购成本（80 元 / 个 ×1000 个）+ 维护成本
（80%×10%×80 元 / 个 ×1000 个）+ 废弃处
理成本（50%×5%×80 元 / 个 ×1000 个）

= 80 000 元 +6400 元 +2000 元

= 88 400（元）

通过引入新材料，企业不仅降低了采购成本，还降低了维护成本和废弃处理成本，从而在整个产品生命周期内实现了 TCO 的显著降低。

综上所述，通过具体数据的支持，企业可以更清晰地了解不同采购决策对总拥有成本的影响，并做出更明智的决策。这些数据还可以用于与供应商进行谈判、制定预算和计划等方面，以进一步优化成本和控制支出。请注意，以上数据仅用于示例目的，实际数据可能因企业情况而异。在进行实际决策时，企业应根据自身情况和市场数据进行详细分析。

52. LCC 精髓：生命周期总成本的计算要领

在超市选购洗发水时，我们可能首选价格最低的品牌。但长期来看，低质量洗发水可能须频繁更换或增加使用量，最终花费可能高于高质量洗发水的价格。因此，考虑产品的生命周期总成本（Life Cycle Cost，LCC）至关重要。LCC 涵盖设计、制造、采购、使用、维护到废弃等各环节成本，为采购人员提供全面评估产品真实成本的视角。仅关注购买价格而忽视后续成本，可能导致实际支出超预算。通过 LCC 分析，可预见未来成本，制定准确预算规划，选择长期成本效益更高的产品，确保采购的可靠性和持久性。

那如何计算生命周期总成本？

【案例】🛒

购买汽车的生命周期总成本

以汽车采购为例，生命周期总成本包括以下几个部分。

购置成本：包括汽车的基本价格、购置税、上牌费以及初次保险费用等。

运营成本：涵盖燃料消耗、定期保养、轮胎更换、常规保险、维修和停车费用等。

维护成本：涉及零部件更换、定期检查和特殊保养费用等。

废弃成本：汽车报废时的费用，包括报废处理费和可能的残值回收。

将这些成本累加起来，就得到了汽车的生命周期总成本。

例如，假设你购买了一辆价值 20 万元的汽车，购置税和上牌费共计 2.5 万元，初次保险费用为 0.5 万元。在使用过程中，预计每年的燃料费用为 1 万元，保养和维修费用为 0.5 万元，保险费用为 0.3 万元。计划使用这辆车 5 年，然后报废，报废费用预计为 0.2 万元。

那么，这辆车的生命周期总成本计算如下：

购置成本 = 20 + 2.5 + 0.5 = 23（万元）

运营成本（5 年）=（1 + 0.5 + 0.3）× 5 = 9（万元）

废弃成本 = 0.2（万元）

周期总成本 = 23 + 9 + 0.2 = 32.2（万元）

TCO 与 LCC 的区别

总拥有成本（TCO）和生命周期总成本（LCC）在概念上有一定的相似性，但侧重点和应用背景有所不同。TCO 通常是一个更宽泛的概念，可以根据具体需求进行定制，涵盖从产品购买到使用的所有相关成本。而 LCC 更侧重于从产品的整个生命周期出发，全面考虑从设计到废弃处理的所有成本。简单来说，TCO 更注重拥有和使用的成本，而 LCC 则是一个更全面的成本分析方法，包括了产品的整个生命周期。

在实际应用中，采购人员可以根据具体需求和场景选择合适的成本分析方法，以帮助自己做出更经济、合理的采购决策。

53. 降本指标：如何衡量采购降本绩效

采购节省的每一分钱都是利润。在企业运营的大舞台上，控制好采购成本可是提升盈利能力的关键一招。这就需要明确设一个降本指标，来衡量采购绩效。那这个降本指标该定多少呢？是追求 5% 的"可实现"目标，还是冲刺 10% 的更高目标？这可得好好琢磨，得全面看看内外的形势，定个既有挑战性又不会把人累趴下的目标。

降本指标设立方法

设立降本指标时，企业应综合考虑多个因素，包括历史降本记录、市场波动性与预测、行业标杆与竞争状况、供应链优化潜力、风险承受能力、战略目标与盈利能力以及内部资源与能力。

具体来说，首先，回顾企业在成本控制方面的历史表现，成功多可设高目标。

其次，关注原材料价格波动，预测大幅下降可设高目标。再者，了解同行采购成本水平，高于平均可设较高降本指标。同时，评估供应链优化潜力，如谈判策略、替代原料和工艺改进等。但需要注意，过高降本目标可能带来供应链中断、质量问题等风险。

最后，根据企业战略目标和盈利能力设定降本目标，追求市场份额或增长可设高目标，注重稳健盈利则目标需更稳健。

大宗物料采购降本绩效衡量方式

在评估大宗物料如有色金属等制成品的采购降本绩效时，我们可以首先将采购价格分为大宗物料市场价格和加工费两部分，然后运用以下五种分析框架进行综合评价。

（1）**成本对比分析法**。通过对比历史采购成本与当前采购成本，分析采购降本的具体成效。这包括对比有色金属等大宗物料的市场价格、加工费以及制成品的综合成本，从而量化降本效果。

（2）**市场价格指数法**。关注有色金属等大宗物料的市场价格指数，结合采购时的市场价格，评估采购成本与市场整体价格波动的关联性。这有助于理解采购成本变化的外部市场环境，并作为采购降本绩效的参考指标。

（3）**供应链优化评估法**。分析供应链中的各个环节，如物流、仓储等，评估通过优化供应链带来的成本节约。例如，改进物流路径或减少库存成本等措施，都可以视为采购降本的有效手段，并将其纳入绩效评估中。

（4）**风险管理与成本控制法**。针对有色金属等市场行情波动较大的物料，采购过程中的风险管理至关重要。评估采购团队在风险识别、预防和控制方面的表现，以及这些措施对成本控制的贡献，也是衡量采购降本绩效的重要方面。

（5）综合绩效评估法。综合考虑以上四种方法，从多个角度全面评估采购降本绩效。这包括直接成本降低、供应链优化带来的间接成本节约、风险管理对成本控制的贡献等多个维度。通过这种方法，可以得到一个更全面、更准确的采购降本绩效评估结果。

降本指标计算方式及实例说明

降本指标核算，包括成本节省和成本避免两种方式，实战中，大家都计算了成本节省（成本降低），而对成本避免较少计算，使得采购的绩效没有体现出来，一定程度上，也影响了采购积极性。

成本节省：通过管理手段、谈判技巧或替代方案等实现相较于原计划或历史采购价格的直接成本下降。例如，通过与供应商谈判降低零件价格，从而节省成本。

成本避免：采取预防性措施避免未来可能发生的额外费用或成本增加。例如，在设计新产品时采购部门提前介入，通过替代材料或优化设计方案避免使用昂贵材料，从而避免未来可能的成本增加。

【案例】🛒

能力显性化，彰显采购降本能力

假设某公司计划从供应商处采购 1000 个零件，每个零件的原价为 10 元。通过采购部门的努力，最终与供应商达成协议，每个零件的价格降低到 9 元。这样公司就直接节省了 1000 元的成本。这就是成本节省。而如果采购部门在设计阶段就提前介入，通过优化设计方案避免了使用昂贵材料，从而避免了未来可能的成本增加，这就是成本避免。

当供应商要求涨价时，比如要求涨价 10%，采购部门通过谈判成功地使供应商维持原价或仅小幅涨价，比如 3%，这种情况也可以被视为成本避免，避免涨价 7%。如果是第一次购买，采购通过谈判在供应商报价的基础上降 10%，这可以视为成本节省，也可以视为成本避免。一般商业语境中，可以视为成本节省，如果从策略和管理角度，可以视为成本避免。

 小师妹插嘴

制定降本指标是个技术活儿，同时还是一个策略，很有学问。

 学霸掉书袋

总经理采购管理常犯的八个错误之一，就是"拍脑袋定指标"。

54. 价格预测：明知不准，为何还要预测

专业采购要有能力回答"为什么是这个价格"，就要会成本分析和价格控制。对于成本分析前面讲了很多，现在讲讲价格控制。其实，我们控制不了价格。原材料市场价格波动，我们控制不了，但我们要预测价格，然后根据价格预测，做出相应的采购决策。所以，这里讲的价格控制，它的前提是做价格预测。

首先，我要说，一切都是可以预测的，因为任何事物都是有规律的，只要找到规律就可以预测。在讨论预测的可能性时，我们通常基于三个基本的预测原理：连续性原理、因果性原理和相似性原理。这些原理揭示了事物发展的规律性，为我们进行预测提供了理论基础。具体来说，连续性原理认为事物的发展具有连续性，即过去的数据和信息可以用来推测未来的趋势；因果性原理强调因果关系在预测中的作用，通过分析事物之间的因果关系，我们可以预测某一事件的发生概率；相似性原理则指出，在相似的环境下，事物的发展可能呈现出相似的模式，因此我

们可以借鉴过去的经验来预测未来的情况。这些原理共同构成了预测的基础，使我们能够利用历史数据和现有信息来推测未来的可能情况。

其次，在采购领域，价格预测是一项至关重要的任务。尽管我们都知道预测不可能 100% 准确，但进行价格预测仍然具有重要意义。

价格预测的重要性

决策支持：价格预测为采购决策提供关键信息。通过预测，采购人员可以了解未来价格的可能走势，从而制定更合理的采购策略。

风险管理：预测有助于识别潜在的价格风险。当预测到价格上涨时，采购人员可以提前采取行动，如增加库存或寻找替代供应商，以降低风险。

成本优化：通过预测，采购人员可以更好地把握市场机会，例如，在价格低谷时增加采购量，从而降低采购成本。

预测的挑战与限制

市场不确定性：市场价格受到多种因素的影响，如供求关系、政策变化、国际形势等。这些因素的变化往往难以预测，导致价格预测的不准确性。

数据限制：预测的准确性在很大程度上取决于数据的可用性和质量。然而，在实际操作中，数据往往存在不完整、不准确或时效性差等问题。

模型局限性：预测模型本身可能存在局限性，无法完全捕捉市场价格的复杂动态。此外，模型参数的选择和调整也可能影响预测结果。

提高预测准确性的方法

改进数据收集与分析：提高数据质量是提升预测准确性的关键。采购人员应努力获取更准确、更完整的数据，并运用先进的数据分析技术来挖掘有用信息。

采用多种预测方法：结合不同的预测方法，如定性分析、定量模型和时间序列分析等，可以从多个角度揭示价格走势，提高预测的可靠性。

持续学习与调整：预测是一个持续的过程。采购人员应不断关注市场动态，学习新的预测技术和方法，并根据实际结果对预测模型进行持续调整和优化。

跨部门合作与信息共享：加强与其他部门的沟通和协作，共享信息和资源，有助于提升预测的准确性和有效性。通过集思广益，采购人员可以发现更多影响价格的因素，并共同制定应对策略。

尽管价格预测存在诸多挑战和限制，但其在采购决策中的价值不容忽视。通过不断改进预测方法、提高数据质量并加强跨部门合作，采购人员可以逐步提升预测准确性，为企业的成本控制和风险管理提供有力支持。

 小师妹插嘴

采购人，大胆预测，大胆决策吧，预测多了，准确性也就高了。

 学霸掉书袋

预测也是一个技术活儿，光胆儿大可不行。

55. 266策略：搞定有色金属采购

本文不是教大家如何看市场行情，更不是告诉你买哪只股票，而是根据本人的一些采购经验，与大家一起梳理一下制造业（注意是制造业，不是金融业）有色金属的采购策略，我把它总结为有色金属266购买策略。

在工作实践中，我买过铜、铝、铅、镍、锌、锡、金等有色金属，那时常常头疼、纠结。公司总是希望在最低点买进，抓不到最低点后会有各种声音……于是，为了减轻责任和压力，我就鼓动公司成立决策团队，发挥集体的力量。但实际上，我没有感觉到团队的作用，大家的观点常常不同，最后的结果就是老板决策，采购挨骂。这个时候，采购被看成"专业"部门，要成为"半仙"，被赋予应当能够"读懂"行情的职能和责任，价格摸不准、行情看不透，挨骂是肯定的。

当然，行情总是要看的，总要看看大势，以决定一些购买策略，但也不要过于迂腐，天真地认为，可以真正"读懂"行情。很多实践家认为，不要把企业置于风险当中，制造业不是靠风险赚钱，而是靠规避风险赚钱。

那制造业怎么规避风险，怎么赚钱呢？

我总结了两个策略，一个是定价策略，一个是购买策略，这两个策略各有 6 种方法，所以谓之"266 策略"。

定价策略

对于定价，我总结出 6 种方法。

（1）**固定价格法**。买卖双方事先商定一个固定的价格，无论市场价格如何波动，交易都按此固定价格进行。它可以规避市场价格波动风险，确保交易双方在一段时间内以稳定的价格进行交易，提高了成本的可预测性和稳定性。

（2）**变动价格法**。市场行情变幻莫测，实在判断不清，怎么办？这时就需要采用变动价格法。这种方法的好处是，不会因为价格下降而吃亏，当然也没赚到便宜。

（3）**价格指数法**。市场波动导致频繁谈价，于是人们想到，把价格与某个指数关联起来，比方说通货膨胀、LME（伦敦金属交易所）价格、汇率等。

（4）**公式法**。价格指数法有好处，但遇到多种材料合金就不知怎么办了，这时产生了一个价格指数法的变种，就是公式法。可以根据不同物料的成本按比例计算，各种物料可以同时锁定一个指数，也可以锁定不同指数。

（5）**市场投机法**。采购方基于对未来市场价格波动的预测，在价格较低时锁定采购价格。如果我们能够预见到行情涨势占优，我们可以采用固定价格法。你买的时候便宜，将来涨价了，你还是原来的价格，当然你就赚了。投机可能赚得利润，但也可能由于将来价格下跌而产生亏损。

（6）**市场联动法**。我最推崇的还是市场联动法，这也是我多年来最大的体会和收获。这种联动法，不是我们通常所说的联动条款，价格与汇率挂钩或与 LME 价格挂钩。这里的联动是指，采购与销售定价要沟通，信息要交流，采购销售定价策略一致、节拍一致。实践中，定价策略不一致，会导致公司增加很多经营风险。

购买策略

前面讲的是定价策略，购买呢？这里也有 6 种策略。

（1）**零星购买**。如果未来价格走势不确定，为了规避风险，只能是根据需要，现买现用。好处是随行就市，坏处是每次购买每次谈价，增加了经营风险。尤其客户端定价是季度定价或年度定价时更是增加了经营风险。

（2）**按需购买**。如果能够看清一段时间，判断这段时间价格会上涨，此时可以多购买一些，满足未来一段时间，比方说 3 个月的使用量。

（3）**超前购买**。这种购买方式比按需购买的量要大，可能超过 3 个月的使用量。现在判断价格可能上涨，就多买一些，反正将来一定用。

（4）**投机购买**。如果预测将来价格上涨，涨势明显，就会购买超过实际使用的数量，在将来某一天再次销售赚取利润。投机购买，通常要集体讨论、管理层批准，因为这会将公司置于风险之中。

（5）**汇率购买**。如果公司有进出口，正常情况下是出口赚取外汇，财务把它换成人民币，进口时把人民币再换成外汇。这种方法除去手续费和人工外，还涉及汇率波动风险。这个时候我主张，进出口最好使用同一币种，一定程度上可以对冲风险。

（6）**套期购买**。这是很多企业普遍采用的一种购买策略，方法就是通过期货市场和现货市场的相反操作以对冲风险，起到保值的作用。这些企业往往采用"期货行情＋加工费"的定价模式，如"LME 价格＋加工费"，他们不靠 LME 这种期货市场的价格波动赚钱，而是规避掉价格波动风险，靠"加工费"赚钱。

再次说明一下，266 策略，是定价策略和购买策略的方法，是基于一般行情判断的采购技术，是规避风险的方法，重点是规避风险。

 小师妹插嘴

预测价格，宫老师还说过要看三个方面，是哪三个方面？

 学霸掉书袋

供求、政策、投机，这三个方面决定了价格。

56. 10 种方法：世界 500 强公司采购降本方法

世界 500 强公司采用的采购降本方法多种多样，每种方法都有其独特的效果和优缺点。这些公司由小到大，积累了非常好的降本方法，是大家学习的榜样。

以下是对这些方法的简要分析。

价值分析 / 价值工程

效果：通过剔除、简化、变更、替代等方式，降低产品或服务的生命周期成本。

优点：能够系统性地研究与分析产品或服务的功能，找到成本节约的潜力。

缺点：可能需要一定的时间和资源投入，且不一定能达到预期的效果。

谈判

效果：通过谈判达成买卖双方都能接受的协议，如价格降低3%～5%。

优点：快速直接，可以在短时间内达成降本目标。

缺点：谈判结果受双方谈判技巧和策略影响，不一定能达到最佳降本效果。

目标成本法

效果：以市场乐意支付的价格为前提来设定产品的目标成本。

优点：能够帮助企业在产品设计阶段就考虑成本控制，提高市场竞争力。

缺点：需要准确的市场调研和预测，否则可能导致定价不合理。

早期供应商参与

效果：借助供应商的专业知识来达到降低成本的目的。

优点：能够在产品设计初期就引入成本控制，避免后期修改带来的成本增加。

缺点：需要建立良好的供应商合作关系，且可能泄露敏感信息。

杠杆采购

效果：通过集中扩大采购量来增加议价空间。

优点：能够利用规模经济效应降低采购成本。

缺点：可能需要大量的资金投入，且存在一定的库存风险。

联合采购

效果：统合各不同采购组织的需求量，以获得较好的数量折扣价。

优点：能够降低采购成本，提高采购效率。

缺点：需要协调多个采购组织，可能存在一定的管理难度。

为便利采购而设计

效果：利用标准流程与技术降低生产成本。

优点：能够在产品设计阶段就考虑采购的便利性，提高生产效率。

缺点：可能会限制产品的创新性和独特性。

价格与成本分析

效果：了解成本结构的基本要素以确定物品的价格是否合理。

优点：能够帮助企业更准确地评估采购成本，避免浪费。

缺点：需要大量的数据和信息支持，且分析结果可能受到多种因素的影响。

标准化

效果：通过标准化生产流程和部件来降低成本和风险。

优点：能够提高生产效率和质量稳定性，降低采购成本和管理难度。

缺点：可能会限制产品的多样性和创新性。

三全降本（全员、全流程、全方位降本）

效果：通过全员参与、全流程优化和全方位考虑，实现采购成本的综合降低。

优点：能够激发员工积极性，精细管理采购流程，全面审视相关成本。

缺点：需要对员工进行培训和指导，可能面临流程调整的阻力，数据处理投入大。

　　这些方法并不是孤立的，企业可以根据实际情况选择并结合使用多种方法来降低采购成本。

57. 两个分析：不可忽视的价格分析与价值分析

　　采购不能只是抡起大锤，通过谈判压低采购价格，也不仅仅是通过"成本分析"挤出供应商水分，还要通过调研供应市场价格水平、站在优化产品设计角度降低成本。价格分析与价值分析就是两种重要的成本控制方法，我们要学会用好它们。

价格分析

　　如果供应商不给成本数据，那就无法用成本来做分析，这时只能做价格分析，比较数字的大小。这时，需要采购对供应市场有充分的调研，然后选择某个价格基准做比较，我总结出下列六种方法。

　　（1）**与历史数据相比较**。这种分析的核心，不仅在于与过去比价，更在于追踪和理解价格的历史变动。通过对比不同时间点的价格数据，企业可以洞察产品或服务的价格趋势，包括上涨或下降。这种趋势可能由多种因素驱动，如供需变化、成本波动或市场竞争态势的演变。了解这些趋势有助于企业对未来的价格动态进行预测，并为采购决策提供参考。

　　（2）**与竞争方案相比较**。在采购过程中，比较不同供应商或不同产品的价格是非常重要的。这种比较不仅关注价格本身，还涉及产品或服务的整体价值。如果某个方案的价格高于其他竞争方案，那么企业需要评估这是否与其提供的额外价值相匹配。同时，价格低于竞争水平的方案也可能引起关注，以确保质量或性能不会受到影响。这种分析有助于企业在保证质量的前提下获得最佳的成本效益。

　　（3）**与公布价格相比较**。公布价格通常被视为市场或行业的参考标准。将实际交易价格与这些公布价格进行比较，可以帮助企业验证其采购价格的合理性和合规性。如果实际价格与公布价格存在显著差异，可能需要进一步调查以确保没有违反任何规定或遭受不公平的定价。

（4）与价格目录相比较。价格目录是企业或市场上常见的产品或服务价格清单。通过与价格目录进行比较，采购人员可以迅速核实所购产品或服务的价格是否符合预期。这种比较还有助于发现任何潜在的定价错误或遗漏，从而确保采购过程的准确性和效率。

（5）与市场价格相比较。市场价格反映了特定时间点上市场上的实际交易情况。将企业的采购价格与市场价格进行比较，可以帮助企业评估其采购策略的市场竞争力。如果企业的采购价格高于市场价格，可能需要重新评估供应商选择或谈判策略；如果价格低于市场价格，则可能意味着企业获得了有利的市场地位或成本优势。

（6）与内部估算相比较。在进行采购决策之前，企业通常会进行内部估算，以预测采购活动的成本和预期收益。将实际采购价格与这些内部估算进行比较，可以帮助企业评估其预测的准确性以及采购活动的实际效益。如果实际价格与内部估算存在显著差异，那么可能需要重新审查估算方法或调整采购策略以实现更好的成本效益。

综上所述，这六种价格分析方法相互补充，共同构成了企业进行全面、深入的价格分析的基础。通过综合运用这些方法，企业可以更好地理解市场动态、竞争态势和自身情况，从而制定出更加合理、有效的采购策略。

价值分析

我们买一个东西，是买它的什么呢？是买那个物体吗？其实是买它的功能（Function，F），功能和成本（Cost，C）有关，用功能除以成本就是价值（Value，V），用公式表达，就是图 3-2。

$$Value = \frac{Function}{Cost}$$

图 3-2　价值分析公式

如果把它翻译成中国话，就是性价比，弄一个公式，填几个英文字母好像就"高大上"了。

此处的价值分析，其实就是 VA/VE，就是分析：能不能让公式的分子、分母变一变，使得价值增加？

当然能！

比方说，通过简化，去除产品或服务中不必要、冗余的部分，此时成本下降了，但功能没有变，这样价值就增加了。

再比方说，用替代的材料，让成本下降，功能不变，这样价值也增加了。

还可以通过标准化使成本下降，功能并没有改变，此时，价值又增加了。

当然，也可能让功能仅下降一点点，成本可能下降很多，比如有些手机，功能只比新款简单一点点，但成本下降很多，这样价值也增加了。

VA/VE 在企业里有巨大的发挥空间，因为使用部门通常都会选择"先进"的东西，但是不是企业"必需"不一定。宫老师到一家外企去做培训，一进门就看到一个条幅——"杜绝七种浪费"，每种浪费前面都有英文 Over，就是过度的，比如过度的技术、过度的质量等，这些过度就是一种浪费。

具体实施 VA/VE 时有如下四种方法（见图 3-3）。

开展 VA/VE，可以买方自己做，也可以买卖双方组成共同开发小组，也可以由卖方独自进行。

可能有人说，VA/VE 都是技术活，是很复杂的，需要开发工程师去做。其实也不是，到处都有这样的机会。

$$V\uparrow = \frac{F\ \rightarrow}{C\ \searrow} \qquad V\uparrow = \frac{F\ \searrow}{C\ \downarrow}$$

$$V\uparrow = \frac{F\ \nearrow}{C\ \rightarrow} \qquad V\uparrow = \frac{F\ \uparrow}{C\ \nearrow}$$

图 3-3　实施 VA/VE 的四种方法

注：图中斜向上箭头代表其增加速度慢于向上箭头，斜向下箭头同理。

这里给大家讲一个故事。那时，宫老师在上海一家外企工作，为避高峰，每天都早到公司。一到公司，就看到清扫人员在吸地毯，吸尘器嗡嗡地响，于是宫老师就跟清扫工开玩笑说："不要再吸了，再吸，毛儿都吸没了。"清扫工认真地说："公司有规定，必须每天吸一遍。"

宫老师要来这个保洁公司的报价单，仔细审视，看到他们用公司需要清扫的面积除以每个人的工作量，变成"人天"数，由此得到人工费总和，再加上公司管理费和利润得到总价。报价没有任何问题，但这个工作量你觉得有必要吗？是否可以减少些工作量呢？当然可以！

我们要的功能是干净，有些工作是多余的，如办公区和领导的办公室，平时是很干净的，根本不必天天打扫。于是宫老师同相关部门商量，要求清扫工改变工作量，车间按原来频率，办公区减半，领导办公室根据需要减为 1/3，这样就比原来减少 20% 的人工量，价格也降低了 20%。

58. VMI 与 ESI：推动与供应商协同降本

通过 VMI（Vendor Managed Inventory，供应商管理库存）和 ESI（Early Supplier Involvement，早期供应商参与）策略降低采购成本的方法，是通过优化供应链管理来降本的重要手段。下面通过案例，讲一讲采购如何通过 VMI 与 ESI 降本。

VMI 降本

VMI 是一种供应链库存管理策略，通过供应商管理库存，实现库存的优化和降低。具体方式包括提高预测准确率、降低供应与制造的交货周期、减少最小起订量与生产批量等。这些措施有助于降低库存持有成本、减少缺货成本和运输成本，从而实现降本的目的。

【案例】🛒

电子产品制造商 VMI 降本

某电子产品制造商与其主要电子元器件供应商实施了 VMI 策略。过去，该制造商经常面临库存积压和缺货的问题，导致生产不稳定和成本上升。通过引入 VMI，供应商开始负责管理和补充库存，根据该制造商的生产计划和销售数据来预测需求，并调整库存水平。

这一变化使得该制造商的库存周转率显著提高，减少了库存过剩和缺货现象。同时，供应商通过优化物流和配送网络，降低了运输成本。由于库存管理和物流效率的提升，该制造商的生产成本下降了约 10%，并且能够更好地应对市场需求的波动。

然而，实施 VMI 对供应商的要求很高，需要供应商具备成熟的物流流程、稳定的交付提前期，并且能够保证物料的质量和数量。因此，在选择推行 VMI 的物料时，需要按照供应商的既有配送能力来甄选推进的对象，不能不顾实际情况将全部供应商强行拉入 VMI。

ESI 降本

ESI 是指供应商在产品开发阶段就参与进来，与采购方共同进行产品设计、工艺规划和物料选择等工作。通过 ESI，采购方可以利用供应商的专业技术和资源，共同开发低成本的解决方案，降低产品开发和生产成本。同时，ESI 还有助于缩短产品开发周期，提高产品质量和可靠性，降低质量风险和维修成本。

【案例】🛒

汽车制造商 ESI 降本

一家汽车制造商决定在新车型开发中引入 ESI 策略，与关键零部件供应商紧密合作。过去，该制造商在设计完成后才向供应商发出询价和订单，这通常导致设计方案的修改和成本的上升。通过 ESI，该制造商与供应商在设计初期就开始合作，共同确定材料选择、零部件设计和生产工艺。

通过这种合作方式，供应商的专业知识和经验得以充分发挥，帮助该制造商优化了设计方案，降低了生产成本。例如，供应商提出了一种更经济的材料替代方案，并在生产过程中采用了更高效的制造工艺。这些改进措施使得新车型的生产成本降低了约 15%，并且缩短了开发周期。

然而，ESI 也存在一定的风险，如技术绑定的风险、保密和安全问题等。因此，在选择供应商进行早期参与时，需要充分考虑这些因素，确保供应商具备可靠的资质和信誉，并与之建立长期稳定的合作关系。

需要注意的是，在实际应用中，VMI 和 ESI 策略的成功实施取决于供应商的能力、双方合作关系的紧密程度以及采购方的管理和协调能力。因此，在实施这些策略之前，对供应商进行全面评估和选择至关重要，全面评估和选择能确保双方实现共赢和长期的合作关系。

59. 目标成本：成本倒推，推动采购与开发协同降本

目标成本法，听起来有点"高大上"，其实它的理念特别接地气。目标成本法的核心理念很简单：先设定好产品的目标售价和期望利润，然后反推出产品的成本应该控制在什么范围之内。这样，从产品设计一开始，大家就得拧成一股绳，无论是内部的设计、生产、销售部门，还是外部的供应商，都得紧密合作，一起想办法把成本控制住。目标成本法不仅是个成本管理方法，更是一个团队协作的催化剂。大家齐心协力，

才能打造出既叫好又叫座的产品！

具体在采购实践中，首先，企业会基于市场调研和预期售价，在扣除期望利润后，明确产品的目标成本。这一成本将作为后续采购活动的基准，指导整个采购过程。其次，在选择供应商时，企业会倾向于与那些能够提供符合目标成本要求的原材料或零部件的供应商建立长期合作关系。除价格因素外，质量、交货期和服务等也是选择供应商时需要考虑的重要因素。同时，企业还会对采购的原材料或零部件进行详细的成本分析，以深入了解其主要成本构成和影响因素。这有助于企业在与供应商谈判时更好地把握价格底线，争取更有利的采购条件。

此外，企业还会通过简化流程、提高效率、降低库存等方式来优化采购过程，进一步降低采购成本。这些措施不仅有助于实现目标成本，还能提升企业的整体竞争力。

最后，企业会定期评估采购活动，寻找成本节约的机会，并根据市场变化及时调整策略。这种持续改进与调整的做法有助于确保企业始终保持在成本控制的前沿。

【案例】

汽车公司的目标成本法实践

某汽车公司计划销售一款定价为 10 万元的新车，并希望通过控制成本来保证盈利能力。公司设定毛利为 2 万元，因此目标成本需要控制在 8 万元以内。考虑到公司内部成本（生产、人工、管理等）预计为 2 万元，所以采购价格必须控制在 6 万元以内。

为了实现这一目标，公司需要将 6 万元的采购预算分解到不同的汽车零件上。这涉及研发、采购等相关部门的紧密合作。例如，为发动机分配 2 万元的预算，为底盘和悬挂系统分配 1.5 万元，为电气系统分配 1 万元，等等。在确定每个部件的预算后，采购部门与研发部门合作，与供应商进行谈判，以找到成本效益最高的解决方案。这可能涉及重新设计部件、寻找新供应商或谈判更优惠的价格条款。通过这种方式，该汽车公司在满足市场需求和产品质量标准的同时，成功地将采购成本控制在预定的 6 万元以内，从而实现了盈利目标。

目标成本法可以被视为一种成本倒推的方法，根据市场竞争价格和预期利润来"倒推"出产品的目标成本。具体来说，目标成本法的应用过程包括设定目标成本、通过各部门合作实现目标成本等步骤。其中，设定目标成本是关键，它需要根据市场调研结果和企业预期的利润水平来确定。而实现目标成本则需要企业从产品设计阶段开始，通过优化设计、改进生产流程、提高生产效率等方式来降低成本。

在实施目标成本法时，企业将面临三大挑战：供应商是否接受、各种降本方法有效结合及灵活应对市场变化等。

60. 三全降本：千斤重担众人挑，人人身上有指标

采购是整个公司的采购，不是采购部门的采购，降本不是采购部门一个部门的事，而是全公司的事情。实践中，我借鉴全面质量管理理念，总结了全员、全流程、全方位降本方法论，取名"三全降本"。在实践中，可以将降本指标"分配"给相关部门和有关人员，变成千斤重担众人挑，人人身上有指标，采购在其中起主导和协调作用。我就是因为这件事情做得好，获得过世界 500 强企业的全球总裁特别奖。

全员降本

全员降本，强调的是每一个员工都是成本控制的一分子，都应该肩负起降低成本的责任。在采购环节，这不仅仅是采购部门的任务，也是生产线工人、研发人员、管理人员等所有员工的共同责任。通过培训、宣传和激励机制，让每一个员工都意识到自己的行为和决策对成本控制

的影响，并主动参与到降本活动中来。

例如，组织开展"降本明星"活动，生产线上的工人根据自己的观察和经验，提出了优化物料包装方式的建议。这一建议的采纳不仅降低了采购成本，还提高了生产效率。这就是全员参与的力量，每一个员工都能从自己的角度出发，发现降低成本的机会。

全流程降本

全流程降本，则是从采购流程的整体出发，寻找降低成本的机会。这需要对采购流程进行全面的梳理和分析，识别出成本高的环节和潜在的改进点。通过与供应商的合作和内部部门的协同，共同优化供货模式、降低库存成本和资金占用。

比如，采购人员发现某一物料的采购周期较长，导致库存积压和资金占用。通过与供应商协商引入"即时供应"（JIT）模式，实现了根据生产需求实时供货，降低了库存成本和资金占用。这就是全流程降本的力量，通过对整个采购流程的优化和改进，实现成本的降低。

全方位降本

全方位降本，则是从更广阔的视角出发，寻找降低成本的机会。这包括关注市场动态、引入新材料和新技术、采用自动化设备、优化能源使用以及进行产品和技术创新等。通过与供应商、研发部门等合作，共同开发新的产品方案，实现成本降低和性能提升的双重目标。

例如，采购部门在市场调研中发现了一种新型材料可以替代现有产品中的高成本材料，且性能更佳。经过充分测试和评估，采购部门决定引入这种新材料，并与供应商合作开发新的产品方案。这不仅降低了采购成本，还提升了产品的市场竞争力。这就是全方位降本的力量，通过不断的创新和改进，实现成本的持续降低。

【案例】

管理需求，降低成本

需求不清楚，采购就不清楚，导致反复沟通"澄清需求"，或购买错误，这会带来大量的成本浪费。通过加强需求管理，实现商务（全方位）降本、全流程降本、跨部门协同（全员）降本。

具体做法如下。

明确"买什么"：与使用部门密切沟通，确保清晰、具体地描述所需物品或服务的规格、品质等要求。这有助于避免采购错误和浪费。

确定"买多少"：考虑供应商的最小订货量（MOQ）和经济订货批量（EOQ），以及企业的库存策略，来确定合理的采购数量。

判断"什么时候买"：基于对市场行情的了解和预测，选择在价格较低时进行采购。这需要采购人员具备对物料价格行情的预测能力。

确保"什么时候得到"：与供应商协商合理的交货期，确保物料在需要时准时到达，避免过早形成库存或过晚影响生产。

明确"怎样得到"：选择合适的采购模式和方法，如谈判、招标等，以降低成本并确保采购效率。

综上所述，"三全降本"是一个系统性的方法论，它要求我们从全员、全流程、全方位的角度出发，寻找降低成本的机会。只有这样，我们才能有效地控制采购成本，实现降本目标，提高企业的整体竞争力。

 小师妹插嘴

降本是公司所有部门的事儿。大家都参与降本工作，都了解降本过程，相信无论什么结果大家都会认可的。

 学霸掉书袋

降本也是一个共创的过程，需要集体智慧。

第4章

采购全流程风险控制与合规

导 语

说到合同风险，很多人会认为是律师的事，其实不是。控制合同风险与保证合规，是专业采购必备的第三大核心能力。合同管理，包括签合同的过程，也包括执行合同的过程。不仅合同本身有风险，整个采购过程，从采购申请到验收付款，各个环节，全流程都有合规风险。采购不仅要买得好，流程合规也要做得好。采购处处有风险，不知不觉就出事儿，必须控制采购全流程风险，并保证全流程合规。

61. 合同管理：不是律师的事，是采购的核心能力

合同管理，包括两件事，一个是签合同，一个是执行合同。任何一个环节有问题，都可能带来争议。

一说合同，大家往往立刻想到律师。我讲课的时候经常问大家，律师什么时候起作用？大家说，打官司。我接着问，那合同管理的目的是什么？大家说，不打官司。那怎么才能避免打官司呢？就是控制好签合同的过程和执行合同的过程，这是采购人员的核心能力。

具体地说，合同管理指的是从合同起草、评审、签署、执行，到续约或终止等各个阶段的全面管理过程。它覆盖了组织与外部供应商或服务提供商之间的所有合同关系。

合同管理的重要性

明确权责：确保合同双方的权利和责任被明确界定，降低因不明确而导致的争议。

降低风险：有效识别和管理与合同相关的风险，包括供应链风险、财务风险等。

保障利益：通过严格的合同管理，保护组织的核心利益，避免潜在的损失。

提高效率：明确的合同条款和流程可以加速采购和合作过程，提高整体运作效率。

确保合规：合同管理确保所有交易都符合相关法律法规和组织内部政策。

合同管理的实施步骤

合同起草：详细拟定合同内容，确保包括所需的产品或服务描述、价格、交付条件、付款条款等。

合同评审：组织内部团队或法律顾问对合同内容进行仔细审查，确保合同的合理性和可行性。

合同签署：双方达成一致后，正式签署合同，使其具有法律约束力。

合同执行：确保合同条款得到切实履行，包括付款、交付、质量保证等。

合同监督：定期对合同的执行情况进行检查和评估，确保合同双方均按照约定行事。

合同更新与续约：根据业务需求和市场变化，对合同进行必要的更新或续约操作。

通过以上步骤，可以建立一个高效、透明和可控的合同管理体系，为组织的采购和供应链管理提供坚实基础。

关于采购合同管理，采购部门与法务部门一般是这样分工的：

采购部门负责起草采购合同和签署合同。同时，负责监督供应商按照合同约定的条款和条件履行合同。如果出现问题，采购部门需要与供应商协商解决。

法务部门负责对采购合同进行法律审核，确保合同的合法性和合规性。同时，在合同草拟和谈判过程中，为采购部门提供法律建议和指导。如果在合同执行过程中出现法律争议，法务部门负责代表公司与供应商进行协商和解决。

62. 合同风险：从签订到执行，揭秘那些不得不防的风险

合同管理，从最初的洽谈、草拟，到签订、生效，再到执行和终止，每一步都蕴藏着潜在的风险。这不仅关系合同能否顺利履行，有时，还是一场双方权益的较量。

首先，我们来看看在合同签订前需要警惕的风险。

风险一：合同当事人资格疑云

在签订合同前，对合同当事人的资格进行审查是至关重要的。一个看似实力雄厚的公司，可能在法律地位或资质上存在瑕疵。因此，务必对其民事权利能力和民事行为能力进行严格审查，确保合作伙伴的合法性和可靠性。

风险二：合同内容模棱两可

合同内容的明确性和具体性是确保双方权益的关键。如果合同内容含糊其词、模棱两可，那么在执行过程中就很容易产生歧义和纠纷。因此，在草拟合同时，必须力求条款的清晰、准确和全面，避免使用含混不清的语言。

需要特别注意的是，在复杂的项目中，往往涉及多个合同关系，这时就需要区分主合同和从合同。如果主从合同关系不明确或相互矛盾，那么在履行过程中就可能出现混乱和争议。因此，在签订合同时，一定要明确各合同之间的关系和优先级。

接下来，我们再看看合同执行过程中的风险。

风险三：合同履行不力

合同签订得再完美，如果执行不力，也会导致合同目的无法实现。因此，在合同执行过程中，必须严格按照约定的条款和条件进行，确保双方都能按时、按质、按量地履行合同义务。同时，对于可能出现的履行障碍，应提前制订应对方案，确保合同能够顺利推进。

风险四：合同变更风险

在合同执行过程中，由于各种原因，可能需要对合同进行变更。这时，双方必须就变更内容、条件、程序等进行充分协商，并签订书面变更协议。否则，未经对方同意擅自变更合同内容，将可能构成违约行为，引发纠纷。

风险五：合同解除风险

在某些情况下，合同可能因各种原因而需要提前解除。这时，双方应严格按照合同约定的解除条件、程序和责任进行处理。同时，对于因解除合同可能产生的损失和费用，应进行合理清算和分担。否则，擅自解除合同或违反解除程序，将可能承担违约责任。

除以上风险外，还有一些其他细节问题也值得我们关注。

质量风险：在合同执行过程中，应严格按照约定的质量标准进行验收和监督。对于不合格的产品或服务，应及时提出异议并要求整改或赔偿。

付款风险：在付款环节，应确保按照合同约定的付款方式和期限进行支付。同时，对于对方的付款请求，应认真审核相关单据和凭证，确保付款的准确性和合法性。

保密风险：对于涉及商业秘密或敏感信息的合同内容，双方应严格遵守保密义务。未经对方同意，不得擅自泄露或向第三方披露相关信息。

法律风险：在合同管理过程中，应随时关注相关法律法规的变化和更新。对于可能涉及的法律问题或争议，应及时咨询专业律师或法律机构的意见，确保自身权益的合法性和安全性。

综上所述，合同管理是一项从签订到执行都需要精心策划和严格把控的工作。只有步步为营、细心谨慎地应对每一个风险点，才能在这场较量中立于不败之地，并维护自身权益的最大化。

以上，看起来有些枯燥，但每一步都充满玄机。下面，我会通过一些实际案例或情景模拟来讲一讲如何控制合同风险，尤其是如何预防风险。这些实例来自我自己的经验、公开报道或真实情景再现。

63. 合同生效：要约、承诺一个都不能少，否则无效

你能确保手上的合同有效吗？还真不一定。前面说到，合同管理包括签合同的过程和执行合同的过程，我先来说说签合同的过程。签合同的过程中需要关注两个问题，一个是所签合同是否成立，即有效性的问题；一个是合同条款，即可操作性的问题。

合同成立，一定要有要约和承诺。什么叫要约，什么叫承诺呢？采购天天在签合同，如果不熟悉合同法律规定，还真不一定能准确理解这两个词。

"要约"和"承诺"是两个非常重要的概念，是合同成立的基础。

要约

定义：要约（Offer）是指当事人向对方表示愿意签订合同，并明确规定了合同的条款和条件，其意图是一旦对方接受该要约，合同即告成立。

要素：对于采购合同，要约必须包含合同的基本条款，如价格、数量、质量、履行期限等，使得一旦对方接受，合同即可成立并具有法律效力。

例子：卖方提出愿意以特定价格卖出某物品，这就是一个要约。

承诺

定义：承诺（Acceptance）是指接受要约的一方对要约的明确接受。通过接受，合同在法律上成立，双方都必须按照合同的条款和条件履行自己的义务。

要素：承诺必须是明确无误的，不能有任何附加条件或更改。它应该是对要约的完全和无条件接受。

例子：买方接受卖方的要约，愿意按照卖方提出的价格和条件购买物品，这就是一个承诺。

当要约和承诺都存在时，合同就可以成立。当然，在实际情况中，还可能涉及其他因素，如要约的撤销、承诺的撤销等，这些都可能影响合同的成立。

这里需要特别注意的是，承诺对要约必须完全接受，不能做出实质性变更，若有实质性变更，就是发出新的要约。什么是实质性变更？实质性变更是指在接受要约时对原要约的条款做出的重大修改。比如，修改价格、付款方式、交货时间或地点、数量或规格、合同期限，包括责任和义务的更改。因此，当实质性变更出现时，原始要约方有权选择接受或拒绝这个新的要约。在采购实践中，可能经常发生这样的事情，如买方修改了价格，供应商修改了交期，包括双方一来一往，不断修改内容，这些都是实质性变更，都影响合同成立。尤其是利用微信、邮件往来沟通时，要特别当心这一点。

要约和承诺要以什么方式做出？签字，还是盖章？采购在工作实践中，容易出现哪些问题导致合同不成立或合同无效？我国民法典合同编是如何规定的？

要约和承诺可以通过多种方式做出，这取决于具体的法律规定、合同类型和双方的约定。在我国，通常可以通过以下方式。

（1）**书面形式**。包括纸质文档的签字和盖章。在某些情况下，法律可能要求合同必须以书面形式订立，如房地产交易。

（2）**口头形式**。在某些情况下，口头达成的要约和承诺也是有效的，但这可能会导致证据难以获取的问题。所以，一般情况下，公司都会要求订立书面合同。

（3）**电子形式**。包括电子邮件、短信、即时通信软件等。在现代商务活动中，电子形式的合同越来越常见，法律承认电子合同。

根据民法典，在采购等合同活动中可能会遇到以下问题，导致合同不成立或无效。

（1）不成立的情况有以下几种。

要约的撤销：如果要约在被承诺之前被撤销，合同不成立。

过期的承诺：如果承诺在要约规定的期间或合理期间内未做出，合同不成立。

（2）无效的情况有以下几种。

违法或违反社会公德的合同：例如，非法交易的合同。

缺乏真实意愿：如存在欺诈、胁迫或明显不公平的情况。

无权代理：如代理人无权代表委托人签订合同。

格式条款不明确：如合同中的格式条款未经充分说明或显得不公平。

违反强制性规定：如合同违反了法律或行政法规的强制性规定。

具体到每种情况，可以根据民法典中有关合同的规定进行详细解释和应用。在实际操作中，还需要考虑合同的具体内容和相关法律规定。

64. 框架协议：只发订单，合同成立吗

为了提高采购效率，很多时候，采购方与供应商签署年度框架协议，这是合作双方在一定期限内达成的总体合作协议。它为双方的合作提供了一个明确的框架和约定，包括但不限于合作范围、基本条件、质量标准、价格机制等。年度框架协议的存在有助于简化后续具体订单的协商和签订过程，提高合作效率。

有了框架协议，每个订单是否需要再次签字盖章？这取决于以下多个因素。

首先，协议内容详细性。如果年度框架协议已经详细规定了每次订单的具体内容、数量、价格、交付方式等关键信息，并且双方同意在协议有效期内按照这些条款执行订单，那么可能不需要每个订单都再次签字盖章。

其次，法律法规与行业惯例。然而，在某些行业或地区，可能存在

特定的法律法规或行业惯例，要求每个订单都必须经过双方的签字盖章才能生效。在这种情况下，即使存在年度框架协议，也需要对每个订单进行签字盖章。

最后，涉及订单变更与协商。如果年度框架协议只是提供了一个总体的合作框架，而具体的订单内容需要在每次下单时进一步协商确定，或者订单内容较年度框架协议有所变更，那么可能需要再次签字盖章以确保双方对订单的具体内容和条款达成一致。

为确保采购活动的顺利进行并减少潜在风险，建立有效的订单确认机制至关重要。特别是当采购方发出订单后，需要确保供应商能够准确、及时地接收和处理订单。

根据实践，我总结了几种订单确认的方式。

（1）**回执签署**。一种常见的做法是要求供应商在收到订单后签署并返回一个回执。这不仅可以确认供应商已经收到了订单，还可以确认它们同意按照订单中的条款和条件进行供应。回执可以通过纸质、电子邮件或其他电子方式发送。

（2）**电子订单系统确认**。如果使用了电子订单系统，通常会有自动确认机制，如系统会在供应商接收订单后自动发送确认邮件。然而，即使存在自动确认机制，特别是在涉及大额订单或重要交易时，人工确认仍然是必要的。

（3）**主动跟进与沟通**。采购方也可以主动跟进订单状态，如通过电话或电子邮件与供应商联系确认是否收到了订单。这种主动沟通的方式有助于及时解决问题并加强双方之间的合作关系。

65. 默认无效："不回复即视为同意"，有法律效力吗

采购实践中经常遇到这样的问题，采购人员发订单给供应商，或者供应商发涨价通知给买方，对方可能觉得很棘手，就不回复，这下发订

单或通知的人就急了，干脆写上"如不回复，视为同意"，这个有法律效力吗？

【案例】🛒

甲向乙公司发信表示，"若在 10 日内未做表示，则视为承诺"。10日过后，乙未做任何表示，于是甲认为乙同意了。

以下 4 种情况哪种正确？

1）乙未做表示，视为默示的承诺。

2）10 日过后，合同成立了。

3）乙的沉默不构成承诺，因为甲单方表示不具有法律效力。

4）因为甲要约的该条款无效，故要约无效。

答案当然是 3），沉默表示一种行为，应有法律的规定或双方约定，甲单方表示不具有法律效力。

在民法典的框架下，对于"不回复即视为同意"这样的表述，其法律效力是不被承认的。这主要基于民法典中关于合同成立和意思表示的规定。

首先，民法典明确规定了合同成立的要件，包括要约和承诺两个基本要素。要约是希望和他人订立合同的意思表示，而承诺则是受要约人同意要约的意思表示。只有当这两个要素齐备，并且符合法律的规定时，合同才能成立。

对于"不回复即视为同意"这样的表述，它并不构成有效的承诺。因为承诺应当以通知的方式做出，而沉默或者不回复并不构成通知。除非在交易习惯或者要约中明确表明沉默或者不回复可以视为承诺，否则不能将其视为有效的承诺。

其次，民法典强调了意思表示的真实性和自愿性。如果一方利用优势地位或者对方缺乏经验等情形，采用"不回复即视为同意"等不公平的方式迫使对方接受不合理的条件，那么这种行为可能会被认为违反了自愿原则，从而导致该意思表示无效。

如果采购人员或者供应商在订单或者涨价通知中写上"如不回复，视为同意"，并且对方没有明确表示接受或者拒绝，那么这种表述是不具有法律效力的。因为对方并没有以通知的方式做出承诺，也没有通过其他方式表明接受该要约。因此，合同不能成立。

想象一下，如果"如不回复，视为同意"有效的话，以后卖苹果、卖橘子、卖电脑、卖空调等各行各业的老板都只需要多发几封信件，根本不需要请业务员，逮到没时间看信件的人，单子不就成了吗？可见，这种"要约"是无效的，所有写有"如不回复，视为同意"的函件，都是"耍流氓"！

小师妹插嘴

敲黑板！这点一定要注意，否则就是一个"大坑"啊！

学霸掉书袋

"要约""承诺"这两个词可要当心，这是合同成立的基本条件，不要傻傻地搞不清楚。

66. 签字盖章：不签字或盖章，也可能生效

要约和承诺成立的形式是什么？国外喜欢签字，中国人习惯盖章，我的建议是，在中国最好是签字加盖章。如果只盖章，怕出了事情找不到具体负责的人。如果只签字呢？是能找到人，但我们又担心签字的这个人是否被授权了，盖章就意味着公司的授权。

在日常工作中，我们特别依赖签字盖章，往往认为一份合同必须有双方的签字或盖章才能生效。然而，根据民法典的相关规定，即使合同没有签字或盖章，只要一方已经履行了合同的主要义务并且对方接受了

这些履行，合同仍然可以成立并生效。

【案例】🛒

合同的生效并不总是依赖于签字或盖章

采购员黄黄作为采购方与 D 公司达成了口头协议，约定 D 公司向黄黄提供一批原材料，黄黄在收到货物后的 30 天内支付货款。在这个情况下，双方并没有签订任何书面的合同，也没有进行签字或盖章。

然而，D 公司按照约定交付了原材料，黄黄也在约定的时间内支付了货款。尽管没有书面的合同或签字盖章，但由于双方都已经按照约定履行了各自的义务，因此可以认为这份口头协议是成立并且生效的。

这个例子再次强调了，在商业活动中，合同的形式要件虽然重要，但更重要的是双方的实际履行情况和真实意愿。只要双方都真诚地按照约定内容去履行义务，并且对方也接受了这些履行，那么即使没有书面合同或签字盖章，该合同仍然可以被视为有效。

当然，为了规避潜在的风险和纠纷，最好还是能够签订书面的合同并进行签字盖章。这样可以提供更加明确的证据和保障，确保双方的权益得到有效保护。但在实际商业活动中，有时由于各种原因，双方可能无法及时签订书面合同。在这种情况下，只要双方都诚信地履行了口头协议的内容，并且对方也接受了这些履行，那么该口头协议仍然可以被视为有效的合同。

 小师妹插嘴

不签字或盖章，也可能生效？

 学霸掉书袋

民法典合同编规定，要约可以以口头、书面或其他形式做出。承诺应当以通知的方式做出；但是，根据交易习惯或者要约表明可以通过行为做出的承诺除外。

67. 表见代理：已签字盖章的合同就一定生效吗

我们都会在合同上签字，那签过字的合同就有效吗？答案是，不一定。前面说了，没有签字盖章的合同也有可能是成立的。那么反过来说已经签字盖章的合同一定生效吗？一个普遍的误区是，只要合同上有了签名和公章，就一定生效。实际上，根据民法典合同编的相关规定，即使合同已经签字盖章，也可能存在无效的情况。以下是一些可能导致合同无效的情形，特别是与无权代理、表见代理和法定代理相关的情形。

无权代理

无权代理指的是代理人在没有得到被代理人明确授权的情况下，以被代理人的名义与他人签订合同的行为。如果无权代理行为没有得到被代理人的追认，该行为对被代理人不产生法律效力，相关责任由无权代理人承担。

表见代理

表见代理发生在行为人没有代理权、超越代理权或代理权已终止，但相对方有合理理由相信行为人有代理权，并基于此与其进行交易的情形。尽管行为人实际上没有合法的代理权，但为了保护善意相对人的信赖利益和市场交易安全，法律承认表见代理的效力。然而，如果被代理人不追认且行为人无法证明构成表见代理，则该代理行为无效。

法定代表人

在民法典中，法定代表人是指依照法律或者法人章程的规定，代表法人从事民事活动的负责人，如公司的董事长或执行董事。法定代表人的行为通常视为法人的行为，其代表法人对外签订合同等法律行为对法人具有法律约束力。

特别需要注意的是，法定代表人行为可能无效的情形：法定代表人超越法人章程或法律规定的权限范围进行的行为，且未得到法人追认的；法定代表人以法人名义从事违法活动或损害法人利益的行为；法定代表人的行为违反法律、行政法规的强制性规定或公序良俗的；法定代表人因个人原因（如精神疾病等）导致其行为能力受限，且该行为未得到法人追认的。

由此可见，在民法典合同编的框架下，无权代理、表见代理与法定代表人的行为具有不同的法律效力和约束。即使是法定代表人的行为，在某些特定情况下也可能被认定为无效。因此，在商业交往中，应仔细甄别对方的代理权限，以确保交易的合法性和安全性。

此外，民法典还明确了其他可能导致合同无效的情形，如欺诈、胁迫、恶意串通以及违反法律法规的强制性规定等。

 小师妹插嘴

结婚和离婚也需要到民政局登记才能生效。

 学霸掉书袋

你讲的是一种需要行政机关审批的合同，也是一种效力待定合同。但结婚、离婚不是民法典合同编内容，是婚姻家庭编内容，你这个比喻不太恰当。

企业日常工作中经常遇到的情况是无权代理和表见代理。

比如一个普通的销售员，出去签了几千万元、上亿元的合同，而这个销售员是没有被授权签这么大金额的合同的。如果事后我们知道了这个销售员无此权限，怎么办？我们可以采用追认的方法。民法典规定，"相对人可以催告被代理人自收到通知之日起三十日内予以追认。被代理人未作表示的，视为拒绝追认。"追认后，如果对方同意，在一个月内是有效的（详见本专题案例）。这一个月内合同就属于"效力待定"状态。如果此人以前签字是有效的，那么这一次我们可以视其为"表见代理"。

【案例】🛒

　　李小小是 HK 公司的销售员，因违纪被公司开除。一天，李小小遇到从前的客户 YY 公司总经理，便以 HK 公司名义签订了一份合同。事后 YY 公司虽然知道李小小已被开除，但觉得和 HK 公司合作多年，可以继续完成订单，便按照常规流程询问 HK 公司，是否能如期交货。HK 公司总经理见有利可图，便答应如期交货。结果后来 HK 公司未能如约交货，YY 公司要求 HK 公司承担违约责任，而 HK 公司则以李小小代理行为无效为由，拒绝承担违约责任。

　　问：HK 公司是否应当承担违约责任？

　　分析：应当承担违约责任。李小小无代理权而签署的合同属于效力待定合同，但经过 HK 公司总经理确认后，原来的效力待定合同变成了有效合同，HK 公司应当履行合同，后来 HK 公司没能交货，应当承担违约责任。

68. 电子合同：一样有效，但要符合合同要件

　　现在通信发达，采购经常与供应商通过邮件、微信交流，合同也不再要求一定是纸质文档。也经常因为这些"频繁往复"的交流，后面的信息不断覆盖前面的信息，最后对方不认账了。那么，这些"电子合同"有效吗？

【案例】

采购方的成功实践

　　某大型制造企业的采购部门，负责采购各种原材料和零部件以支持生产。在与一家供应商进行合作谈判后，双方达成了一致意见，并决定通过电子方式签署合同。

　　采购部门使用企业内部的电子合同管理系统，起草了一份详细的采购合同，明确了双方的权利和义务，以及产品的规格、数量、价格、交货时间等关键条款。合同中还特别注明了电子签名的有效性和双方的认可方式。

　　在合同签署过程中，采购部门通过电子邮件将合同发送给供应商，供应商在审阅合同内容后，使用电子签名工具在合同上签署了名字，并通过电子邮件将签署后的合同发回给采购部门。

　　采购部门收到签署后的合同后，再次核对合同内容，并使用企业内部的电子合同管理系统对合同进行存储和管理。同时，采购部门还将合同的电子副本发送给企业的法务部门进行备案。

　　在后续的合作过程中，双方均按照合同约定的条款履行了各自的义务。当出现争议时，双方都能够迅速查阅电子合同，并根据合同内容进行协商和解决。

　　这个案例展示了电子合同在采购过程中的有效性和便利性。通过使用电子合同，采购部门能够更高效地与供应商合作，减少纸质文档的传递和存储成本，提高合同签署和管理的效率。同时，电子合同还具有可追溯性和可验证性，为双方提供了更强的法律保障。

　　需要注意的是，为了确保电子合同的有效性，采购部门在起草和签署合同时应遵循相关法律法规的要求，确保电子签名的合法性和合同的完整性。

　　民法典对电子合同的规定主要体现在第四百六十九条，该条款明确指出，当事人订立合同，可以采用书面形式、口头形式或者其他形式。书面形式是合同书、信件、电报、电传、传真等可以有形地表现所载内容的形式。以电子数据交换、电子邮件等方式能够有形地表现所载内容，并可以随时调取查用的数据电文，视为书面形式。

复印件、传真件、电子邮件都可以被视为电子合同的一种形式，只要它们能够有形地表现所载内容，并可以随时调取查用。微信上的文字沟通，如果双方达成一致，也可以被视为电子合同的一种，尽管它并没有严格意义上的合同格式。

然而，需要注意的是，电子合同需要满足一定条件才具有法律效力。《中华人民共和国电子签名法》（简称电子签名法）规定，可靠的电子签名与手写签名或者盖章具有同等的法律效力。而可靠的电子签名需要满足识别签名人身份、签名人认可签名内容、签名以及签名内容不可被篡改等条件。

因此，虽然复印件、传真件、电子邮件、微信等都可以被视为电子合同的一种形式，但它们在法律上的效力还需要根据具体情况进行判断。如果这些形式的合同无法满足电子签名法中关于可靠电子签名的要求，那么它们可能无法在法律上产生与纸质合同同等的效力。

69. 合同标的：需求不清，牛皮变"扯皮"

即使是对合同相关法律一无所知或没有经验的人，也明白合同中必须有标的条款。标的条款是合同成立的根本，缺少了它，合同就无法成立。然而，在实际操作中，问题往往不是缺少标的条款，而是其表述含混不清。

事实上，标的条款可以说是合同中最关键的部分。强调其重要性，原因在于实际操作中标的的表述经常不清晰。如果标的不明确，交付的物品或服务就会存在不确定性，这很容易导致争议。特别是在采购合同中，标的主要是指要"购买什么"。但在实践中，申请部门给采购部门的信息可能仅仅是一张照片或者一个物品名称，这种模糊的描述非常容易引起争议。因此，明确和详细的标的描述至关重要。

宫老师先来给大家讲一个故事。改革开放初期，我国一家鞋厂同外国厂商洽谈进口牛皮，看样时看的是黄牛皮，因为我国鞋厂用黄牛皮做原料生产翻毛皮鞋。合同标的条款写的是进口"牛皮10 000张"，结果真正进口的时候，外国厂商交的货是水牛皮，中方企业拒收。双方产生争议，中方企业说是黄牛皮，外国厂商说是水牛皮，此事说不清，最后变成"扯皮"。

一般购买货物，可用SPEC（技术规格书）表达，购买服务，可用SOW（工作说明书）表达，表达必须清晰准确，必须清楚写明标的名称，以使标的特定化，从而能够界定权利义务。

通常认为合同的标的包括物、行为与智力成果。物指民法意义上的物，含一般等价的货币。行为指作为（含作为的结果）与不作为。智力成果主要指知识产权中的财产权利。

合同的标的物应当是出卖人所有或者有权处分的物，但在买卖合同成立时出卖人也可能尚未取得标的物的所有权，但出卖人在交付时标的物应当属于出卖人所有或者出卖人有权处分。买卖合同标的可以是现实存在的物，也可以是将来产生的物，如《美国统一商法典》第2-105条就规定，货物可以包括尚未出生的动物幼仔、生长中的农作物。

标的条款至少应当具备如下六个关键性内容：标的物名称、所有权人、价格、品质、数量和权利证书。实务当中，比较保险的方法是将标的物的样品或权利证书列为合同附件，既是标的物清单，也是双方交割的依据，尤其是复合型的标的物，如此才能从根本上避免遗漏。同时还应写清楚它的单价、数量、质量、可以直观判断的标准、可以测量的标准或者样本，最重要的还要写明它的权属，有无权利限制等情况。

合同标的，即"买什么"，当然是需求部门提供，但有时需求部门自己也不知道怎么描述标的。这需要买卖双方技术人员坐在一起进行技术交流，最后要白纸黑字确定下来，必要时要签署技术协议、质量协议。

 小师妹插嘴

需求不清楚也是很多采购工作的痛点，尤其是间接采购，可以看看《全品类间接采购管理》，书中有针对不同品类的需求管理的案例和方法。

 学霸掉书袋

这是机械工业出版社出版的，讲了 7 大品类、8 大痛点、56 个解决方案，一定有一个解决方案适合你。

70. 质量条款：质量协议和技术协议是质量的双重保证

供应商的交付是否符合合同上写明的要求，又怎么证明是否符合要求呢？跟供应商的众多争议、分歧往往都体现在这里。有关质量的约定是合同管理中的核心内容。合同中的质量条款一般由质量标准条款、质量验收条款和质量异议期条款组成。

这当中最容易出现问题的是验收条款。在宫老师做全球采购经理时，发生过这样一件事情。我们把国外工厂的图纸提供给国内供应商以生产产品，国内供应商首先提供了样品，并附上了检验报告，检验报告中产品是"合格"的，可是样件到了国外工厂，对方检查之后说是不合格。我们很纳闷，就派了供应商质量工程师到国内供应商那里去一起检查，之后又把检查合格的样件发到国外工厂，结果还是不合格。我们开了数次电话会议，最后大家恍然大悟，原来是检验方法不同。因此，在这里宫老师再次提醒大家，在质量条款里一定要写清楚验收条款。有时也会根据需要单独签署质量协议，甚至还会签署技术协议。

质量协议与技术协议

需要注意的是，质量协议并不等同于质量条款，质量协议是更广泛的概念，它涵盖了与质量相关的各种协议和约定，而质量条款通常是质量协议中的一部分，具体规定了产品或服务的质量标准和要求等。质量协议和技术协议也不是一个东西，但在实际应用中可能存在一定的交叉和重叠，它们相互补充，共同构成了对产品或服务质量的全面保证。通过同时遵守这两个协议，可以大大降低质量问题的风险，提高产品或服务的质量水平。

质量协议主要关注产品或服务的质量标准、检验、保证和违约责任等，它确保了供应商或服务商提供的产品或服务达到既定的质量标准。质量协议通过明确的质量标准和检验方法，为质量控制提供了明确的指导和依据。

技术协议则更侧重于对产品或服务的技术细节、性能指标等进行规范和约定。它确保了产品或服务在技术层面上满足要求，避免了因技术差异或不足而导致的质量问题。技术协议通过明确技术目标和范围、开发流程、交付物等，为技术开发提供了清晰的方向和保障。

（1）质量协议的内容。

质量标准和要求：明确产品或服务应达到的具体质量标准，如 ISO 标准、国家标准或行业标准等。这些标准将作为验收和评判质量的依据。

质量检验方法和程序：约定双方认可的质量检验方法和步骤，包括检验的时间、地点、所需设备和人员等，以确保检验结果的准确性和公正性。

质量保证：规定供应商或服务商在一定期限内对产品或服务的质量承担保证责任，包括免费维修、更换等。

违约责任：明确因质量问题导致的违约责任和赔偿方式，如退货、扣款、支付违约金等。

举例说明：假设一家汽车制造公司与一家座椅供应商签署质量协议，其中约定座椅的舒适度、耐用性和安全性等质量标准，以及座椅在出现质量问题时的退货和赔偿等违约责任。

（2）技术协议的内容。

技术目标和范围：明确产品或服务的技术性能指标、功能要求以及适用的技术标准和规范等。

技术开发流程：约定产品或服务从设计、开发到生产、测试等各个环节的具体流程和责任划分。

技术交付物：明确技术开发过程中需要交付的技术文档、设计图纸、测试报告等成果物。

技术支持和维护：约定在技术开发完成后，提供方应继续提供的技术支持、维护和升级等服务。

举例说明：继续以汽车制造公司与座椅供应商为例，技术协议可能约定座椅的设计图纸、材料选择、生产工艺等具体技术细节，以及在座椅生产过程中需要提供的技术支持和后续维护服务等。

可见，有了质量协议并不意味着就不需要技术协议，质量协议和技术协议在合同中都有其独特的作用。质量协议主要关注产品或服务的质量标准和质量控制等方面；技术协议则更侧重于技术细节、性能指标、开发流程等技术层面的约定。因此，质量条款和技术协议是相辅相成的关系，而不是互相替代的关系，是质量的双重保证。

质量验收条款

质量验收条款中需要细化的部分主要包括以下几个方面。

验收方法：详细描述验收的具体方法和步骤，包括外观检查、尺寸测量、性能测试、抽样检验等。对于复杂的产品或服务，可能需要借助专业的检测设备和人员进行验收。

验收时间和地点：明确验收的时间和地点，确保双方都能在约定的时间和地点进行验收工作。如果需要委托第三方机构进行验收，也需要明确其参与的时间和方式。

验收结果的判定和处理：明确验收结果的判定标准，如合格与不合格的判定依据。同时，需要约定不合格情况下的处理方式，如退货、换货、修复、重做、降价、解除合同等，并明确相关责任和费用承担。

验收记录和报告：要求双方在验收过程中做好详细的记录，并出具验收报告。验收报告应包括验收的产品或服务名称、规格型号、数量、验收时间、地点、参与人员、验收方法、验收结果等信息。验收报告应作为合同附件，作为双方履行合同的依据之一。

通过细化这些部分，可以确保质量验收条款具有明确性、可操作性和可衡量性，从而有效保障产品或服务的质量符合合同约定。

当约定质量验收条款时，可以通过以下示例进行说明和细化。

【示例】🛒

一、验收标准

产品应符合国家相关标准，如 GB/T XXXX-XXXX（具体标准号），并确保满足行业标准或企业标准。

对于特定产品，如电子设备，应明确其特定的质量指标，如工作电压范围、功耗、使用寿命等。

示例：对于一台计算机，验收标准可以包括符合国家标准的电磁兼容性要求，工作电压在指定范围内，功耗不超过约定值，并确保至少三年的使用寿命。

二、验收方法

外观检查：检查产品外观是否完好无损，无明显划痕、变形或污渍。

尺寸测量：使用测量工具对产品尺寸进行准确测量，确保符合合同约定的尺寸要求。

性能测试：按照约定的测试方案对产品进行性能测试，如运行速度、响应时间、稳定性等。

抽样检验：对于大批量产品，可以采用抽样检验的方式，按照统计学原理随机抽取一定数量的产品进行验收。

示例：对于一批服装，验收方法可以包括对外观进行仔细检查，使用卷尺测量服装尺寸，对部分服装进行拉伸测试和色牢度测试，以及从整批中随机抽取一定比例的服装进行详细检查。

三、验收时间和地点

验收时间：双方约定在产品交付后的 × 个工作日内进行验收。

验收地点：验收地点为 ×× 指定的地点，如仓库或质检中心。

示例：双方约定在产品交付后的五个工作日内，在买方的仓库进行验收工作。如果需要委托第三方机构进行验收，双方将共同确定合适的机构，并约定其参与的时间和方式。

四、验收结果的判定和处理

合格判定：产品符合验收标准且无明显缺陷时判定为合格。

不合格处理：如产品不符合验收标准或存在明显缺陷，买方有权选择退货、换货、修复或要求降价等处理方式，并明确相关责任和费用承担。

示例：如果计算机在性能测试中未能达到约定的标准，买方可以选择退货并要求卖方承担退货费用；或者选择换货，并要求卖方在约定时间内提供符合标准的替换产品。

五、验收记录和报告

双方应共同签署验收报告，详细记录验收的产品名称、规格型号、数量、验收时间、地点、参与人员、验收方法以及验收结果等信息。验收报告应作为合同附件保存，并作为双方履行合同的依据之一。

质量标准不易量化的，怎么评估

在采购过程中，经常遇到一个烦恼，就是如何针对气味、味道、外观等不易量化的标准进行评估。

听到一个笑话：卖辣椒的摊贩经常遇到买主问"辣不辣"，她回答"不辣"，结果有的人嫌"辣"不买了；她回答"辣"，结果又有人嫌"不辣"不买了。于是，她将同样的辣椒分成三堆，标注微辣、中辣、重辣，任由顾客选择。因为，辣与不辣，有时真不好评估。

精准而全面地约定质量验收方法和验收标准，确实是一个既复杂又关键的环节。这不仅涉及对产品或服务本身的理解，更需要一种细致入微的洞察力和对质量控制的深刻理解。

首先，我们要明确一点，即使气味、味道、外观这些看似主观、不易量化的标准，也可以通过一系列科学、系统的方法来进行描述和评估。这需要我们摆脱传统的、仅凭个人感觉和经验进行判断的方式，转向更加客观、可操作的验收方法。

对于气味，我们可以借鉴香精香料行业的方法，使用描述性的语言来构建一个"气味轮廓"。比如，我们可以说某产品具有"清新的柑橘香气，带有轻微的甜香和微弱的草本气息"，这样的描述既具体又生动，能够为供应商提供一个清晰的指引。同时，我们还可以考虑使用电子鼻等先进设备来辅助评估，这些设备能够对气味的化学成分进行分析，为我们提供更加客观、准确的数据支持。

对于味道，我们可以借鉴食品科学的方法，从酸、甜、苦、辣、咸等基本味觉出发，构建一个多维度的"味道空间"。在这个空间中，我们可以精确地描述产品的味道特征，比如"酸甜适中，口感细腻，余味悠长"。此外，我们还可以考虑使用感官评价等方法，邀请一定数量的评价员对产品进行品尝和打分，从而得出一个更加全面、客观的评价结果。

对于外观，我们可以借鉴工业设计的方法，从形状、颜色、纹理等多个角度出发，构建一个全面的"外观模型"。比如，我们可以说某产品具有"流线型的外观设计，色泽鲜艳且均匀，表面光滑平整无瑕疵"。这样的描述既能够体现产品的美观度，也能够确保供应商在生产过程中严格控制外观质量。

除以上方法外，我们还可以考虑使用参考样品作为验收的标准。这些样品可以是之前采购过的、质量得到认可的产品，也可以是双方共同认可的、具有代表性的产品。供应商在生产过程中可以参照这些样品来进行质量控制，确保最终交付的产品符合预期质量。

当然，以上所有方法都需要在合同中明确约定，以确保双方的权益和合作关系。在约定时，我们要尽可能做到具体、明确、可操作，避免使用模糊、有歧义的语言。同时，我们还要考虑到实际情况的变化，为双方留下一定协商和调整的空间。

其次，我们还要强调一点，那就是质量验收并不是一次性的工作，而是一个持续的过程。在采购过程中，我们要时刻保持对质量的关注和监控，及时发现并解决问题。只有这样，我们才能够确保最终采购到的产品或服务真正符合预期的质量要求。

71. 交付条款：千万在合同中约定清楚

采购的第一要务就是交付，也可以说，一切为了交付。交付条款是买卖合同中最重要的条款之一，对交付方式、交付时间、交付地点都有明确规定，实践中容易出现的问题就在这里。交付条款要清晰、准确、具体。

比方说，合同写明"合同签订 7 日交付"，那么这个"7 日"是工作日还是日历日，必须说清。还有的写"送货上门"，上的是哪个门？大家在购买家具时可能会遇到这种情况，约定的是供应商送货上门，结果看到你家住 5 楼，没有电梯，送货的人就不干了。你搬出合同说"送货上门"，送货的会说，我只负责送货到大门。

供应商送货上门，谁来卸货呢？供应商要求我方卸货，我方仓库说，送货上门是放到货架上，争议一大堆。所以，交付条款必须写清楚。国际贸易中有一套标准的规则，大家有必要加以借鉴和了解。

交付条款直接关系双方的权利和义务，特别是风险转移的问题。以下是关于交付条款的一些建议，包括时间、地点的规定，以及验收与交付之间的关系。

交付时间

为确保供应商能按时交付货物并避免不必要的延误或纠纷，合同中应明确规定交付时间。交付时间可以是一个确切的日期，也可以是根据合同进度确定的一个时间段。如果交付时间受到不可抗力等因素的影响，合同中还应包含相应的调整条款以应对这些情况。

交付地点

合同中应清晰规定交付地点，以确保供应商能准确地将货物送达指定位置。通常，交付地点可以是采购方的仓库、工厂或其他指定场所。在特殊情况下，如跨境贸易中，双方可能需要协商确定具体的边境点或港口作为交付地点。无论何种情况，合同中都应详细描述交付地点的具体地址和联系方式，以便供应商准确无误地送达货物。

验收与交付

验收是采购过程中的重要环节，用于确认货物是否符合合同约定的质量标准和数量要求。在没有明确约定的情况下，验收通常应在交付时进行。如果货物未经验收，一般不能视为已完成交付。然而，在某些情况下，双方可能协商确定在交付后的一定期限内进行验收。在这种情况下，合同中应明确验收期限和具体的验收标准。如果货物在验收期限内未通过验收，采购方有权要求供应商进行整改或退货处理。

风险转移与保管责任

风险转移通常与交付密切相关。在一般情况下，当货物按照合同约定的时间和地点交付给采购方并完成验收后，风险即从供应商转移至采购方。这意味着在交付之前，货物损坏或灭失的风险由供应商承担；交付之后，这些风险则由采购方承担。然而，在采购合同中，当采购方签署了接收单表示已经接收了货物但尚未进行质量验收时，保管责任以及货物丢失、灭失、意外风险的承担通常取决于合同的具体条款和双方之间的约定。

如果合同中没有明确规定接收后的保管责任和风险承担，一般来说，接收货物后的保管责任由采购方承担。这意味着采购方需要采取适当的措施来确保货物的安全，防止货物在质量验收之前发生丢失、灭失或意外损坏。因此，采购方应该采取合理的保管措施，如将货物存放在安全的地方并避免暴露于潜在的风险中。

为了避免潜在的纠纷和不确定性，建议在采购合同中明确规定接收后的保管责任和风险承担方式。双方可以协商确定具体的条款，例如约定在质量验收之前由供应商继续承担风险，或者约定采购方在接收后承担一定的保管责任但风险仍由供应商承担直到质量验收完成。这样的明确约定将有助于确保双方在采购过程中的权益得到保障并减少潜在的争议。

重要的事情说三遍：千万、千万、千万在合同中约定清楚"交付条款"。

【示例】🛒

供应商应在合同生效后××日内将货物送达采购方指定的地点（地址：＿＿＿＿＿＿＿＿）。货物到达后，采购方应在××日内完成验收。若货物在验收期限内未通过验收，采购方有权要求供应商进行整改或退货处理。

货物按照约定时间和地点交付并通过验收后，风险即从供应商转移至采购方。若双方对于接收后的保管责任和风险承担方式另有约定，则以相应约定为准。

72. 违约条款：定金、违约金、保证金用途各不同

合同的作用是什么？很大的一个作用就是，在出现违约时，可以拿出来"有案可查""有法可依"，所以要特别注意"违约条款"，千万不要忽视。在商业交易和合同相关法律中，定金、赔偿金、违约金、质量保证金等概念都扮演着重要的角色。它们各自有着独特的法律地位和实际意义，对于保障交易双方的权益至关重要。

定金与订金

定金，作为合同担保的一种方式，通常在合同订立前或履行时支付。一旦支付定金的一方违约，对方有权依法没收定金；相反，如果收受定金的一方违约，则需要双倍返还定金。

与定金不同，订金更多地被视为一种预付款，并不具备明确的法律约束力。在商业实践中，订金往往用于表示购买意愿或锁定交易机会，但并不构成对交易的最终承诺。

赔偿金与违约金

赔偿金是一方因违约行为给对方造成经济损失时，依法或依约应支付的金额。它的核心目的是补偿受损方的实际损失，确保受损方能够恢复到违约前的经济状态。

违约金则是合同双方在合同中明确约定的，当一方违约时应支付的固定金额或按特定方式计算的金额。与赔偿金不同，违约金的金额在合同中事先确定，与实际损失的大小不一定完全相符。它更多地具有惩罚性质。

质量保证金

质量保证金是为了确保产品或服务的质量而提前扣留的一部分金额。在约定的质保期内，如果出现质量问题且卖方未能及时修复，买方可以使用这笔保证金来解决问题或获得赔偿。质保期满后，如果未出现质量问题或问题已得到妥善解决，该保证金将退还给卖方。

在约定质量保证金时，双方应明确保证金的金额、支付方式、使用范围以及返还条件等关键条款。同时，还应明确质量缺陷的认定标准和处理程序，以确保在出现争议时能够迅速、公正地解决问题。

合同条款的约定

在合同中约定违约条款时，应明确违约的情形、违约责任的形式和范围以及计算方式等内容。这些条款的设定应遵循合法性、合理性和公平性原则，既要能有效约束合同双方的行为，又要避免对任何一方造成不合理的负担。

同样，在约定质量保证金条款时，也需要充分考虑项目的实际情况和风险程度，确保保证金的金额和期限等关键要素能够切实保障买方的权益。同时，双方还应就保证金的支付方式、使用和管理等细节进行充分协商和明确约定。

接下来，我们将通过一个实际案例来详细解读这些条款的具体应用。

【案例】🛒

家具购买合同纠纷

甲方向乙方购买一批价值 10 万元的家具，双方签订了购买合同。合同中约定了定金、违约金、赔偿金和质量保证金等条款。

一、定金条款

甲方在合同签订后支付了 2 万元作为定金。然而，在交货前，甲方突然通知乙方取消订单。根据定金条款，乙方有权没收这 2 万元定金作为补偿。

解读：定金作为合同履行的担保，一旦支付定金的一方违约，对方有权依法没收定金。在本案例中，甲方违约导致乙方遭受损失，因此乙方有权依据定金条款没收定金。

二、违约金条款

合同中约定了如一方违约需要支付对方合同总金额 20% 的违约金。由于甲方违约取消订单，乙方要求甲方支付 2 万元的违约金。

解读：违约金是合同中约定的固定金额或按特定方式计算的金额，用于惩罚违约行为。在本案例中，由于甲方违约，乙方有权要求甲方支付合同约定的违约金。

三、赔偿金条款

由于甲方取消订单，乙方已经为生产这批家具投入了成本，因此乙方要求甲方支付额外 1 万元作为赔偿金，以弥补其实际损失。

解读：赔偿金是一方因违约行为给对方造成经济损失时应支付的金额。在本案例中，乙方的实际损失超过了违约金所能覆盖的范围，因此有权要求甲方支付额外的赔偿金。

四、质量保证金条款

合同中约定了甲方须扣留合同总金额的 10% 作为质量保证金。在家具交付后一年内，如出现质量问题且乙方未能及时修复，甲方有权使用质量保证金进行修复或获得赔偿。一年后，如未出现质量问题或问题已得到妥善解决，甲方将返还质量保证金给乙方。

解读：质量保证金是为了确保产品或服务的质量而提前扣留的一部分金额。在本案例中，甲方扣留了一部分金额作为质量保证金，以确保在家具出现质量问题时能够及时解决。一年后，如家具质量无虞，甲方将返还质量保证金给乙方。

通过这个案例，我们可以看到定金、赔偿金、违约金和质量保证金在商业交易中的实际应用。这些条款的设定旨在保障交易双方的权益，确保合同的顺利履行。在签订合同时，双方应充分了解这些条款的含义和作用，并根据实际情况进行合理约定。

 小师妹插嘴

以前还真没注意，"定金"和"订金"傻傻分不清。

 学霸掉书袋

掌握了这个知识点，大家去订年夜饭，或者租房、定制家具等，如果要先交一笔钱，千万要看清楚收据上写的是"定金"还是"订金"，如果写的是"定金"，给钱之前一定要想好，尽量当场改成"订金"再给钱。

面对供应商坚决不愿意签署由采购方起草的合同的情况，处理起来确实会充满挑战。这不仅考验双方的商业智慧和谈判技巧，更是对双方合作诚意和未来发展潜力的一次重要考验。以下是一些更为详细的建议，希望能帮助你在处理这一问题时更加游刃有余。

首先，深入了解供应商的立场和顾虑是至关重要的。通过开放、坦诚的沟通，努力探寻它们不愿签署合同背后的真正原因。这可能是因为合同中的某些条款与它们的商业利益或风险考量相冲突，或者是因为它们对合同的理解存在误解或不清晰的地方。只有真正了解了供应商的担忧和顾虑，才能有针对性地解决问题，推动合作的顺利进行。

在进行成本效益分析时，不仅要考虑供应商的产品质量、交货能力等优势，还要综合考虑与它们合作可能带来的潜在风险和成本。这包括评估供应商在市场上的地位、信誉以及与其他合作伙伴的关系等方面。

通过全面的分析，可以更准确地权衡与该供应商合作的利弊，为后续的谈判和决策提供有力的支持。

在寻求双方都能接受的解决方案时，灵活性和妥协精神是必不可少的。双方都需要做出一定的让步和调整，这样才能找到那个最佳的平衡点。这可能需要双方共同探讨和修改合同条款，以满足彼此的需求和利益。同时，也可以考虑引入第三方专家或调解人，他们可以提供中立的观点和建议，帮助双方更好地沟通和协商。

明确沟通合作的价值和未来潜力也是非常重要的。向供应商展示合作的长远价值和潜在好处，可以增强它们对合作的信心和期望。这包括共同开拓市场、技术合作、业务增长等方面的机会和前景。展示合作的美好愿景可以激发供应商的积极性，促使它们更愿意签署合同并投入资源。

在备选方案准备方面，提前规划好备选供应商或采购策略是非常明智的做法。这样即使与当前供应商的合作无法达成，也能迅速调整策略，确保业务的连续性和稳定性。同时，保持灵活性和多样性也可以降低对单一供应商的依赖风险。

在必要时，寻求上级或法务团队的支持是非常重要的。他们可以提供更大的决策灵活性和影响力，帮助解决谈判中的僵局或难题。同时，法务团队的专业知识和经验也可以确保合同的合法性和合规性，降低潜在的法律风险。

最后，无论谈判结果如何，保持专业和尊重的态度都是至关重要的。即使面临困难和挑战，也要努力保持冷静和理性，避免情绪化的反应或言语冲突。这不仅可以维护双方的形象和声誉，还可以为未来的合作留下更多的可能性和空间。

总的来说，处理供应商不愿签署合同的情况需要耐心、智慧和策略。通过深入了解供应商的立场和顾虑、进行全面成本效益分析、寻求双方都能接受的解决方案、明确沟通合作的价值和未来潜力、准备备选方案以及寻求上级或法务支持等步骤，可以更有效地应对这一问题，推动合作的顺利进行。同时，保持专业和尊重的态度也是整个过程不可或缺的一部分。

73. 三角关系：我是 A，供应商是 B，却要我与 C 产生关系

一般情况下，都是甲乙双方执行合同，但在实践中，可能由于某种原因，某一方引入第三人，让第三人接替自己继续执行合同，此时合同发生了变更，也就是权利义务发生了变更，怎么办？宫老师写过一篇微信文章，供大家参考。

【微信文章】🛒

我是 A，供应商是 B，却要我与 C 产生关系

大连 CX 零部件公司的"采购合同管理与风险控制"课上，大家互动非常热烈，学员提出相当多的实践问题，与宫老师一起讨论。讨论中学员遇到的一个非常烦恼的问题是现实工作中的 ABC 关系问题。

学员讲到，B 公司是 A 公司的供应商，后来 B 公司投资设了一个 C 公司。现在 B 公司总经理要求 A 公司把业务转给 C 公司，问题的关键是 B 公司有两个股东，是夫妻两人，丈夫是总经理，妻子可能不知道具体情况，在这种情况下把业务转给 C 公司是否违法？是否涉及一些法律纠纷？B 公司的总经理还要求把之前的货款转到 C 公司的账号，是否有风险？另外，这里只是通过 C 公司走账，产品还是由 B 公司制造，是否需要重新对 C 公司进行评审？

宫老师在工作中也经常遇见供应商要求把货款付给第三方的情况，我也常常疑惑，这里边是否有陷阱，是否会出现法律纠纷，相关法律究竟是怎么规定的。本案例按宫老师的理解，有下面几种情况。

（1）如果是 B 公司的总经理要求与 C 公司签合同，则涉及合同主体

变更。

合同主体变更就需要重新签订合同了，这与之前的合同在法律上没有任何关系，是一个新的合同。这种情况下，当然要对新的合同主体进行评审。这个案例中，不管 C 公司与 B 公司是什么关系，都必须对 C 公司进行供应商评审。

（2）如果只是要求把货款付给 C 公司，则是债权债务转移问题。

法律规定，如果是债权转移，需要通知债务人，如果是债务转移，需要债权人同意。

（3）如果是要求以 C 公司名义供货，则是权利义务变更。

民法典是这样规定的：

1）对于仅仅转让权利的情况，民法典第五百四十六条规定："债权人转让债权，未通知债务人的，该转让对债务人不发生效力。债权转让的通知不得撤销，但是经受让人同意的除外。"这就意味着，债权人转让其债权时，只需要通知债务人，无须其同意。通知到达债务人时，权利转让即生效。

2）关于仅仅转让义务的情况，民法典第五百五十一条规定："债务人将债务的全部或者部分转移给第三人的，应当经债权人同意。"这表明，债务人若想要转移其债务给第三方，必须得到债权人的明确同意，否则转移无效。

3）当合同的权利和义务一同转让时，虽然民法典没有直接规定必须三方同意，但从逻辑上推断，由于权利的转让需要通知债务人，而义务的转让需要债权人同意，因此在权利和义务同时转让的情况下，实际上需要三方（原债权人、原债务人和受让人）的某种形式的共识。为了明确各方权益和避免纠纷，最佳实践是三方共同签署一份书面合同，详细记录转让的细节。

（4）新成立的 C 公司是分公司还是子公司是不一样的。

公司法规定，公司可以设立分公司。设立分公司，应当向公司登记机关申请登记，领取营业执照。分公司不具有法人资格，其民事责任由公司承担。公司可以设立子公司，子公司具有法人资格，依法独立承担民事责任。

（5）丈夫同意，妻子不同意，这个不重要，只要公司同意就行。

公司同意的表现形式就是授权人签字或公司公章。根据民法典合同编的规定，合同的成立主要基于明确的要约和承诺，而签字或盖章并非必要条件。实践中，西方人喜欢签字，中国人喜欢盖章，这种做法既符合法律精神，也顺应了不同地域的商业习惯。在我国当前的商业环境中，大家普遍倾向于采用签字并盖章的做法，以此来增强合同的证据力，但它们并非合同成立的法定要求。

对于 A 公司来说，只要 B 公司出具的是公章，就代表 B 公司同意了，如果 B 公司的总经理是公司法人代表，这就形成法定代理，A 公司不必担心合同效力，这跟 B 公司内部股东是否全体同意没有关系。

至于说，担心与 C 公司签合同后，B 公司股东间矛盾影响合同，那是影响合同的执行，不影响合同的成立和法律效力。

这里官老师觉得有必要澄清两个易混淆的地方。

（1）有很多人把合同是否成立与合同能否履行混淆了。

合同成立没问题，但由于主体变更、权利义务变更，可能新的主体或新的权利义务方执行能力有问题，继而导致合同不能履行。

本案担心 B 公司内部股东间矛盾是否影响合同效力，事实是，不影响合同成立的法律效力，但可能影响执行，也可能不影响执行，或者会给 A 公司带来一些困扰，比方妻子到 A 公司处滋扰。

（2）一个合同关系与另一个合同关系通常是独立的合同关系。

就像发生追尾的交通事故，后车赔前车，前车赔更前面的车，一个个是独立的关系，中间那辆车不能说是后边撞了我才导致我撞你的，所以跟前车说，你找后边那个人去，跟我没关系，这是不行的。

小师妹插嘴

大家开车时一定要清楚这一点，别稀里糊涂找错了责任人。实际操作债权债务转移或权利义务转移时常常通过签订三方协议，以三方协商一致的方法来实现。这样可以减少一些不必要的烦恼，并保证合同有效执行。

74. 逾期交付：遇到市场价格变化，怎么办

在合同执行过程中，有两个常见的问题特别令人头疼：一是供应商未能按时交付货物，二是买方未能按时支付货款。这些问题在一般情况下通过协商大多能够得到解决，例如稍微催促一下，供应商最终交付了货物，对买方的影响不大，事情往往就此了结。然而，一旦这些问题影响了买方的生产进度，尤其是给买方带来了经济损失，买方往往会要求赔偿。具体的赔偿方式和金额，通常在合同的违约条款中有明确规定，按照合同约定执行即可。

在实际工作中，买方逾期提货的情况并不常见，逾期支付货款的情况更为多些。甚至有个别企业故意拖欠货款。采购人员向公司财务申请支付货款时，有时还会遭到指责，对方质疑他们为何总是替供应商催款。这使得采购人员在替供应商催款时变得小心翼翼。常常还有人认为"业内都是这么做的，都拖着供应商的钱不给，占用供应商的资金"，觉得这是一种"聪明"的做法，然而这无疑是买方严重的违约行为。

尽管合同中通常会规定逾期支付货款的违约金，但在实际操作中，真正支付违约金的情况并不多见。尤其是长期合作伙伴之间，很少会因此类问题而诉诸法律。供应商为了维护长期的合作关系，往往会选择忍受这种拖欠行为。当然，也有一些聪明的供应商在报价时就已经将这部分成本考虑在内。

然而，当逾期交付、逾期提货或逾期付款遇到市场价格波动时，情况就变得更为复杂了。这不仅涉及价格波动的风险，还可能引发纠纷。

供应市场的行情和商品价格是不断变化的，那么在这些逾期情况下，应该执行什么价格呢？

民法典合同编对此类问题做出了明确规定，具体分为以下三种情况：

如果执行的是政府定价或政府指导价，在合同约定的交付期限内政府价格调整时，应按照交付时的价格计价。

对于逾期交付标的物的情况，若遇价格上涨，应按照原价格执行；若价格下降，则按照新价格执行。

对于逾期提取标的物或逾期付款的情况，若遇价格上涨，应按照新价格执行；若价格下降，则按照原价格执行。

这些规定为处理逾期交付和市场价格波动带来的问题提供了明确的法律依据，有助于维护合同双方的权益和市场秩序。

 学霸总结

以上三条概括来说，政府定价按实时定价执行，其余按对逾期者不利的情形执行，以此惩罚逾期，鼓励大家遵守期限。

75. 价格疯涨：可以变更或解除合同吗

合同已经签订好了，约定了以某个价格交货，但后来原材料价格突然疯涨，供应商执行不下去了，当然也可能买方执行不下去了。此时，应该怎么办？

宫老师曾负责购买镍，那次经历记忆犹新，2006 ～ 2008 年，国际镍价从每吨 13 000 美元暴涨到最高 54 200 美元，又从 54 200 美元暴跌到最低 25 000 美元。老板找到宫老师说，不能执行合同了。可我们已经交了履约保证金。老板说，履约保证金宁可不要，也不能执行合同了。那段时间可能很多人都有类似经历，国际市场原材料价格猛涨，后来遇到金融危机，价格猛跌，这种情况下怎么办呢？

如果大家关注有色金属价格，一定记得 2022 年的"妖镍"事件。2022 年 3 月 7 日和 8 日，在这两天里，伦敦金属交易所（LME）的镍价格出现了极端波动。3 月 7 日，LME 镍期货主力合约突然飙升，四小时内涨幅超过 73%，最高时达到 5.5 万美元 / 吨。然后在 3 月 8 日，进一步飙升，不到两小时就飙至 10 万美元 / 吨。两天飙升了近 250%，这引发了市场的广泛关注和混乱。因此，LME 在 3 月 8 日晚间紧急叫停了伦镍的交易。这一热点事件被人称为"妖镍事件"。

在民法典合同编中，对于因原材料价格剧烈波动而希望修改采购合同的情况，相关规定主要体现在情势变更原则上。这一原则允许在特定情况下，当事人可以请求变更或解除合同。

具体来说，民法典第五百三十三条规定："合同成立后，合同的基础条件发生了当事人在订立合同时无法预见的、不属于商业风险的重大变化，继续履行合同对于当事人一方明显不公平的，受不利影响的当事人可以与对方重新协商；在合理期限内协商不成的，当事人可以请求人民法院或者仲裁机构变更或者解除合同。"

这一规定明确了适用情势变更原则的几个条件：首先，合同的基础条件必须发生重大变化；其次，这种变化是当事人在订立合同时无法预见的；再次，这种变化不属于正常的商业风险；最后，继续履行合同对一方当事人明显不公平。

在原材料价格剧烈波动的情况下，如果满足上述条件，买方可以依据情势变更原则请求修改采购合同。具体来说，买方可以与卖方重新协商合同条款，以反映新的市场情况。如果在合理期限内协商不成，买方可以请求人民法院或仲裁机构变更或解除合同。

然而，需要注意的是，情势变更原则的适用是非常严格的。法院或仲裁机构在决定是否适用该原则时，会综合考虑各种因素，如市场变化程度、对合同履行的影响程度、双方当事人的利益平衡等。因此，在具体案件中，是否适用情势变更原则以及如何变更或解除合同，还需要根据案件的具体情况进行判断。

总之，民法典合同编通过引入情势变更原则，为因原材料价格剧烈波动而希望修改采购合同的当事人提供了一定的法律救济途径。但在实际操作中，当事人还需要根据具体情况进行判断和协商。

【案例】🛒

新政策引起的购房合同违约诉讼

在某城市，由于新的房产政策出台，购房首付比例提高。一对已经签订购房合同的买卖双方因此产生了纠纷。买方由于新政策无法筹集到足够的首付款，希望解除合同并要求退回定金。然而，卖方拒绝了买方的请求。在这个案例中，由于新政策的出台是买卖双方在签订合同时无法预见的，且对合同履行产生了重大影响，因此可以适用情势变更原则。

情势变更与不可抗力在法律上都是合同履行过程中的免责事由，但它们在概念、适用范围和法律效果上存在一些区别。

首先，情势变更和不可抗力的发生原因不同。不可抗力一般表现为影响合同履行的灾难性事件，既包括自然力量，如地震、台风、洪水、海啸等，也包括社会异常行为，如战争、罢工、骚乱等。这些事件都是当事人无法预见、无法避免且无法克服的客观情况。而情势变更则是指合同成立后，合同的基础条件发生了当事人在订立合同时无法预见的、不属于商业风险的重大变化。这种变化可能是由市场供求关系、政策调整、技术进步等原因引起的，继续履行合同对于当事人一方明显不公平或者不能实现合同目的。

其次，不可抗力是法定的免责事由，只要证明不可抗力的发生与合同履行障碍之间存在因果关系，就可以部分或全部免除当事人的违约责任。而情势变更原则需要由受到不利影响的一方当事人向法院或仲裁机构提出申请，经过审查认为确实属于情势变更的，才能变更或解除合同。

76. 及时验收：不及时验收有哪些风险

签合同是采购部门的事，执行合同可能是需求部门的事。在供应商完成送货后，采购方通常会指定专门部门，如采购、质量管理或仓库管理等来执行验收工作。这一环节的核心目的是确保所接收的商品完全符合合同约定的规格和质量标准。然而，若验收工作不及时进行，可能会带来一系列潜在风险。

首先，质量风险是不容忽视的。延迟验收可能导致问题商品未能被及时发现和处理，进而流入生产或销售环节。这不仅会影响最终产品的质量，还可能损害客户满意度和公司声誉。

其次，库存风险也是一个重要考量因素。未经验收的商品占据库存空间，可能导致库存积压和资金占用，进而降低库存周转率，影响整体运营效率。

此外，付款风险也不容小觑。根据某些合同条款，商品一旦送达并在规定期限内未被拒绝，即视为接受。这意味着，如果验收工作滞后，采购方可能面临自动付款的风险，即使商品存在问题也无法避免。

退货和索赔风险同样需要关注。若验收后发现商品不符合要求，而供应商不同意退货或索赔，采购方可能陷入纠纷并承担不必要的成本。这不仅会影响双方合作关系，还可能给采购方带来经济损失。

最后，供应链中断风险也是不容忽视的。不合格的商品可能导致生产线中断，进而影响整个供应链的效率。这种中断不仅会导致生产延误和成本增加，还可能影响客户交付和市场竞争力。

因此，为了避免这些风险，采购方在签订合同时应明确验收标准、方法和流程，并与供应商就这些条款达成充分理解和一致。同时，建立有效的验收机制并确保验收及时、准确地进行也是至关重要的。通过这些措施，采购方可以显著降低与验收相关的风险，保障供应链的稳定性和高效性。

小师妹插嘴

采购处处有风险，不知不觉就出了事儿。

学霸掉书袋

所以，要做风险识别、评估，构建"风险登记簿"。这样就可以"看见"风险，管理风险。

77. 标准模糊：为什么供应商要承担责任

作为买方，我们不是所购买产品或服务领域的专家，所以，有时需求标准描述模糊，而供应商作为该领域的专家，难道不应该更清楚吗？为什么不能提前提醒我们呢？我想，这是很多人的疑问。

所以，在签订合同前，双方务必仔细审查合同条款，并明确、具体地阐述产品的质量验收标准，尽量避免使用模糊或笼统的表述，以减少未来可能出现的争议。要确保所有关键事项都得到充分讨论和明确约定，从而防止因遗漏或误解而出现问题。

但现实是，经常出现标准模糊的情况，这到底是谁的责任？该怎么处理呢？

【案例】🛒

某公司采购合同质量争议

背景：

A 公司是一家大型制造企业。为了满足生产需求，A 公司向 B 公司采购了一批关键零部件。虽然双方签订了采购合同，但合同中关于零部件的质量验收标准却表述得相当模糊，只是笼统地提到"应符合行业标准"。

事件经过：

A公司依照合同约定向B公司支付了货款，B公司也如期交付了零部件。然而，在验收零部件的过程中，A公司发现部分零部件存在微小的尺寸偏差。尽管这些偏差并未超出行业标准的允许范围，但对于A公司特定的生产线而言，这些偏差却可能导致生产效率的下降和产品质量的不稳定。

因此，A公司要求B公司更换这批零部件或给予相应的价格折扣。但B公司则认为，他们提供的零部件完全符合行业标准，A公司的要求超出了合同约定的范围，因此拒绝了A公司的要求。

结果：

由于合同中质量验收标准的模糊表述，双方陷入了严重的质量争议。尽管经过多次协商，但A公司和B公司未能达成一致意见。最终，双方选择通过仲裁来解决争议。仲裁结果认定，尽管零部件确实符合行业标准，但B公司在签订合同时未能充分了解A公司的特殊需求，因此应承担部分责任。最终，B公司同意给予A公司一定的经济补偿。

或许你会感到奇怪，为什么在案例中，尽管B公司提供的零部件符合行业标准，却仍然需要承担责任？其中的法律依据是什么呢？

首先，我们需要考虑合同条款的解释。根据民法典合同编的普遍原则，当合同中的条款表述模糊或不明确时，我们应根据合同的目的、交易习惯以及诚信原则等因素来解读这些条款。在此案例中，虽然合同中仅提及"应符合行业标准"，但从合同的目的（即满足A公司的生产需求）和诚信原则出发，B公司有责任确保所提供的零部件不仅达到行业标准，还应满足A公司的合理预期。

其次，存在所谓的"默示条款"。在某些情形下，即使合同中没有明文规定，法律也可能认定某些条款是隐含的。例如，在销售合同中，卖方通常隐含地承诺其销售的产品将适用于买方预定的用途。在此案例中，如果 B 公司在签订合同时了解或应当了解 A 公司对零部件的特殊需求，却未在合同中明确排除这一需求，那么法律可能会认为 B 公司隐含地承诺了满足这一需求。

最后，我们还需要考虑过失责任。如果 B 公司在履行合同的过程中存在疏忽，比如未能充分了解 A 公司的需求或提供了不符合合同目的的零部件，那么 B 公司可能需要承担由此产生的过失责任。这种责任可能源于民法典中的违约责任或侵权责任。

具体的法律法规会因国家或地区的不同而有所差异。然而，在许多国家或地区，包括我国的民法典合同编，都强调合同双方应本着诚信原则履行各自的合同义务。如果 B 公司的行为违背了这一原则，那么可能需要承担相应的法律责任。

78. 限制条款：招标采购，这些限制条件不合法

很多人，在招标文件中设置了很多限制条款，以便选择更合适的中标人。比如，限制所有制性质、公司规模、公司地址、成立时间、注册资金、员工人数、特种行业资质等。招标采购中，是否可以提出一些限制条件？

答案是，有些可以，有些不可以。

以下条件不可以

根据《中华人民共和国招标投标法》（简称招标投标法）以及相关规定，招标采购时不能要求企业规模、注册资金、员工人数、所有制性质。

为什么不能提要求？

首先，招标投标法第十八条规定，招标人可以根据招标项目本身的

要求，在招标公告或者投标邀请书中，要求潜在投标人提供有关资质证明文件和业绩情况，并对潜在投标人进行资格审查；国家对投标人的资格条件有规定的，依照其规定。招标人不得以不合理的条件限制或者排斥潜在投标人，不得对潜在投标人实行歧视待遇。

其次，《政府采购货物和服务招标投标管理办法》第十七条也明确规定，采购人、采购代理机构不得将投标人的注册资本、资产总额、营业收入、从业人员、利润、纳税额等规模条件作为资格要求或者评审因素，也不得通过将除进口货物以外的生产厂家授权、承诺、证明、背书等作为资格要求，对投标人实行差别待遇或者歧视待遇。

因此，在招标采购过程中，招标人应该遵循公平、公正、公开的原则，对所有潜在投标人一视同仁，不得因企业规模、注册资金、员工人数、所有制性质等因素而歧视或排斥某些投标人。

同时，招标人也应该根据招标项目的实际需求和特点，合理设置投标人的资格条件和评审标准，以确保招标采购的公正性和竞争性。

以下条件可以

前面提到，招标投标法第十八条规定，招标人可以根据招标项目本身的要求，在招标公告或者投标邀请书中，要求潜在投标人提供有关资质证明文件和业绩情况，并对潜在投标人进行资格审查。

这里的"资质"和"业绩"，具体指什么？

"资质"通常指的是潜在投标人必须具备的特定条件或能力，以证明其能够胜任招标项目。这些资质可能包括但不限于以下内容：企业法人营业执照、税务登记证等基本注册资料；专业资质证书，比如建筑行业的企业可能需要提供相应的建筑资质等级证书；安全生产许可证、质量管理体系认证证书等相关认证；特定行业或项目要求的特殊资质，如环保认证、食品安全认证等；人员的专业资格，比如项目经理证书、工程师职称等。

招标人可以根据项目的性质、规模和复杂度，合理设定对投标人的资质要求。

"业绩"指的是潜在投标人在过去一段时间内完成的与招标项目类似或相关的项目经验。这些业绩通常通过以下方式来证明：合同复印件，显示投标人过去成功承接并完成的项目；业主出具的项目完成情况证明或验收报告；项目照片、视频资料或其他形式的现场证据；获奖证书、荣誉证书等，证明投标人在类似项目中的优秀表现。

业绩要求是招标人用来评估投标人能否成功完成招标项目的重要依据之一。通过审查投标人的业绩，招标人可以判断投标人的项目执行能力、技术水平和管理经验。

为防止业绩造假，业绩证明材料中可以要求提供合作方的联系人以及联系方式，甚至是合同原件，方便招标人进行资格审查。

需要注意的是，招标人在设定资质和业绩要求时，应当遵循公平、公正和竞争的原则，确保这些要求与招标项目的实际需要相适应，并且不构成对潜在投标人的不合理限制或歧视。

新公司、小公司，是否还有业务机会

前面两条似乎有一个矛盾之处，第一条说，不能规定企业规模，这涉嫌限制竞争，第二条又说，可以要求提供业绩证明。对于新成立的公司，或者小公司，没有过往业绩证明，是不是意味着不能参加招标采购了？

不是的。虽然在招标采购中，提供过往业绩证明是评估供应商供货能力的一种方式，但并不是唯一的评估标准。

对于新公司、小公司，可以通过其他方式来证明其具备供货能力，例如，展示公司的技术实力、管理水平、人才队伍等方面的优势；提供与采购项目相关的研究成果、技术方案等材料；或者通过与其他公司合作、参与类似项目等方式来积累经验。

此外，一些采购方也会考虑新公司、小公司的实际情况，对其提供一些扶持政策或适当降低要求。

79. 招标采购：国企、外企、民企有区别

国企、外企、民企在招标采购中，是否有区别呢？这是一个值得注意的现象。这里特别提醒，无论何种类型的企业，只要涉及招标，都应严格遵守招标投标法的相关规定。对于非依法必须招标的项目，国企和其他类型的企业在采购时也应参照招投标法的原则和精神，确保采购活动的公开、公平、公正和诚实信用。

在具体的招标采购过程中，国企、外企、民企都需要遵守相同的程序和要求，包括发布招标公告、编制和提交投标文件、进行资格审查、参与开标评标等。同时，它们也都享有同等的权利和义务，可以在平等的基础上参与竞争，并依法维护自身的合法权益。

然而，需要注意的是，在某些特定情况下，如涉及国家安全和国家秘密的采购项目，可能会对内外资企业提出不同的要求。但总体来说，国企、外企、民企在招标采购中的法律要求是一致的。

比如强制招标、自愿招标，或公开招标、邀请招标等，它们之间有什么区别吗？

在政府招标采购中，不同企业类型（国企、外企、民企）的法律要求基本一致，都需要遵守招标投标法和其他相关法律法规的规定。不过，在实际操作中，可能会存在一些细微的差异，这些差异主要体现在招标方式和程序上。

关于强制招标和自愿招标

强制招标：一般来说，涉及大型基础设施、公用事业等关系社会公

共利益、公众安全的项目，或者全部或部分使用国有资金投资或国家融资的项目，或者使用国际组织或外国政府贷款、援助资金的项目等，通常被称为"法定招标项目"。涉及公共利益、公共安全或国家重大利益的项目，以及使用国有资金或国际组织、外国政府贷款的项目都属于强制招标的范畴。对于国企、外企和民企来说，如果其项目符合强制招标的条件，则都必须进行招标。

自愿招标： 除强制招标的项目外，其他项目可以由企业自主决定是否进行招标。企业可以根据自己的实际情况和需求，选择最适合自己的采购方式。自愿招标体现了企业的自主权和灵活性。

关于公开招标和邀请招标

公开招标： 公开招标是指招标人以招标公告的方式邀请不特定的法人或者其他组织投标。这种方式的优点是竞争性强，能够充分体现公开、公平、公正的原则。缺点是程序相对复杂，耗时较长。对于国企、外企和民企来说，公开招标是一种常见的采购方式。

邀请招标： 邀请招标是指招标人以投标邀请书的方式邀请特定的法人或者其他组织投标。这种方式的优点是针对性强，可以节省时间和成本。缺点是竞争性相对较弱，可能存在串通投标等风险。在实际操作中，国企、外企和民企都可以根据项目的实际情况和需求选择是否采用邀请招标的方式。

民企是否可以不通过招标采购

民企可以不通过招标采购。对于非依法必须招标的项目，民企有权自主决定是否进行招标。它们可以选择其他采购方式，如谈判、询比价、独家采购等，以满足其经营需求和实现利润最大化。

特别注意，对于民企非依法必须招标的项目，如果选择了采用招标方式进行采购，那么理论上应当遵循招标投标法的相关规定。因为招标投标法不仅适用于依法必须进行招标的项目，也适用于自主选择招标方式的其他项目。招标投标法的目的是确保招标过程的公开、公平、公正和透明，保护投标人的合法权益，促进竞争，提高采购效率和质量。

还需要注意，标后压价是不允许的。

 小师妹插嘴

为什么不能标后压价呢？

 学霸掉书袋

继续往下读吧，不是公司不允许，是法律不允许。

80. 标后压价：此举不合法，但对招标结果不满意怎么办

招标采购中，经常出现标后压价行为，注意标后压价行为不符合相关规定。

招标投标法第四十六条规定，招标人和中标人应当自中标通知书发出之日起三十日内，按照招标文件和中标人的投标文件订立书面合同。招标人和中标人不得再行订立背离合同实质性内容的其他协议。这意味着，一旦中标价格确定，招标人和中标人都不能再对价格进行调整。

作为采购方，对招标结果不满意怎么办

根据招标投标法的相关规定，如果对招标结果不满意，可以采取以下合法合规的处理方式。

首先，确保你的异议基于合理的理由，例如：

（1）**招标过程违反法律法规**。例如未按照招标文件规定的评标办法和评标标准评标，或招标人、招标代理机构、评标委员会成员及其他投

标人在投标中有违法行为影响中标结果等。

（2）中标结果不符合招标文件要求。 包括但不限于技术规格、质量要求、交货期等，或者投标文件存在虚假陈述或隐瞒重要事实的情况。

（3）中标价格显著不合理。 例如中标价格明显高于市场价格或其他投标人的报价，且无法合理解释价格差异的原因，或者存在低价恶意竞争的情况。

（4）存在利益冲突或不公正行为。 例如评标委员会成员与中标供应商存在关联关系，或者招标人、招标代理机构在评标过程中存在不公正行为等。

一般来说，异议应当在中标结果公示期间提出。如果异议成立，招标人可以重新招标或重新评标；如果异议不成立，可以继续进行后续采购活动。

几种合法合规的处理方式

在有些情况下，可以考虑以下几种合法合规的处理方式。

（1）重新招标。 如果你认为所有投标都不符合要求，或者存在其他违规行为，可以选择重新招标。在重新招标前，你可以对招标文件进行修改。

（2）协商。 你可以与中标供应商进行协商，看是否能够就价格方面达成一致。但需要注意的是，任何协商都应在不违背招标文件的前提下进行。

（3）寻求法律救济。 如果你认为中标过程存在违法行为，导致中标价格不合理，可以依法向人民法院提起诉讼或申请仲裁。

需要强调的是，无论采取哪种方式，都应遵循法律法规的规定，确保采购活动的合法性和规范性。同时，也应尊重其他投标人的权益，避免采取不正当手段进行竞争。

另外，为了避免类似情况再次发生，建议在编制招标文件时，更明确地规定对投标人的要求和评标标准，以便更好地筛选出符合要求的供应商。

 小师妹插嘴

明白了，只要出现一次标后压价的情况，供应商下次就不会把价格报到底了，这样是不是也容易滋生腐败问题？还有一件事不明白，前面说，不能标后压价，这里又说可以"协商"，这不是矛盾吗？

 学霸掉书袋

不矛盾。招标投标法规定，在确定中标人前，招标人不得与投标人就投标价格等实质性内容进行谈判。这一规定确保了招标的公平性和竞争性。然而，在某些特定情况下，招标价格可能会出现"商量"的情况。比如，基于市场行情、成本变动等因素，对合同价格进行合理调整。还有，如工程建设周期较长、原材料价格波动等，合同中可能会明确价格调整机制。这种调整是基于合同条款的约定，并非在招标过程中进行的价格谈判。

招标结束后，就不能与供应商进行协商了吗

可以的，但与中标供应商协商并不等同于标后压价。这两者的主要区别在于协商的内容和目的。

标后压价是指在确定中标供应商后，试图降低之前已经确定的中标价格。这种行为通常是不被允许的，因为它违反了招标投标的公平性和竞争性原则，也可能损害中标供应商的合法权益。

而与中标供应商协商，则是在中标结果公布后，与供应商就合同履行的具体细节进行进一步的讨论和协商。这种协商可以涉及多个方面，例如，交货时间、付款方式、售后服务等，但并不包括改变已经确定的

中标价格。协商的目的是更好地明确双方的权利和义务，确保合同的顺利履行。

因此，虽然与中标供应商协商和标后压价都涉及与供应商的沟通，但它们的本质是不同的。标后压价是被禁止的行为，而与中标供应商进行正当的协商则是被鼓励的，与中标供应商协商有助于促进采购活动的顺利进行。

81. 预防串标：6 种方法识别，6 种方法预防

招标采购中，有时会遇到投标者之间或投标者与招标者之间采用不正当手段，对招标投标事项进行串通的情况。串标、围标破坏了市场的公平竞争。

具体来说，串标是指投标单位之间或投标单位与招标单位相互勾结，骗取中标；而围标则是指几个投标人之间相互约定，通过抬高或压低投标报价来排挤其他投标人，使某个利益相关者中标，从而谋取不正当利益。这两种行为都严重扭曲了招标投标的本质，破坏了市场的公平和公正。因此，必须坚决打击串标围标行为，维护市场的正常秩序和招标人的合法权益。

如何识别可能的串标围标

串标围标通常比较隐秘，需要招标人独具慧眼，从以下几个方面进行识别。

（1）投标文件的相似性。检查各供应商的投标文件是否存在异常一致的格式、内容或错误，这可能暗示着这些文件是同一来源或由同一团队制作的。

（2）投标报价的规律性。分析各供应商的投标报价，查找是否存在报价相近、单价相同、数据呈规律性变化和报价格式内容异常一致等现

象。例如，如果多家供应商的报价都呈现出完全相同的增减规律，或者某些分项的单价完全一致，这可能表明这些供应商之间存在串通。

（3）**供应商的行为模式**。观察各供应商在招标过程中的行为，如频繁接触、私下交流等，这可能表明它们之间存在不正当的合作关系。

（4）**投标文件的提交时间和方式**。注意投标文件提交的时间和方式是否异常。例如，如果多家供应商几乎在同一时间提交投标文件，或者使用了相同的提交方式，这可能表明它们之间存在某种关系。

（5）**供应商的资质和业绩**。检查供应商的资质和业绩是否真实、合理。如果多家供应商的资质和业绩描述非常相似，甚至完全相同，这可能表明它们之间存在信息共享或串通的情况。

（6）**电子招投标系统的监测结果**。如果使用了电子招投标系统，可以利用系统的自动筛查功能来检测各供应商的投标文件是否存在异常。例如，系统可以自动比对文件的制作时间、作者等信息，以判断是否存在串通投标的情况。

如何防止串标围标

我们不能全把精力放在如何识别上，还需要想办法防止串标围标，以避免损失或应对诉讼的烦恼。

具体可以采取以下措施。

（1）**评标专家名单严格保密**。建立评标专家抽取监督专人负责制度，由无利害关系的监督或纪检人员抽取评标专家，同时负责保密。充实专家库人员数量，并建立专家考核制度，对有倾向性、评标过程不负责任的专家要进行审核评议，严重的要取消其专家资格。

（2）**使用电子招投标系统**。电子招投标系统可以对投标文件的制作、提交、评审等全过程进行电子化管理，降低人为干预的可能性，减少串标围标的风险。

（3）**加强监管和惩罚力度**。政府相关部门应加强对招标采购活动的监管力度，建立投诉举报机制，对发现的串标围标行为进行严厉打击和惩罚。

（4）**公开透明地进行招标采购活动**。公开招标采购过程，让所有参与者都能了解整个流程，增加透明度，降低暗箱操作的可能性。

（5）**引入第三方监督机制**。可以引入独立的第三方监督机构对整个招标采购过程进行监督，确保公正、公平、公开。

（6）**制定合理的评标办法**。在评标办法报价得分方面采用低价高分制或平均价法等方式，可以在一定程度上避免串标围标。

82.招标文件：招标公告、投标邀请书，内容为王

招标文件，用来把采购方的要求，一次性地、全面地讲清楚，它是招标过程中至关重要的文件。它详细说明了招标的要求、条件、程序等，以确保所有参与方对招标项目有清晰、统一的理解。如果你没有讲清楚，供应商就不会理解清楚，就会出现理解错位，"交付"就会出现问题。注意，是"一次性"地说清楚，不能多次，这是招标采购的特点。

招标文件通常包括以下几个主要部分，每个部分都有其特定的内容和注意事项。

招标公告或投标邀请书

（1）主要内容。

- 招标项目的名称、地点、规模、资金来源等基本情况。
- 投标人的资格要求。
- 获取招标文件的时间、地点和方式。
- 投标截止时间、开标时间和地点。

（2）起草注意事项。

- 确保信息准确无误，避免引起误解。
- 明确投标人的资格要求，确保公平竞争。
- 合理设定投标截止和开标时间，给投标人充足的准备时间。

投标人须知

（1）主要内容。

- 招标文件的组成和解释权。
- 投标文件的编制要求和格式。
- 投标报价的要求和方式。
- 投标保证金的要求和退还条件。
- 评标标准和方法。
- 合同授予的条件和程序。

（2）起草注意事项。

- 条款应清晰明了，避免歧义。
- 明确评标标准和方法，确保公正性。
- 合理设定投标保证金，降低招标风险。

技术规格和要求

（1）主要内容。

- 招标项目的技术标准和规范。
- 设备或材料的技术参数和要求。
- 质量保证和售后服务要求。

（2）起草注意事项。

- 确保技术规格和要求与项目需求相匹配。
- 考虑行业标准和最新技术发展。
- 明确质量保证和售后服务要求，保障采购方利益。

合同条款和格式

（1）主要内容。

- 合同的基本条款，如双方的权利和义务、违约责任等。
- 合同的特殊条款，针对招标项目的特定要求而设定。
- 合同的格式和签署方式。

（2）起草注意事项。

- 合同条款应全面、细致，覆盖所有可能的情况。
- 确保合同条款的合法性和有效性。
- 明确合同的签署和执行程序，避免纠纷。

投标文件格式和附件

（1）主要内容。

- 投标函的格式和内容要求。
- 投标报价表的格式和要求。
- 资格证明文件的清单和要求。
- 其他需要提交的文件和资料。

（2）起草注意事项。

- 提供明确的文件格式和要求，方便投标人准备文件。

- 确保所有必要的信息都得到了充分的披露和说明。
- 提供必要的附件和支持文件，帮助投标人更好地理解招标要求。

注意，招标公告与投标邀请书有点像，但它们在定义、应用场景及内容层面存在显著差异。

首先，招标公告是一种广泛公开的文书，旨在向公众发布招标信息，用于公开招标，寻求合适的承包商或合作伙伴。招标人通过公告明确标准、条件、价格等细节，以吸引广大投资者参与竞标。

相对而言，投标邀请书则更具针对性和私密性。它通常在选择性招标中使用，招标单位会向特定的、预先选定的单位发出邀请，邀请它们参与投标。这类文件包含购买招标文件的具体指引、投标保函的格式和金额等详细信息，且这些信息都是根据被邀请单位的特定情况而定制的。

此外，投标邀请书还可能包含其他重要信息，如资格预审结果通知、准予参与的招标项目等。它通常要求被邀请单位以书面形式确认接收，并且即使决定不参与投标，也希望被邀请单位能及时通知招标方。

 小师妹插嘴

满满的干货呀，可以直接按照这篇对照了！

83. 设定权重：根据需求，平衡技术分和商务分权重

在本书第 2 章有关供应商选择的内容中，特别强调了精准选择和评估，其中讲到因素和权重。在招标过程中，技术分和商务分权重的设定以及技术标和商务标的评审都是至关重要的环节。因素和权重就是一把尺子，它们严重影响采购方是否能够精准选择合适的供应商。

首先，要根据招标项目的特点和需求，合理确定技术分和商务分的权重。一般情况下，技术分的权重相对较高，因为技术方案的质量直接关系到项目的实施效果。商务分的权重则相对较低，但也不能忽视，因

为它涉及供应商的商业信誉、履约能力等方面。

其次，应将技术分和商务分的具体评价指标细化，并给出相应的分值或评分方法。例如，技术分可以包括技术方案的创新性、可行性、可靠性等方面的评价指标，商务分可以包括供应商的商业信誉、售后服务、交货期等方面的评价指标。

最后，要把握好技术标和商务标评审要点。在评审技术标与商务标时，评审专家需要全面、细致地审查投标文件，确保选出的供应商既技术上过硬又商业上可靠。

对于评审要点，我简单列举一下，具体怎么做，需要根据项目情况来定。

技术标评审核心要点

技术可行性与创新性：专家应深入剖析技术方案，验证其是否既满足项目需求又具备创新元素，从而确保项目的高效实施与卓越成果。

技术团队实力评估：对投标人的技术团队进行全面考察，包括人员配置、技术水平及研发能力等，以确保其具备强大的技术支撑。

与招标文件的契合度：严格核对技术方案与招标文件的技术要求，确保投标人的理解准确无误，避免后期执行中出现偏差。

商务标评审关键要素

商业信誉与履约能力审查：通过核查企业资质、业绩证明及银行资信等资料，全面评估投标人的商业信誉和合同履行能力。

报价的合理性与透明度：对投标报价进行详细剖析，确保其既合理又符合市场行情，同时避免虚高或遗漏的费用。

售后服务的保障：认真审查投标人的售后服务承诺，包括服务内容、期限及人员配置等，以确保项目获得持续、高效的支持。

合同条款的明确响应：确保投标人对招标文件中的合同条款有清晰、

无误的理解，避免后期合作中出现纠纷。

标书评审非常重要，评审专家在评审技术标与商务标时，应秉持客观、公正的态度，严格遵循招标文件及相关法律法规的要求，确保最终选出的供应商能够满足项目需求并具备卓越的合同履行能力。

84. 风险管理：用 4T 策略应对采购风险

无论是黑天鹅事件，还是灰犀牛事件，都导致供应链掉链子事件频发。乌卡（VUCA）已经不足以描述当下的环境，因此，人们又发明了巴尼（BANI）一词来描述当前所面临的严峻环境。从采购的角度来看，风险管理尤为重要，因为采购直接关系企业的供应链稳定性、成本控制以及产品质量。

一般风险管理步骤

（1）**风险识别**。这是风险管理的第一步，涉及对可能对项目、组织或企业产生负面影响的事件或条件进行识别。这种识别需要通过对项目的各方面因素进行分析来完成。风险识别包括对致灾因子或风险源进行描述，对可能处于风险之中的事物进行描述，以及建立一个风险关系矩阵来识别风险关系。

（2）**风险评估**。在识别了潜在的风险之后，需要对这些风险进行评估，以确定其可能的影响程度和发生的概率。风险评估包括考虑风险要素、社会脆弱性、社会承受能力和风险承受能力。这个过程需要对风险进行定性和定量评估。

（3）**风险应对**。根据风险评估的结果，需要制定具体的风险应对措施，以尽可能避免或减轻风险的发生和影响。这包括制定应急预案，进行演练，实施或修改预案等。

具体在应对采购风险时，可以采用 4T 策略。

风险管理中的 4T 策略并不是一个标准的行业术语，存在两种主流的解读。一种是接受（Threat Acceptance）、转移（Threat Transfer）、降低（Threat Reduction）和避免（Threat Avoidance），另一种是容忍（Tolerate）、转移（Transfer）、处理（Treat）和终止（Terminate）。

以下是关于策略的具体解释。

接受 / 容忍

企业在详细评估风险后，选择不采取特别措施，而是直接接受风险并为其可能带来的后果做好准备。这种策略通常适用于那些低风险或管理成本相对较高的风险，特别是当风险发生的概率较低、潜在影响较小，或者采取管理措施的成本效益比不高时。

与此同时，企业常常通过改变采购计划或策略来规避潜在的风险。例如，在选择供应商时，优先选择那些历史表现稳定、信誉良好的供应商，以降低供应商不可靠的风险。此外，企业还可以通过多元化采购策略，即从不同供应商或地区采购相同或相似的产品，以分散风险。

转移

转移策略是指将风险的部分或全部影响转移到第三方。在采购中，这通常通过签订合同中的特定条款来实现。例如，与供应商签订包含价格调整条款的合同，以应对原材料价格波动的风险。或者，企业可以购买保险来覆盖潜在的采购损失，如货物运输保险可以覆盖在运输过程中的损失风险。

降低 / 处理

该策略是指通过采取措施来减轻风险的影响。在采购中，这可能涉及与供应商共同制订质量控制计划，以确保所采购的产品符合质量要求。对于交货时间风险，企业可以与供应商建立紧密的沟通和协调机制，以便及时发现问题并采取补救措施。此外，定期对供应商进行评估和审计也是缓解风险的重要手段。

避免 / 终止

该策略是指在风险变得不可接受时选择结束与供应商的合作关系。这通常是在其他策略无法有效应对风险时的最后选择。在采购中，如果供应商持续表现不佳或存在严重合规问题，企业可能需要考虑终止合作关系并寻找替代供应商。然而，终止合作关系也可能带来额外的成本和风险，因此在做出决定时需要谨慎评估。

85. 采购合规：远远超出防止腐败

合规是企业管理的大课题，也是一个必答题，合规可不是防止腐败那么简单。采购合规是指企业在采购过程中的各类行为应符合法律法规、监管规定、行业标准、国际规约、企业内部规章制度及相应道德准则。它远远超出了单纯防止腐败的范畴，涵盖了供应商选择、合同签订、采购流程执行等多个环节。

在跨国采购的背景下，由于涉及不同国家和地区的复杂法规、商业习惯和质量标准，合规变得尤为重要。

【案例】🛒

跨国采购违规，供应链中断

某全球知名的电子设备制造商为降低生产成本，选择了亚洲某国的一家价格极具竞争力的供应商来采购关键电子元件，并决定与其建立长期合作关系。然而，这一决策最终导致了严重的合规问题。

违规行为

尽职调查不足：在选择供应商前，制造商未进行充分的尽职调查，未发现供应商使用不合规原材料及存在的工作环境和劳动条件问题。

忽视质量标准：尽管供应商提供的元件未通过国际质量标准测试，制造商仍因价格优势和时间压力选择使用这些元件。

合同违规：合同中包含违反当地法律和国际贸易规定的条款，为供应商在质量问题上逃避责任提供了便利。

后果

产品召回与法律诉讼：由于元件质量问题，制造商的设备在市场上出现故障，导致大规模产品召回和消费者及企业的法律诉讼。

声誉和经济损失：公司声誉受损，面临巨额罚款、法律费用和声誉修复成本。

供应链中断：与供应商的合作关系中断，供应链严重受影响，需要花费大量时间和资源寻找新供应商并重建供应链。

教训与总结： 这个案例强调了跨国采购中合规的至关重要性。企业在进行跨国采购时，必须进行全面的尽职调查，确保供应商符合所有相关法律、道德和质量标准。忽视合规可能导致严重的法律后果、经济损失和声誉损害。因此，建立有效的供应链风险管理机制以识别和应对潜在的合规风险是企业不可或缺的责任。通过加强内部审核、培训员工增强合规意识、与合规专家合作等措施，企业可以显著降低跨国采购中的合规风险，从而保障企业的长期稳定发展。

 小师妹插嘴

关于合规，小师妹想到了出海潮，现在很多企业都在出海，有需要特别关注的地方吗？

 学霸掉书袋

出海企业，合规是道坎，要特别注意"绿色壁垒"和"蓝色壁垒"。

Chapter 5

第5章

全情景采购谈判技巧

导　语

世界就是一个谈判桌，谈判无处不在，无时不在。采购人员的一切成绩，都需要供应商完成，一切靠谈判。谈判，不是压价，是共同寻找解决方案，所以，专业采购必须具备第四大核心能力——如何进行一场双赢的谈判。之后，把所有的谈判结果写进合同。所做的这一切，本质上，都是要能回答两个问题：为什么选择这家供应商，为什么是这个价格。谈判有方法，就像做菜，有谱可循，我把它总结为**"全情景采购谈判技巧"**。

86. 双赢谈判：真有双赢吗，是不是骗人的

双赢是个很流行的词，有人对它嗤之以鼻，觉得是种"假大空"的说辞，事实上无商不奸，谈判是你死我活的斗争。这种观点正确吗？真的是这样吗？且看宫老师的心路历程。

【微信文章】🛒

双赢谈判，是骗人的吗

一提起谈判，总有人说"双赢"，很多人在与别人谈合作时也总喜欢说"双赢"。"双赢"是一个时髦的词，是一个让人听起来很舒服的词。那么谈判真有双赢吗？

我刚开始做采购部部长时，是在汽车厂。汽车厂都是大厂，是当地的明星企业，所以供应商都是身前身后围着你。年轻的我，那时感觉真是风光！

记得一个供应商对我说："宫部长，一定要多多关照呀！"我回答说："你所说的关照，不就是把我口袋里的钱放到你的口袋里吗？！"那个供应商十分不好意思地说："不要说得那么赤裸裸嘛！"

那时的我，年轻气盛，心想：我不能愧对领导的信任，不能耽误自己的美好前途。所以，对供应商往往"高傲地"仰起头，与供应商刻意保持着距离。我心里想：你们围着我，双赢，说得好听，哼，还不是想从我们公司挣钱。于是经常开始一场你输我赢的谈判。

后来，采购经验慢慢多了，我也不断思考，真有双赢吗？如果不是双赢，干吗大家在一起合作呢？如果一方觉得自己输了，还会有接下来的合作吗？

在"如何进行一场双赢的谈判"的培训课上，我总是会给大家讲一个经典的小故事，就是两个人分橘子，怎么分才合理呢？

有的说，一人一半呗。对的，可是谁大瓣儿，谁小瓣儿呢？一个兄弟

非常豪爽地说，这还不好办，大的给别人，小的留给自己；一个兄弟则扶了扶眼镜说，这样不公平，应该先榨成汁儿，然后用量杯量；一个工科硕士男说，找个精度高一点的量杯或用天平秤；一位风度翩翩的帅哥终于忍不住地说，你们真麻烦，如果对方是女生，全给对方不就完了吗。

　　似乎都有道理，但忽略了一个情况，就是这两个人要橘子干什么呢？

　　如果一个人是要橘子肉榨汁喝，另一个人是要橘子皮泡茶，那刚才这些分法不是双输？！前一个人拿了橘子肉扔掉了皮，另一个人拿了皮扔掉了橘子肉。如果他们两个提前商量一下，完全可以前一个人拿全部的橘子肉，另一个人拿全部的皮。这不就是双赢吗？！

　　实际谈判中，经常遇到这样的问题，双方彼此设防，不能坦诚沟通，精诚合作，结果漏掉很多信息。本来可以双赢，结果双输。当然，可能表面上是赢的。

　　有次记者采访龙永图，问龙先生，当年为何选择他为中国加入 WTO（世界贸易组织）的首席谈判代表。龙先生回答，当时国内很多人对长达八年的入世谈判非常不满，认为中方派出的人不够强势，因此想找一个能够用英文同美国"吵架"的人。现实中，很多人认为谈判就应该"强势"。

　　后来，高层领导接见了他们，说谈判不应该总是强调自己，而应该讲双赢。此话一出，令谈判团队茅塞顿开。以后再去谈判，对美国人讲，让中国加入 WTO 不但对中国有好处，对美国也有好处。中国现在在国际舞台上也一直强调，中国经济发展不但对中国有好处，对世界也有好处，欢迎各国搭中国发展的顺风车，绝对的双赢策略！

　　当然，要做到双赢，也是需要智慧的，并不是说双赢就双赢的，也不是说双赢人家就信双赢的。比方说，我们公司的客户主要在河南，那是一个很大的市场，但这个市场的价格非常低，按照这个价格，我们公司亏了。所以公司总经理要求我们采购和供应商谈判降价。供应商很不情愿，强调和我们已经签订了全年合同，这一单突然要求降价，属于不讲信誉。作为采购，我们该怎么说服供应商呢？

对，利用变动成本定价法说服供应商。你降价，我降价，进军河南市场，我盈利，你盈利，都有边际效益，双赢！可见，双赢，不是嘴巴上说说，更需要专业，甚至智慧。

87. 谈判发生：如果对方不愿意跟你谈，怎么办

我们在工作中常会碰到这样的情况——供应商不跟我们谈。比如，有些供应商跟公司有特殊关系，或者是用户指定的，又或者供应商处于强势地位。所以促成对方来跟我们谈判很重要，如果对方不跟我们谈，那我们学到的任何谈判技巧都没用了。

那么对方愿意来跟我们谈判，求的是什么呢？有人说求财，其实不一定，有时候供应商可以亏本做生意，这个要仔细琢磨。

有一次，宫老师碰到一个强势供应商，这个供应商是客户指定的。宫老师让采购人员去找供应商谈，供应商就是不谈。怎么办？宫老师就让采购人员去跟供应商说，要跟对方谈谈"未来的合作"。结果对方就来了，因为对方知道，如果不来，就没有未来了。（笑）那个客户指定的供应商来到宫老师这里，张口就问：找我来干什么？宫老师说：谈价格啊。他说：价格没什么好谈的，都是用户指定的，而且你们领导也同意了啊。宫老师说：如果我们领导同意了，那麻烦你跟我们领导说一声，让他叫我不要跟你谈了。对方真会去跟领导说吗？八成不会，一来对方未必跟领导很熟；二来就算很熟，领导也不一定愿意让他卖高价给我们。宫老师接着又说：领导的确答应过了，但领导不一定长期在这里干啊，不过我估计是要长期在这里干的，你也知道，大官好见啊……后半句就不说了。（笑）他就明白了，谈判是绕不过去的。如果对方还不明白，就要给他一个信息——如果你不配合，早晚有一天会把你换掉。这里语气可以温和，语言可以模糊，态度一定要坚决。

　　所以谈判要掌握两个"纲"，一是推力，一是拉力。推力是：如果他不谈，会失去什么。拉力是：如果谈，可能得到什么。这两者找到一条，就有可能促成谈判。

　　在后面的内容中（专题 90），我会讲如何寻找谈判筹码，这里先讲在谈判中，我们有两把不用花钱但可以有效吸引和调动供应商的万能钥匙：一个叫"名"，一个叫"未来"。

　　先说"名"。宫老师之前在 500 强企业供职，该企业有一个供应商地处浙江省某镇。从这个角度上说，当然是宫老师所在的企业强势了。但是我们要买的那款零件一年只买 100 多个，而供应商一年要生产十几万个，我们占人家千分之一不到的销售额，从这个角度上说，我们又是很弱势的，供应商根本不愿花时间谈。那么反过来想，供应商愿意跟我们做生意，图的是什么呢？很可能图的是个"名"。只要供应商给我们供货，客户名录中就可以写上我们的名字，这可以起到巨大的广告作用。这时候我们就可以跟供应商说，如果你们不跟我们谈判，那就把我们的名字去掉，如果谈，就可以放上。既然他要名，那我们就把名给足。可以年底的时候给他发一块匾，上面写"年度优秀供应商"，如果不过瘾，还可以写"最佳合作伙伴""金牌供应商""长期战略合作伙伴"……这些都是不花钱的，不要吝啬。

　　再说"未来"，是指给供应商一个未来。要给供应商一个未来，就要说清楚我们自己的未来。"根据我们公司的战略，未来几年会高速发展。跟着我们干，你就有无限的发展空间！"前面说做采购的要懂公司战略，就是这个道理。

　　记住，我们首先要让谈判发生，才能有接下来的谈判和合作。

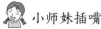 小师妹插嘴

　　我们人类有个共同的特点：怕"失去"。举个例子，你在路上捡到

500 块钱带来的开心和丢了 500 块钱带来的难过，程度是不相等的，难过要比开心的程度大很多。商家充分地利用了消费者的这种心理来促进购买，比如限时促销，售完不补，一旦你的大脑捕捉到"如果我现在不买以后就永远失去"的信息，你就会蠢蠢欲动。所以，"你不谈就会失去什么"是个强有力的招数，但要谨慎使用，在关键时刻"放大招"。

88. 谈判之道：心理战、力量战、信息战三重奏

谈判是什么呢？可以简单用三句话来概括。

第一句话，谈判是心理战。举一个例子，宫老师卖一个杯子，要价 10.08 元，那么最容易达成交易的价格是多少？10 元。宫老师在全国各地培训，问了上万人，都说是 10 元。所以报价的那个人完全有可能在价格上故意留个零头，等着对方去砍，这就是利用人的心理。

第二句话，谈判是力量战。美国在国际事务上的谈判，光靠心理战吗？大公司谈判时靠心理吗？当然会有心理的因素在里面，但是美国人谈判可不是光靠心理。世界上哪里出了危机，它就把航母动一动，在别人家门口转三圈，然后喊：你出来！咱俩谈谈！所以谈判更是力量的博弈。这个力量，就是 Bargaining Power。有人翻译成"谈判权力"，更准确的应该是"谈判筹码"。对于那些著名的大公司，别人都知道它们有力量，但如果我们自己的公司不是强势企业、相对比较小，那就要寻找自己谈判的筹码，要善于挖掘、提炼自己有什么筹码。后面会有一个专题（专题 90）专门谈这个问题。但是，大公司也会有强势供应商，一样需要挖掘谈判筹码。

第三句话，谈判也是信息战。古人讲，知己知彼，百战不殆。知己知彼就是一个信息收集的过程。那怎么利用信息呢？首先谈判之前要尽量多地去搜集对方的信息，尽量少地暴露自己的信息。当然，有时候也可以故意暴露一些对自己有利的信息。谈判，也是一个信息交换的过程，

谈判时不仅要讨论对方需要什么，还要弄清楚他们的动机是什么，从而针对对方的动机提出对双方都有利的方案，要把对方的要求视作自己的机会。

我先给大家讲一个真实的故事。有一位销售，到一家公司推销环保设备。对方老总说，供应商我们已经确定了，你不用再推销了。作为一般人，可能觉得人家已经确定了，就放弃了，但这位销售就去跟老总的秘书聊天。为什么要跟秘书聊天呢？你要知道，所有文件都要通过秘书，秘书当然了解一些文件审批情况，秘书也了解老总的一些日程安排。聊天时她了解到老总最近要到北京出差，干什么去呢，考察一家环保设备工厂。这位销售心中有数了，又在"闲聊"中了解到了老总的航班号。

老总那天如期落地北京，一出机场，就看到迎接他的接站牌，他就上了车。（老总会上错车吗？不要怀疑，我们公司的车就曾经接错过外籍同事，与要接的外籍同事名字一样，我打电话给这个同事，说上错车了，他还不信。）（笑）车直接把老总送到酒店，一到酒店房间，就看到了这位销售。老总惊问：你怎么在这儿？销售说：刚才接您的那辆车就是我们安排的，我们非常期待您的来访，我们总裁正在工厂等您呢。事已至此，老总也不好说什么，就去了工厂。后来……订单给了这位销售。你可能说，老总不是已经确定供应商了吗？是的，但是是心里确定了，不是文件审批确定了。说确定了，无非是个"托词"。

在这个案例中，销售通过心理战、力量战和信息战的策略，成功获得了订单。下面我解读一下，以便让大家更好地理解。

心理战：这位销售非常懂如何运用心理战术。当得知对方老总已经"确定"了供应商时，她并没有直接放弃，而是与秘书聊天。这一举动本身就打破了常规的销售模式，显示出她的决心和机智。通过与秘书的闲聊，她不仅获取了老总的重要行程信息，还在无形中给秘书留下了良好的印象，为后续的接触打下了基础。在老总到达北京后，她更是精心安排了接机和酒店服务，让老总感受到了她的诚意和专业。这种细致入微的服务和心理上的照顾，让老总在面对销售时产生了更多的好感和信任。心理上，人们更愿意帮助有好感的人。

力量战：虽然在这个案例中并没有明显的力量对抗，但这位销售通过展示自己的专业能力和资源调配能力，间接地展示了自己的力量。她能够迅速安排接机、酒店和工厂参观等事宜，显示出她在公司内部的地位和影响力。这种隐形的力量展示，让老总对她的公司和她本人产生了更多的信任和尊重。专业、职业，本身就是一股力量。

信息战：信息战在这个案例中起到了至关重要的作用。这位销售通过与秘书的聊天，获取了老总的重要行程和日程安排等信息。这些信息对于她后续的行动至关重要，让她能够在合适的时间、合适的地点与老总接触。此外，她还可能通过其他渠道了解了老总对环保设备的需求和偏好等信息，从而更有针对性地进行推销。这种信息上的优势让她在谈判中占据了主动地位，最终成功获得了订单。信息是这位销售成功的关键。

这个案例也告诉我们，在销售过程中要善于运用各种策略和技巧来获取信息和优势地位，从而更好地满足客户需求，实现销售目标。这位销售运用心理战、力量战和信息战的策略，成功地打破了对方老总的"心理防线"，展示了自己的专业能力和资源优势，最终获得了订单。

有人可能说，你怎么举销售的例子？宫老师是想告诉你销售是如何获取信息的，做采购的确实不太擅长，甚至不屑做这些。宫老师讲课时经常问大家，是采购对供应商了解得多，还是供应商对采购了解得多？大家的回答高度一致。

 小师妹插嘴

知己知彼，百战不殆。

学霸掉书袋

推荐盖温·肯尼迪的《谈判是什么》，这本书堪称谈判界宝典，而且轻松有趣，非常好读，易学易用。

89. 识局布局：谈判前如何运筹帷幄

毫无疑问，谈判前需要做充分的准备，要知己知彼，这样才能有备无患。我们在跟供应商谈判之前，需要做充分的准备，收集信息、分析对手，制定谈判策略。具体怎么准备呢？如果说我们需要了解对方，那么具体了解对方什么呢？对方在谈判的时候，可能会出一些什么招数呢？我们出什么招应对呢？这里提供一个谈判准备工具——"五环谈判模型"（见图 5-1），非常实用。运用五环"布局"与"识局"——谈判制胜密码。

这五个环分别是：

（1）力量环。

（2）议题环。

（3）参与环。

（4）团队环。

（5）环境环。

图 5-1 "五环谈判模型"

"五环"在什么时候派用场？在每一次谈判之前。我们可以用这个工具对自己的思路做一个梳理，即每次谈判之前，我们可以从五个方面去做一些思考。梳理对方可能出的招，这叫"识局"；分析我方的应对，这叫"布局"。想达到什么效果？庖丁解牛，游刃有余。我们期待利用"五环"达到俯瞰全局的效果。下面五个专题分别对这五环进行讲解。

90. 力量环：三个字教你增加谈判筹码

在采购谈判中，最大的决胜筹码是"力量"，力量决定了地位。这些力量包括采购量、财务状况、品牌声誉、长期合作潜力、替代选择等。

我们自己有什么力量呢？有时我们自己也不清楚，需要"挖掘"，挖掘自身力量是获取谈判成功的关键。为此，采购方应明确策略与目标，进行市场调研，强化品牌建设，优化财务管理，建立长期合作关系，提升团队谈判技能，并关注法规政策动态。通过合理运用这些力量，采购方能在谈判中更自信、灵活地应对，从而达成有利协议。简而言之，明确目标、调研市场、强化品牌、优化财务、建立合作、提升技能和关注法规，是挖掘采购谈判力量的有效途径，要把这些力量化作谈判筹码。

具体怎么做？我把这些浓缩成三个字："求""最""怕"。它们分别代表了谈判各方的需求、优势和担忧。理解和运用这三个要素，对于采购谈判的成功至关重要。

"求"代表的是需求：这是谈判各方希望通过谈判获得的东西。对于采购方来说，"求"通常包括更低的价格、更好的质量、更优的服务、更稳定的供应等，它是供应目标，也是谈判目标。了解并准确表达自身需求，是采购方在谈判中的首要任务。同时，采购方也需要深入了解供应商的需求，以便找到双方利益的共同点，为达成共赢的谈判结果奠定基础。作为采购，供应商当然要满足我方的"求"，但如果对方在众多供应商中，"最"能满足我们的"求"，其实，也会变成对方的谈判筹码。

"最"代表的是优势：这是谈判各方在谈判中最有吸引力的地方，也是与众不同的地方。对于采购方来说，"最"可以包括强大的购买力、广阔的市场渠道、良好的品牌声誉、专业的技术能力等。在谈判中，采购方需要充分展示自身的优势，以增强在谈判中的地位和话语权。同时，采购方也需要关注并挖掘供应商的优势，以便在合作中实现优势互补，共同提升竞争力。如果我们的"最"刚好是对方"求"的，就增加了我方谈判的筹码。所以，谈判前，要好好挖掘我方的"最"。

"怕"代表的是担忧：这是谈判各方在谈判中担心失去的东西或面临

的风险。对于采购方来说，"怕"可能包括供应商的不稳定、产品质量问题、交货延迟、价格上涨等。在谈判中，采购方需要充分了解并应对这些担忧，以降低潜在的风险和损失。同时，采购方也可以利用供应商的担忧，作为谈判的筹码，争取更有利的谈判结果。但需要注意的是，利用担忧并不意味着威胁或恐吓对方，而是以合作和共赢的态度，共同寻找解决问题的方案。对方可能会利用我们的"怕"，增加对方的谈判筹码。所以，一般情况下，我们要尽量避免让对方知道我们的"怕"，尽量多了解对方的"怕"。

"求""最""怕"是采购谈判中的三个核心要素、制胜法宝，是宫老师总结的谈判秘诀。采购方需要深入了解并准确运用这三个要素，以制定有效的谈判策略，争取最有利的谈判结果。同时，采购方也需要保持开放和合作的态度，与供应商共同探索更多合作的可能性，实现双方的共赢发展。

下面再讲一个案例，帮助大家理解"求""最""怕"。

【案例】🛒

超市采购芳芳的谈判秘诀

芳芳是一家大型连锁超市的采购经理，正在与一家知名的食品生产商就长期供货协议进行紧张的谈判。我们来看看她是怎么谈判的。

利用或创造供应商的"求"

在谈判开始之前，芳芳深入研究了供应商的市场需求和业务目标。芳芳了解到，供应商正寻求扩大市场份额和提高品牌知名度。因此，芳芳在谈判中提出了一个诱人的合作方案：通过大型连锁超市的广泛渠道和网络，将供应商的产品推广给更多的消费者。这样一来，供应商不仅能够实现销售增长，还能提升品牌曝光度。这个方案击中了供应商的核心需求，使对方在谈判中更愿意做出让步。

突出采购一方的"最"

在谈判过程中，芳芳始终强调自己的核心优势：强大的品牌影响力、庞大的客户群体以及卓越的市场营销能力。芳芳展示了过去与其他供应商成功合作的案例，以及通过自身渠道推动产品销售的显著成果。这些优势不仅增强了采购方在谈判中的地位和话语权，也让供应商更加确信与大型连锁超市合作将带来巨大的商业机会和利益。

利用或创造供应商的"怕"

同时，芳芳也敏锐地察觉到供应商的担忧。供应商非常依赖大型连锁超市的销售渠道，一旦失去这个合作伙伴，对方的业务将受到严重影响。因此，芳芳在谈判中巧妙地利用了这一点，暗示如果双方无法达成合作，超市可能会考虑与其他竞争对手合作。这种策略让供应商感受到了压力，使对方在价格、质量和服务等方面做出更大的妥协。

谈判结果

通过巧妙地利用供应商的"求"和"怕"，并突出自身的"最"，大型连锁超市最终成功与食品生产商达成了一项长期供货协议。协议中包括了更优惠的价格、更好的支付条件、优质的产品质量保证以及稳定的供货能力。这场谈判不仅实现了采购方的目标，也为双方未来的合作奠定了坚实的基础。

大家看前面的五个环有什么特点？一是环环相扣，二是都围绕力量环展开。力量，就是Bargaining Power，谈判筹码。如何在谈判中掌握主动权，如何寻找自己的筹码？我们可以关注这三个关键字"求""最""怕"。尤其是第一个关键字"求"，我们可以关注对方"求"什么，自己"要"什么，放在一起就是"要求"什么。"求"字非常重要。前面说过那个浙江的民营企业，要跟世界500强做生意，它求的是什么？是名。但也未必所有人都是求名，也有求利的。还有的跟你做生意，就是想进入某个区域或者某个领域，这个区域或者领域它们从来没进去过，想借这个机会打开局面。比如长春有一家企业找宫老师去培训，宫老师很愿意去。为什么？因为宫老师老家就在长春。这家企业一邀请，宫老师就能回家看妈妈。如果这家企业在谈判之前了解宫老师这个"求"，谈判的筹码就增加了。

有人说，我不知道对方求什么啊？这时候就要看你能不能创造或者激发出对方的"求"。所以，我总结了一句话"有求放大求，无求创造求"。

说到创造对方的"求"，有一个行业特别厉害，就是美容美发行业。有一次，宫老师去理发。服务员说：先生，您洗个头吧，干洗还是湿洗？我说：随便吧。她说：那就干洗吧。美容美发店的服务员，只要对方有空，通常会动员你干洗。而且是否要干洗，是挑人的。头发好的人，他们不愿意给你干洗，挣不了多少钱还要花上半个多小时。对于头发不好的人呢，干洗的时候，对方就跟你聊天了。服务员把手往你头发上一放，就说：哟，先生头发发质不太好啊，要不焗焗油吧。我说：那得花多少钱啊？对方说：不贵，又不差盒烟钱。我说：我不抽烟。对方说：那又不差瓶酒钱。我说：我不喝酒。对方说：那又不差顿饭钱。这我就没法往下接了。（笑）如果碰到女顾客，服务员就更会说了，说女人呐，就应该对自己好一点。（笑）如果一看对方还舍不得花钱，就上绝招了，说留着钱干吗呀，别最后都给别人花了。（笑）这么一听，那个女生八成就想，也是啊，不能给别人花！（笑）而且他们还会先报一个很高的价，然后再打个很低的折。那个折，就是"便宜"。人占不着便宜多难受！十有八九这单就成了。

"怕"，比较容易理解，就是谈不成会带来什么严重的后果。再讲讲第三个字"最"。"最"是什么意思？就是我身上最牛的那个地方，比如某个领域我们公司技术水平最高，我们公司规模最大、销售额最高、人数最多，我们公司在同行业历史最悠久……我们通常都能找到一些自己的"最"，每个人都会有与众不同的地方，找到这个"最"，谈判筹码就增加了。我们看电视上某人做自我介绍，说："你们知道我是谁吗？我是我们村里第一个大学生。"这给人感觉就很牛啊。其实村里第一个大学生又能咋地？也不代表水平一定很高，但他这么说了，别人就会高看他一眼。

总结一下，在跟对方谈判之前，怎么提高我方谈判的筹码？就是这三个字"求""怕""最"，用好这三个字，一定会谈判成功。

 小师妹插嘴

如果有同学和我一样没看过瘾，可以一起参加宫老师的线下课。

91. 议题环：谈什么、先谈什么都要策划

谈判总要谈个具体的事，这些"事"就是议题。我们常常在谈判之前思路不清，也没有仔细想过。本来以为是跟对方去谈技术参数，结果对方上来就问，多少钱？这就乱套了。巧妙设计"议题"是可以增加谈判筹码的。可以增加议题，可以减少议题，也可以设计议题的顺序。

简单说，议题环涉及两件事情。

第一，"谈什么，不谈什么"，这要提前想好。做采购谈判，经常要和对方谈价格。对方说，"价格这事儿别跟我谈，先把上次的货款付了再说"。对方跟我要货款，我们可能说"先把上次索赔的事情谈清楚"。可见谈什么不谈什么这个需要提前想好，并且这是可以当作策略提前去策划的。比方说，对方要谈货款，但我方可以坚持，货款是货款的事，这次来就谈价格。当然在谈价格时，我们也可以把另外项目的订单放在一起来谈，或者把未来的订单放在一起来谈，这种把其他事情拉进来谈的方法叫作议题挂钩。谈什么，不谈什么，要事前做好策划和思考。

第二，如果是多议题的谈判，会涉及"先谈什么，后谈什么"。有人

说可以先谈难的，再谈容易的，当然也有人说应该先谈容易的，再谈难的。我看这不一定，如果是长期合作的伙伴，可以先把难的问题解决了，其他小问题都容易处理。如果是初次合作，或者双方之间还没有建立足够的信任，先从容易的问题切入或许会更合适。

可能有人说，"谈什么，不谈什么，先谈什么，后谈什么"我可以提前策划，但对方不一定听我的，非要谈我们不想谈的问题咋办。这时候你就需要采用"焦点谈判"，即对方无论说什么，你都聚焦在自己的话题上，不要在对方话题上展开，如果对方非逼你谈，你说，"对不起，我今天没被授权谈这个"，或者说，"我们今天的问题解决了，后面的我想都好谈"。总之，一定要迫使对方按照自己的思路来谈，来谈自己的问题，这样你在话题上主动，也就比较容易达成自己的目标。你说大家可能都是这样想的，对的，对方也可能看了宫老师这本书，那就看谁准备得充分，谁准备得有理有据了。

下面讲一个采购通过巧妙设计议题，与供应商谈判获得成功的案例。

【案例】🛒

巧妙设计议题，采购谈判获得成功

某电子工厂的采购部门面临一项重大任务：与一家关键的电子元器件供应商进行年度采购合同谈判。采购经理勇哥深知，议题设置对谈判结果至关重要。因此，在谈判前，他精心策划了议题顺序和策略，最终成功与供应商达成了有利的协议。

勇哥首先分析了电子市场的趋势、竞争对手的采购情况以及该元器件供应商的历史数据。基于这些信息，他确定了采购价格、交货期限、产品质量保证、技术支持以及长期合作协议等关键议题。然而，他明白直接谈论价格和交货期限可能会使谈判陷入僵局。因此，他决定采用一种更巧妙的策略。

　　谈判开始时，勇哥与供应商代表讨论了产品质量保证和技术支持的重要性。他强调了电子工厂对高品质元器件和稳定技术支持的依赖，使供应商意识到电子工厂对这两方面的严格要求。通过这一议题，勇哥成功地为后续的价格和交货期限谈判奠定了基础。

　　接着，勇哥提出了长期合作协议的议题。他向供应商解释了电子工厂希望与可靠供应商建立长期合作关系的愿望，并强调了长期合作带来的稳定性和互利共赢的好处。这一议题让供应商看到了与电子工厂长期合作的潜力，并意识到在价格和交货期限上做出让步将有助于巩固双方的合作关系。

　　在建立了良好的合作氛围和互信关系后，勇哥才将焦点转向采购价格和交货期限。由于前几个议题已经为谈判奠定了良好的基础，供应商在价格和交货期限上表现出了更大的灵活性。经过几轮协商，双方最终达成了一份互利共赢的采购合同。

　　这个案例表明，在采购谈判中，巧妙设计议题至关重要。先讨论容易达成共识的议题，建立合作氛围和互信关系，再逐步过渡到关键议题，采购经理可以有效地影响谈判结果，并与供应商达成有利的协议。这种策略不仅有助于确保采购方获得高品质的元器件和稳定的技术支持，还有助于与供应商建立长期稳定的合作关系。

　　在采购谈判中，通常会涉及多个议题。除上述案例中的价格、交货期限、产品质量保证、技术支持和长期合作协议外，还可能包括数量和规模、付款条款、包装和标签、运输和物流、售后服务和支持、知识产权和保密条款、合同期限和终止条款以及法律和争议解决等。这些议题都是影响采购交易的关键因素，需要在谈判中予以充分考虑和协商。

　　为了准备充分，采购谈判前，需要全面了解市场动态、供应商情况和自身需求，同时，还需要制定明确的谈判目标和策略。巧妙设计议题

是采购谈判成功的关键因素之一。合理设置议题顺序和策略，可以有效
地影响谈判结果，并与供应商达成有利的协议。

 小师妹插嘴

准备一场谈判真的不容易啊，赢得一场谈判更不容易呢。

 学霸掉书袋

谈判是心理战、力量战、信息战。

92. 参与环：关注隐藏在背后的那些人

说参与环之前，先举一个例子。比方说一对青年男女谈恋爱，即将
结婚了。本来两个人商量好，车买个捷达的就可以了。后来女方突然说，
非奥迪不可，这是为什么？大家很容易猜到，女方背后一定有人说话了。
男女结婚，可不是两个人的事儿，一定还涉及双方的家人。所以小伙子
们都知道，一定要先把丈母娘搞定。但光搞定丈母娘还不行，还要问女
孩，你们家是你爸说了算，还是你妈说了算？这事儿你二舅会参与吗？
这些都要搞清楚，非常重要。有人就有事，有事就有人。本来说买捷达
就行，后来非奥迪不可，这就是有事情了，有事情背后就一定有人。事
情容易看见，但是背后的人我们往往会忽视。一忽视，问题就来了。

搞清"参与环"要掌握两点：第一是"职务"。我们要问清对方的决
策流程，从流程上去找参与者的职务。总经理、销售经理、使用部门经
理……把这些职务串起来。第二是"人物"。谈判是跟活生生的人在谈，
如果换一个人，谈判策略就会发生变化。所以谈判的时候要研究人。

不同年龄、不同国家和地区的人都不一样。不同性格的人也不一样，
分析性格的工具非常多，我们说个简单的。人的性格大致可以按以下两
个维度分成四类（见图 5-2）。

图 5-2　性格分析工具

（1）**右上角，外向型**。既情绪化，又果断。什么叫果断？跟他说一个事儿，他马上说，行！或者不行！敢迅速拍板做决策，风风火火。

（2）**左上角，务实型**。不情绪化，但是办事比较果断。这样的人凡事追求结果，不特别关注过程，就看能达到什么效果，而且对事情的关注度很高，但关注的时间很短，错过时间，热情消退，事情就拉倒了。

（3）**右下角，和善型**。非常情绪化，但做事不果断。我之前工作过的一家民营企业的老板就是和善型的，让他信任你了，什么都好办。年底，他给秘书发奖金，在 HR 部门正常发奖金之外，又给了 20 万元。HR 觉得好奇怪，凭什么啊？结果老板说，我就是乐意。有人猜，这一定是女秘书。不是，男老板，男秘书，就是信任。

（4）**左下角，分析型**。不情绪化，做事也不果断。

宫老师有个高中同学，现在是 J 大学数学系的博士生导师。还有另一个同学，毕业以后做 HR 工作。双方三十多年没见面了，后来总算有机会聚在一起。吃饭的时候，做 HR 的同学就跟那个博导说话。博导长期在象牙塔里，跟别人来往很少，做 HR 的同学就逗他说："勇哥，如果我不叫上你，他们就把你忘了！"这本是句玩笑话。第二天博导打电话找那个做 HR 的同学："小杨啊，你昨天那话啥意思啊？""没啥意思啊！""没啥意思？没啥意思是啥意思？""我真没啥意思啊！"宫老师正好坐在做 HR 的同学旁边，看他把电话放下，就跟他说："你看看你，搞人事的天天跟人打交道，还犯这种错误。他是数学系博导，专门搞逻辑推理的。结果你说一句话，人家推理一个晚上，没推过去！这不是让人家难受嘛。"（笑）

谈判是两家公司在谈判，而不仅仅是与谈判代表谈，各自的背后是公司利益相关方，尤其是其上级，他们都会影响谈判结果。我把这些人称为"参与环"。所以，谈判时，要关注谈判代表背后的这些人，收集他们的信息，关注他们的"求""最""怕"。

下面讲一个采购谈判成功的案例——如何透过谈判代表，利用其背后的参与环力量获取谈判成功。

【案例】🛒

利用"参与环"力量，采购谈判获得成功

在某大型制造企业的采购部门，王经理负责与一家关键零部件供应商进行重要的采购谈判。他深知这场谈判不仅关乎两家公司的直接利益，更涉及各自背后的"参与环"，包括上级管理层、股东、合作伙伴等。因此，王经理决定采取一种全面的策略，透过谈判代表，利用其背后的参与环力量来获取谈判成功。

在谈判准备阶段，王经理不仅研究了供应商的市场地位、产品质量和价格等表面信息，还深入了解了供应商的内部结构、管理层决策风格以及近期的业务动态。通过与行业内其他联系人的交流，他得知供应商最近正在寻求扩大市场份额，并且其高层对环保和社会责任议题非常重视。

基于这些信息，王经理制定了一套综合的谈判策略。他首先与供应商代表建立了良好的个人关系，通过非正式的交流了解对方的立场和关

切。在谈判过程中，他巧妙地引入了供应商高层当下特别关注的环保和社会责任议题，提出了合作开展可持续采购项目的建议。这一提议不仅符合供应商的发展战略，也展示了王经理所在企业对社会责任的承诺。

同时，王经理还利用自己企业的内部资源，争取到了自己公司管理层的支持。他向管理层详细汇报了谈判的进展和策略，并强调了与供应商建立长期合作关系的重要性。管理层对王经理的工作表示赞赏，并承诺在必要时提供额外的支持。

在谈判的关键时刻，王经理巧妙地运用了参与环的力量。他通过引用供应商高层的公开讲话和企业的社会责任报告，强调了双方在可持续发展方面的共同目标。这一举动让供应商代表感受到了王经理对他们背后参与环的尊重和关注，也增强了他们对合作前景的信心。

最终，经过几轮激烈的讨论和协商，双方成功达成了一份互利共赢的采购合同。

这个案例表明，在采购谈判中，关注谈判代表背后的参与环是至关重要的。通过深入了解对方的内部结构、管理层决策风格以及业务动态等信息，采购经理可以制定更加全面和有效的谈判策略。同时，积极争取己方管理层的支持和理解也是谈判成功的关键因素之一。通过综合运用各种资源和信息，采购经理可以透过谈判代表，利用其背后的参与环力量来获取谈判成功。

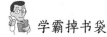 学霸掉书袋

迈克尔·E.哈特斯利和林达·麦克詹妮特所著的《管理沟通：原理与实践》里把沟通对象分为主要听众、次要听众、守门人（Gatekeeper）、意见领袖和关键决策者，我们可以用这个模型分析对方购买决策团队中的角色，尤其有些企业名义职务和实际决策权不符，我们要搞清楚对方团队中各个职务的利益、关注点、决策权这些关键要素。

93. 团队环：如何组建谈判团队

谈判往往不是一个人，可能是两个人，甚至更多人，两个人以上就是团队了。怎样组建团队，各自角色是什么？搞不好，就会出现很多问题，这个一定要提前分配好。接下来就讲讲这第四个环，叫团队环。

举个例子，宫老师在 Y 集团工作的时候，干过一个职务：Y 集团驻莫斯科办事处首席代表，在莫斯科工作了一年半。莫斯科办事处，简称"莫办"。（笑）莫办有几项任务，其中一项是从俄罗斯买设备。为什么我们喜欢从俄罗斯买设备？因为 Y 集团是苏联援建的，Y 集团很多老的工程师对苏联设备情有独钟。有一次我们买了一台设备——热镦机，使用方是 Y 集团下属的某标准件厂。按照 Y 集团的机制，买设备的时候，集团设备处要参与。这又是个技术问题，涉及工艺，所以集团工艺处的人也要参与。这还是个进出口的事情，所以集团的进出口公司和外经处也要参与。当然用户标准件厂的人也要参与。我们这么一堆人去了俄罗斯，跟俄罗斯人谈判。结果对方来了几个人呢？一个人。谈判的时候我是首席代表。我就说："标准件厂你是用户，你先讲吧。"结果标准件厂的代表连连摆手，说："我也不懂设备的，让设备处的人讲吧。"设备处说："这属于技术问题啊，让工艺处讲吧。"工艺处说："让进出口公司讲吧。"进出口公司的人又看看我，说："你是首席代表，代表我们所有人啊，你讲吧。"在外国人面前，我们就开始互相推了。这里有分工吗？没有。

什么叫团队？一定要有分工。有分工，才叫团队。何况现在"优秀"的团队都有分工了。当我们派两个人以上的团队出去谈判时，必须有分工。你谈什么，我谈什么，谁是主谈，谁是辅助，各个角色必须提前定义好。

宫老师在工作中碰到过这种情况，采购和技术一起去跟供应商谈判。采购不管那么多，上来就砍价格。砍到一定程度，搞技术的着急了，担心谈判破裂影响自己的工作，于是就当着供应商的面数落采购，说："你怎么就知道谈价格呢！"然后转向供应商，说："如果他再砍价，你别卖给他！"最后采购气呼呼地来找我，说："宫总，你要说说他们搞技术的。"没想到搞技术的也气呼呼地来找了，说："宫总，你要管管采购员，他就知道砍价，我们着急啊。"谁错了呢？单独看，都没错，但没有分工，才是错。

分工要注意两条。一是角色分工。谁谈技术，谁谈商务，要分清楚；二是黑白脸分工。

黑白脸策略永远有效，百试不爽。通常是采购做好人，让别人做恶人。这个"别人"可以是领导。我们可以说，"不是我不同意啊，是领导不同意"。当然这要在领导不在场的情况下说。领导如果在场，你说"不是我不同意，就是他不同意"，这就不合适了。并且这个"领导"越模糊越好，可以模糊到什么程度呢？模糊成"规定"。为什么呢？如果具体到某个领导，对方可能说："你把这位领导电话告诉我，我给他打电话。"而"规定"这两个字就相当有力量，比如谈到付款方式，你可以说："这事儿没得谈，我们公司有规定。"规定就像一堵墙，力量相当强。总经理都能拿它做黑脸，"我自己定的规矩，我可不能打破它"。

具体怎么组建团队呢？我讲一个利用团队环与供应商谈判成功的案例故事。

【案例】🛒

婷婷是如何组建团队的

在某大型跨国企业的采购部门，婷婷面临着一项重要的采购任务：与一家关键的原材料供应商进行年度合同谈判。婷婷深知这场谈判的重要性，这场谈判不仅关乎企业的成本控制，还直接影响生产线的稳定运行。为了确保谈判成功，婷婷决定精心组建一个谈判团队。

在组建团队时，婷婷根据性格、性别、经验和专业背景等因素进行了精心挑选和分工。婷婷选择了一位经验丰富、沉稳冷静的同事担任主谈人，负责主导谈判进程和把握大局；同时，婷婷安排了一位年轻活泼、思维敏捷的同事担任辅谈人，负责提出创意性建议和活跃谈判氛围。此外，婷婷还特意邀请了一位具有深厚行业背景和专业知识的顾问加入团队，为谈判提供专业支持。

在谈判前，婷婷组织团队成员进行了充分的准备工作。他们一起分析了供应商的市场地位、产品特点和价格策略，制订了详细的谈判计划和策略。同时，他们还针对可能出现的各种情况进行了模拟演练，以确保团队成员在谈判中能够默契配合、应对自如。

谈判开始了，供应商代表首先提出了他们的报价和要求。面对供应商的高价要求，主谈人保持冷静，以事实和数据为依据，有理有据地进行了反驳和压价。辅谈人在适当时机插入一些幽默和轻松的元素，缓解谈判的紧张氛围，为团队争取更多主动权。顾问在关键时刻提供专业分析和建议，为团队提供有力支持。

在整个谈判过程中，婷婷的团队配合默契，策略一致。他们充分利用了"团队环"的力量，通过不同角色作用的发挥和协作，成功地与供应商达成了有利的采购合同。这份合同不仅满足了企业的需求，还在价格、交货期和质量等方面取得了显著优势。

这个案例表明，在采购谈判中，精心组建团队并充分利用"团队环"的力量是至关重要的。根据性格、性别、经验和专业等因素进行分工和协作，谈判团队可以更加有效地应对各种挑战和变化，取得更好的谈判结果。同时，这也提醒我们，在组建团队时要注重成员之间的互补性和协同性，以发挥团队的最大潜力。

组建一个有效的谈判团队是一个复杂但至关重要的过程，需要考虑多个因素以确保团队成员能够协同工作、相互补充，并最终达成有利的谈判结果。

94. 环境环：善战者，求之于势

《孙子兵法》曰：故善战者，求之于势。同样的力量，放在不同的情势下，产生的效果是不一样的。优秀的将军应该借助各种有利的外部条件，形成有利的战场态势之后用兵决战。环境环，就是说我们如何营造一个合适的主客观环境，以有利于我方谈判的开展。什么叫主客观环境呢？谈判总是在一个地点、一种氛围之下、一定时间内开展的。比方说，早晨刚起来谈判和晚上快下班的时候谈判，人的心态是不一样。在我方办公室谈，和在对方那里谈，或者在第三方地点谈，也是不一样的。

以下是一些可能影响谈判的环境要素。

会议地点：选择一个中立的地区作为会议地点，有助于双方保持公正和客观的态度。如果选择在某一方的主场进行谈判，可能会给该方带来心理上的优势。

座位安排：谈判代表的座位位置也会影响谈判氛围和结果。传统的面对面座位安排可能会加剧双方的对抗感，而采用圆桌或斜角座位安排则有助于营造更和谐的氛围。

室内装饰：谈判室的装饰风格、色彩搭配以及是否摆放鲜花等物品，都会对谈判者的心情和态度产生影响。温馨舒适的装饰有助于缓解紧张的气氛，促进双方的和解与合作。

温度与湿度：谈判室内的温度和湿度也会影响谈判者的舒适度和注意力。适宜的温度和湿度有助于谈判者保持清醒和专注，从而达成有利的协议。

噪声与干扰：谈判过程应避免外部噪声和干扰，以确保双方能够集中精力进行谈判。如果谈判场所存在噪声问题，可能会分散谈判者的注意力，甚至导致谈判中断或失败。

光线与照明：谈判室内的光线和照明也是重要的环境要素。充足而柔和的光线有助于营造轻松愉快的氛围，促进双方之间的沟通和交流。

相反，昏暗或刺眼的光线则可能给谈判带来不利影响。

空间布局：谈判室的空间布局应合理规划，既要保证双方代表有足够的活动空间，又要避免空间过大导致沟通困难。紧凑而舒适的空间布局有助于增强双方的亲密感和合作意愿。

下面讲一个在公司会议室利用环境谈判成功的案例。

【案例】🛒

婷婷精心选择谈判地点

某电子产品制造商的采购部门负责与一家关键零部件供应商进行价格谈判。考虑到零部件的重要性和成本占比，采购经理婷婷决定在公司的会议室进行这场关键谈判。

（1）**选择谈判地点。**婷婷选择在公司会议室进行谈判，主要是出于几个方面的考虑。首先，作为主场谈判，公司会议室能给予采购团队一种心理上的优势，同时更便于准备和使用公司内部资料。其次，团队成员对公司会议室的环境相对熟悉，有助于采购团队在谈判中保持自信和专注。最后，从保密性的角度出发，在公司内部进行谈判能更好地控制信息的传播范围。

（2）**布置环境。**在谈判前，婷婷精心布置了会议室。她确保会议室的温度适宜、空气流通，并调整了照明设备，以营造一个舒适、专业的谈判环境。她还在会议桌上摆放了公司的新产品样本和宣传册，这些不仅展示了公司的实力和技术水平，还巧妙地提醒供应商双方合作的广阔前景。此外，婷婷特意在会议室的角落放置了一些绿植和花卉，为紧张的谈判氛围增添了一丝轻松和愉悦。

（3）**组织谈判。**谈判开始时，供应商代表被会议室的舒适环境和专业氛围吸引。新产品的展示和宣传册的摆放让供应商代表对公司的实力有了更直观的认识，同时也让他们意识到与这家公司的合作具有巨大的潜力。在谈判过程中，婷婷和她的团队充分利用主场优势，通过专业的分析和有力的论据来阐述自己的观点。同时，他们也注意到环境的细节对谈判的影响，如适时调节会议室的灯光和温度，以缓解紧张气氛或引导谈判节奏。

最终，经过几轮激烈的讨论和协商，双方成功达成了一致意见。婷婷和她的团队成功利用公司会议室的环境优势和专业氛围，为谈判的胜利奠定了坚实的基础。这个案例再次证明了选择合适的谈判地点和精心布置环境对谈判结果的重要影响。

 小师妹插嘴

感觉环境是被很多人忽视的一个因素。

 学霸掉书袋

环境对人影响很大，要营造有利于谈判的环境。

95. 锚定效应：如果对方说"你说多少钱"，该怎么办

大家常说，万事开头难。其实，谈判也一样，开局很重要。开好局，才能开新局。夸张地说，第一个轮回，可能就决定了谈判结果。那具体怎么开呢？

有一种方法，叫"开高"。也就是，先开出高于自己内心预期的条件。对采购来说，就是把价格压得低过自己的实际预期，比如，本来降价 20% 我们是可以接受的，那谈判开局时我们可以先砍掉 40%。这样做的好处是什么呢？

对方可能会直接答应你的条件。很多时候我们其实并不清楚实际的行情，这时候提出一个我们自己觉得较高的条件，没准对方真的有可能就答应了。宫老师在柬埔寨旅游的时候，想买一件衣服，对方报价 100

元，宫老师也不知道行情价是多少，结果宫夫人按照国内的套路，说 50
元！对方说："成交！掏钱吧！"（笑）

我方"开高"，即便对方表示不能接受，也会给我们一个谈判的空
间。当然了，如果我们是做销售的，把价格报得很高，也可以抬高我们
的产品在对方心目中的价值。谈判到最后，哪怕又降回我们原来的心理
预期值，也可以给对方一个"赢"的感觉。如果不"开高"，就相当于直
接开在了我们的底线上，谈判过程中这个价格不可以动了，这样给对方
的感觉会不好。

站在销售的角度看也是一样，供应商的销售第一次报了价，嘴上说
是"最低价"，但一般心里默认你是会去砍的，他会给自己留出一个被砍
的空间，所以采购不要接受第一次报价。如果我们接受了，会给对方一
个感觉：哟，好像我还可以报得更高些的！不要先入为主，试探以后再
说。有人说："销售已经说这是'最低价'了，还有可能降价吗？"他们
真想降价的时候会给自己找台阶下的！比如说"与领导汇报一下"，这就
表明还有空间。

当然"开高"也有前提条件，一是不能太离谱，否则会让对方觉得
我们没有诚意；二是双方心里都有数，知道对方是愿意去谈的。举个反
例，有一次宫老师家里搞装修，跟装修公司说："我没很多时间讨价还
价，你直接报一个最低价吧。"对方报了个价，宫老师觉得高了，说：
"那就算了吧。"结果对方急了，说："宫先生，价格可以谈的嘛。"宫
老师说："还是算了，你们没有诚意。"这里装修公司就没有把握好顾客
的心理。谈判里没有一成不变，或者永远管用的招，包括前面说过的黑
白脸策略，如果我方与供应商是友好的长期合作伙伴关系，就没有必要
用了。

采购谈判时，有时价格谈不拢，对方会问你，那你说多少钱？记住，
当你不知道价格时，不要轻易出价，不得不出价时，开高！

学霸掉书袋

　　第一次报价的数字会产生锚定效应（Anchoring Effect），哪怕这个数字跟价格毫无关系，依然会影响我们的大脑。奚恺元教授在他的著作《别做正常的傻瓜》中举了个例子："1.请告诉我你家电话号码的最后三位是什么？ 2.猜一下西罗马帝国灭亡的年代数字比你家电话号码最后三位大还是小？ 3.猜一下西罗马帝国是哪一年灭亡的？"西罗马帝国灭亡的年代大多数人都不知道。有趣的是，大量实验结果发现，家里电话号码后三位数字大的人猜的年代也大，电话号码后三位数小的人猜的年代要小一些。尽管大家都知道历史事件的年代和电话号码毫无关系，但还是被它影响了，这就是锚定效应。

 小师妹插嘴

　　学霸太会卖关子了，西罗马帝国是公元476年覆灭的。

96. 夸张表情："啊？不会吧！"有神奇效果

　　在开局的时候，大家一定要学会"感到意外"，善用夸张的表情、夸张的声音。听到对方的第一次报价，你一定要大吃一惊："啊？不会吧！"

　　为什么要做这种表示呢？根据神经语言学，人对动作、表情、声音的印象会比较深，比对文字逻辑的印象深。所以这种夸张的表示，会给对方一个强烈的感觉，可以为谈判争取到利益。

　　说一个例子，宫老师自己买眼镜，经常会买七八百元的；儿子买眼镜，常买2000元左右的。宫老师对市场上眼镜的价格区间认知，大致就是以上的数字。有一次一个朋友跟宫老师讲，说："你们买得贵了。在上海有'眼镜一条街'，那里全都是卖眼镜的商店，到那里去配，质量不差，价格也很便宜。"有一天宫老师和宫夫人就去了，那天心情好，没细问价格就一人配了一副眼镜。到结账的时候，我们问老板："多少钱啊？"

老板说："300 元。"宫夫人听了脱口而出："啊？！"其实她心里的想法是：怎么会这么便宜！结果听宫夫人"啊"了一声，老板赶紧说："两副，300 元。"（笑）所以大吃一惊会给对方一个强烈的刺激。

在谈判中使用夸张表情的心理学原理主要基于人们对视觉印象的深刻记忆和对情感反应的强烈感知。

首先，根据神经语言学的观点，人们对动作、表情和声音的印象通常比对文字逻辑的印象要深刻。因此，在谈判中，使用夸张的表情可以有效地吸引对方的注意力，并传达出强烈的情感信息。这种情感信息可以影响对方的认知和决策过程，从而为谈判者争取利益。

其次，夸张的表情可以触发对方的情感反应。人类是情感化的生物，我们的决策过程往往会受情感的影响。当谈判者表现出惊讶、愤怒或其他强烈的情感时，这些情感可以激发对方的共鸣或反应，从而影响对方的谈判立场和决策。

 小师妹插嘴

这招很管用，但不要反反复复地用，如果一次谈判你吃惊个十次八次，对方就没感觉了，只会认为你喜欢一惊一乍。日常交流中也是这样哦。

97. 不要对抗：不要轻易说"你不对！"

有的人很"强势"，或者想在"气势"上压倒对方，有时情绪激动就会大声说"你说的不对！"或者"我反对你的说法！"。这些过于强烈的语言，也会刺激对方，使对方更加强化自己的观点。结果把谈判变成"辩论赛"，因为没有人会轻易承认自己是错的。谈判的时候，忌讳发生激烈的对抗。

所以即便我们反对对方的观点，比较好的处理方法是"先肯定后否定"。首先要对对方表示理解，可以说"你讲的有道理"；也可以用简要的话把对方观点概括一下，这就传递出一个信号，"你的观点我听明白了"。后面再跟着"但是……"，阐述我方的立场。这样就可以避免对抗性。有些人以为谈判就是吵架、打架，图一时之快，动不动就吵起来，其实很少有人能光靠吵架获取自己利益的。谈判的根本目的还是为了双赢的合作。

谈判，无论在商业场合，还是日常生活中，都是一种需要高度技巧和艺术性的沟通活动。成功的谈判往往不在于声音的大小或是立场的强硬与否，而在于如何巧妙地处理双方的差异，并找到共同点，进而实现双赢。

当面对对方的观点或提议时，直接、强烈地反对或争论往往不是最佳选择。因为这样的做法很容易引发对方的防御心理，使得他们更加坚持自己的观点，甚至可能导致谈判陷入僵局。而"先肯定后否定"的策略，则是一种更为有效、更具建设性的沟通方式。

这种策略背后的心理学原理主要有两点。

确认偏误（Confirmation Bias）：人们往往倾向于寻找、解释或记住与自己现有观念或理论相符的信息，忽略与之不符的信息。因此，当谈判对手的观点被我们首先肯定时，他们会感到被理解和尊重，这有助于降低他们的心理防线，使得他们更愿意听取我们接下来的观点。

互惠原则（Reciprocity Principle）：这是社会心理学中的一个重要原则，指的是人们倾向于回报那些给予他们好处的人。当我们先肯定对方的观点时，实际上是在给予对方一种"情感上的好处"，这使他们更有可能在接下来的谈判中做出让步或妥协。

"永远不要与客户争论，你不可能获胜"也深刻地反映了这一点。"先肯定后否定"不仅仅是一种谈判技巧，更是一种深谙人性的沟通艺术。它提醒我们，在与人沟通时，要尊重和理解对方的观点，以合作和建设性的态度来寻求双方都能接受的解决方案。

98. 不要折中：永远不要先折中

人们有一个习惯心理，谈判谈到僵局的时候怎么办呢？折中吧，各让一步，或者各让 50%。比方说，原材料价格上涨，供应商要求涨价，要求涨 10%。谈到最后，我们说那一家承担一半吧，于是就涨了 5%，这就是折中。心理上，人们往往认为折中是最公平的。

这里想说的是，永远不要先折中。比如供应商报价 100 元，我们心里预期的价格是 90 元。那么我们首次的报价就可以是 80 元。这时候，如果对方承受不了压力了，先折中了，说："那就 90 元吧。"我们可以说："不行不行，最多 85 元。"这样形势对我方有利。因为最后的价格一定会落在 85 元和 90 元之间。如果我方先折中了，说："90 元吧。"对方就会说："不行，最低 95 元。"那就达不到我方的预期了。

如果我方不得已，必须先折中，那么首次报价的时候就要留下充分余地。比如，对方报价 100 元，我们心里预期的价格是 90 元，那么我们首次的报价就要是 70 元，甚至 60 元。对方一折中，说："80 元吧。"我方再报 85 元……这样最终的报价和预期会比较接近。

不要先折中的心理学原理在于：过早折中可能传递出我方不坚定或自信不足的信号，引发对方的"锚定效应"，即以我方提议为基准进一步议价。此外，折中也可能使对方误以为我方已达底线，从而剥夺我方主动权。过早折中还可能导致我方陷入心理困境，根据"承诺一致"原则，我方"有义务维持这个价格"，从而错失更佳机会。

关于让步有一个复杂的高阶版策略，叫拒绝 - 退让策略。方法是，A 首先提出一个非常离谱的要求，让 B 拒绝，然后再提出一个弱一点的要求，因为 B 已经拒绝了一次，所以会比较有心理压力，会倾向于同意弱一点的要求。表面上看是 A 先让步，实质上是 A 诱使 B 先让了步，这叫"以退为进"。

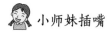 小师妹插嘴

无论多么复杂的谈判，在谈具体数字时，最后一个环节一定是Bargaining，也就是双方像在菜市场讨价还价一样，毫无逻辑地在两个数字之间拉锯。拉锯战的关键在于拉锯之前，尽量把两端的两个数字朝自己的预期靠拢，一旦开始拉锯，最终结果往往会落在折中点上，这时候再努力对结果的影响其实已经不大了。如果不擅长拉锯过程本身，不妨到菜市场观察下年纪稍大些的老人是怎么做的，他们个个都是身经百战的高手，所谓高手在民间嘛。

 学霸掉书袋

拒绝 – 推让策略在《影响力：你为什么会说"是"？》里有详细阐述，感兴趣的同学可以进一步阅读。

99. 钳子策略：老板一句话，让我忙了三天三夜

我们肯定遇到过这种情况，就是我们要求供应商让步，供应商说："你说让多少？"此时，作为采购，该怎么办呢？

有时候，你只需要跟供应商讲"我相信你，你还能做得更好，价格还可以降到更低"。这就足够了，到底能不能降得更低呢，供应商自己会知道的，他自己心里会进行斗争。这招有时候很好用。

作为销售，这招也很灵。比如采购开了个价，销售觉得低了，就说："这个价太低了，我们卖给××公司的价格都是××了！"采购说："你到底要多少钱？"销售如果用"钳子策略"，就可以说："你看着办吧。""看着办"这个很厉害，他往往"自己看着办"的价格，比我们预期的还高。因为已经给他一个参考标杆价格了，他觉得如果不向那个价格看齐，销售会不接受。哪怕最后对方报的价离标杆价格有距离，但至少会促使对方把心里能接受的最高价说出来，毕竟只有他自己最清楚能接受什么价

格。这时我们仍然可以选择接受或者不接受。

　　钳子策略对比较聪明的对手更好用，因为对方会自己琢磨。如果对方比较笨，或者是耍无赖式的，就不一定灵了，就好比空城计对司马懿有用，如果换成程咬金式的大老粗，管你三七二十一，一通乱打攻进城来，反而没用。

　　这里可以参考宫老师的一篇微信文章。

【微信文章】🛒

老板一句话，让我忙了三天三夜

　　那一年，我从外企跳槽到民营。老板让我起草一个集团供应链管理方案，我日夜奋战终于完成了第一稿，发给了老板，老板很快就回复了："方案需要再完善下！"我想想也是，第一稿毕竟匆忙，可能不完备，继续努力，又完成了第二稿，觉得这回差不多了，发给了老板，老板又回复："方案需要再细化下！"

　　于是，我想，我初到公司，必须显示出"水平"；我是世界500强出来的，PPT必须漂亮；我是做秘书出身的，文字必须严谨；我是分析型性格，必须数据条理完备……于是发动部下收集信息，集体讨论，发掘老板有可能关心什么问题，继续完善方案。

　　鏖战三天三夜终于完成第三稿，再仔细看看，觉得已经穷尽了自己的智慧和能力，实在没有什么可再完善的了，发出！

　　老板又回复了"再完善下！"，这回我急了，老板是啥意思啊？我跑去找老板，老板说："额……这些天我很忙，方案还没看……"哇，敢情我发的方案看都没看，就叫我完善，害得我苦战三天三夜……

　　这个过程可以用在谈判上，世界著名谈判专家、克林顿总统的首席谈判顾问罗杰·道森（Roger Dawson）给它起了个名字叫"钳子策略"。据说亨利·基辛格就用过这个策略，他让副国务卿做一份东南亚政治形势的报告，报告被基辛格打回两次，每次打回时都有一句话"你可以做得更好一些！"最后副国务卿实在按捺不住，找到基辛格，说："我全部人马花了两个星期，已经尽最大努力了，你可千万不能再打回呀！"基辛格平静地说："放这吧，这回我会认真看的……"

谈判时，对对方说一句"你必须调整一下价格！"或者说一句"我想你可以给个更好的价格！"然后闭嘴沉默。"沉默"如钳子形成了压力，对方会有剧烈的内心活动，最后自己被自己打败，效果往往出人预料。我曾经用这一招，只一句话，供应商降价20万元。

你不妨试试！

100. 应对僵局：谈判谈不下去时怎么办

与供应商谈判，并不总是一帆风顺，有时会碰到"谈不下去"的时候。这时又该怎么办呢？

这里一般有三种情况，一是陷入了僵局，二是困境，三是死胡同。

僵局是指有巨大的分歧，当下没有办法谈判。比方两国谈判，谈两国建交。由于部分地区主权问题存在巨大的分歧，如果纠结在这个点上，就没办法谈了。怎么办？往往会暂时搁置争议，把存在巨大分歧的地方先放一放，先解决容易解决的问题。很有可能那些容易解决的问题都解决了以后，原先巨大的分歧也就变得没那么大了。

困境是指无法取得有意义的进展。谈也在谈，但是没什么进展，这个跟分歧不一样。这时候最好的方法是Change，即调整。调整谈判人员、谈判地点、谈判场所、谈判时间，这样可以改变谈判的氛围。很多困境不是实质性的分歧引起的，也许就是对方不喜欢我方谈判的这个人，所以谈不下去。这时候调整一下谈判人员就能破解。

死胡同。如果碰到死胡同，可以引进"中立"的第三方。谈判的时候，人常常会固执己见，都站在自己的立场上。这时候有中立的第三方，能让对方更容易听进去。宫老师碰到过一个情况，有一次跟一个供应商的谈判僵持住了。供应商的一个副总经理就到宫老师这里来，说："宫总啊，这次我来，不代表我们公司。我们两家这么僵持下去也不是个事儿。你看能不能这样，你们让一步，然后我回去跟我们老板说说，我们也让一步，这事儿不就成了嘛。"这时候那个副总就把自己放在中立第三方的位置来解决尴尬，让谈判继续进行。宫老师小时候生活在北方，两伙小孩之间会打架，打完架两拨小孩子就不能见面了，因为谁也放不下自己的尊严和脸面。这时候会出来一个第三方，可能是一个大哥，把两方的小弟们叫在一起，中间调停一下。电影《阳光灿烂的日子》里，王朔自己演了那个大哥的角色。所以，"中立"是带引号的。有时候没有那个大哥，买卖双方就会把自己放到第三方的位置上去。常听到有人说，"我们站在中立的立场上来分析这件事情"。用这种方式来表述，能让对方容易听得进去，甚至还可以站在对方的角度来分析。第三方立场也可以促使双方放弃一些无关紧要的小利益，达成更大的共赢。

101.肢体语言：强势的莉莉如何打破僵局

外在的肢体动作，是内心的一种表达，内心的想法，会不自觉地通过肢体"显露"出来。我们常常开玩笑说不知不觉"露了马脚"。

在采购谈判中，观察和利用肢体语言至关重要。注意对方眼神、姿势和面部表情，可洞悉其真实想法和情绪。同时，运用自身肢体语言传达信息和立场，如保持开放姿势、眼神交流、友好表情及适时手势，有助于建立信任并有效沟通。但需要避免过度解读或使用，以免引发误解。总之，恰当运用肢体语言是采购谈判成功的关键之一。

【案例】🛒

莉莉是公司 A 的采购经理，平时很强势，这次谈判她碰到了一个

"硬茬"。她打算从供应商 B 那里采购一批新型电子设备。这次谈判对于公司 A 来说非常重要，因为这批设备将直接影响到公司未来的业务发展。

谈判开始时，莉莉与供应商 B 的代表坐在会议桌的两侧。她注意到供应商 B 的代表坐姿笔直，双臂交叉抱在胸前，眼神冷漠而警惕。莉莉立刻意识到，供应商 B 的代表可能对这次谈判持有保留态度，甚至有所防备。

为了打破这种僵局，莉莉决定通过改变自己的肢体语言来传递友善和合作的信号。她调整了自己的坐姿，身体微微前倾，保持微笑，并打开双臂，展示出开放和接纳的姿态。她开始以积极、肯定的语气与供应商 B 的代表交流，并表达出对产品的浓厚兴趣和认可。

随着时间的推移，莉莉观察到供应商 B 的代表也开始调整自己的肢体语言。他的双臂不再交叉，而是放在桌子上，眼神也逐渐变得柔和。他开始更加积极地与莉莉交流，分享更多关于产品的细节和优势。

在这个过程中，莉莉还巧妙地利用手势来增强自己的话语力量。比如，当她谈到合作的重要性和双方共同发展的机会时，她伸出手掌，做出一个合作的手势，进一步加强了自己的诚意和决心。

通过观察和利用肢体语言，莉莉成功地与供应商 B 的代表建立了信任和合作关系。最终，在双方就采购数量、价格和交货期限等关键条款达成一致后，谈判取得了圆满成功。

这个案例说明了在采购谈判中，观察对方的肢体语言可以帮助我们洞察他们的情绪和态度，而利用自己的肢体语言则可以有效地传达我们的信息和立场。通过巧妙地运用肢体语言，我们可以建立与对方的信任和合作关系，为谈判的成功奠定坚实基础。

在这个案例中，有几个关键的转折点对于莉莉谈判的成功起到了决定性的作用。

首先，是初始的防备姿态。谈判开始时，供应商 B 的代表表现出的防备姿态（身体笔直、双臂交叉、眼神冷漠而警惕）是一个重要的信号。这个姿态表明他们可能对谈判有所保留或警惕，这为莉莉提供了一个需要调整策略以建立信任的线索。

之后，莉莉的肢体语言调整。为了缓解紧张氛围，莉莉通过改变自己的肢体语言（身体前倾、微笑、打开的双臂）来传递友善和合作的信号，这是第一个转折点。这种调整有助于打破僵局，并促使供应商 B 的代表开始重新评估谈判的氛围和莉莉的意图。

然后，供应商 B 代表的姿态变化。随着谈判的进行，供应商 B 的代表受到莉莉积极态度的影响，开始调整自己的肢体语言，表现出更加开放和合作的姿态。这是第二个转折点，标志着双方之间的信任开始建立，谈判进入了一个更加积极和富有成效的阶段。

接下来，利用手势增强话语力量。在谈判过程中，莉莉适时使用手势来强调合作的重要性和共同发展的机会，这是第三个转折点。这种策略不仅加强了莉莉的论点，还进一步巩固了双方之间的合作关系。

最终，在莉莉的努力下，双方就采购的关键条款达成了一致。这一成果是莉莉之前所有努力和策略的综合体现，表明通过有效的肢体语言和沟通技巧，莉莉能够更加有效地掌控谈判的进程，并最终实现谈判的目标。

102. 个人气质：不战而屈人之兵，小王与老王的故事

老王出面代表公司，小王出面也代表公司，但不可否认，尽管我们任何一个人出面都代表公司，但谈判的结果可能不同。其中有授权的原因，有谈判策略的原因，还有我们个人在谈判中的表现的原因。我们要特别注意谈判时的穿着、语气、专业术语、名片抬头等，我把它总结为"不战而屈人之兵"技巧。

【案例】🛒

小王与老王，同一家供应商结果不同

在同一家大型制造企业中，小王和老王都是采购部门的员工。一天，公司需要采购一批新的机械零件，这个任务落在了小王和老王身上。两人分别与同一家供应商进行谈判，结果却大相径庭。

小王的谈判

小王是个年轻有为的青年，但他缺乏谈判经验。谈判当天，他穿着便装，带着一张简单的名片就去了。谈判开始时，小王直接告诉供应商自己的预算上限，希望对方能够给出一个合理的价格。然而，供应商却坚持原价，没有任何让步的意思。小王有些手足无措，他试图通过争论来说服供应商降价，但对方似乎不为所动。最终，小王无奈地接受了供应商的条件，谈判以失败告终。

老王的谈判

与此同时，老王也在与这家供应商进行谈判。与小王不同的是，老王是一位经验丰富的谈判专家。他穿着整洁的西装，带着一张精美的名片，上面印有公司的标志和他的高级职位。谈判开始前，老王没有急于亮出自己的底牌，而是先与供应商聊起了行业趋势和市场情况。通过巧妙的引导，他让供应商意识到降价是符合双方利益的。接着，老王又强调了公司的大量采购需求和长期合作关系的重要性，让供应商明白与他们合作是一个难得的机会。最后，当供应商提出一些对老王不利的条件时，老王总能迅速找到对方的弱点或漏洞，然后巧妙地转移话题或提出反制措施。在整个谈判过程中，老王始终保持着冷静和自信的态度，让供应商感受到了他的专业和实力。最终，供应商主动做出了让步，给出了更优惠的价格和更全面的服务支持。老王的谈判取得了圆满成功。

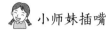 小师妹插嘴

姜还是老的辣呀！

案例点评：从穿着、专业术语、语气和名片抬头等方面来看，小王与老王在谈判中表现出了明显的区别。

穿着：

小王：小王的穿着较为休闲，不太适合商务谈判的正式场合。这种随意的着装可能给供应商留下了不够专业或不够重视此次谈判的印象。

老王：老王选择了整洁的西装，完全符合商务谈判的着装要求。他的专业打扮不仅表明了对谈判的尊重，还有助于树立个人和公司的专业形象。

专业术语：

小王：在谈判中，小王较少使用专业术语，这可能削弱了他的说服力。缺乏专业术语的使用可能让供应商觉得小王对行业不够了解，从而降低了他在谈判中的地位。

老王：老王能够熟练运用相关行业的专业术语，这不仅增强了他的说服力，还展示了他的专业素养和深厚的知识储备。

语气：

小王：小王的语气较为紧张，经常打断供应商的话，给人一种不够自信和缺乏经验的感觉。这种语气可能让供应商对小王的谈判能力和公司的实力产生怀疑。

老王：老王的语气非常冷静、自信和有条理。他能够仔细倾听供应商的意见，然后以平和而坚定的语气提出自己的观点。这种语气让供应商感受到了老王的专业和实力，增加了他在谈判中的筹码。

名片抬头：

小王：小王的名片设计简单，只包含基本的联系信息，没有提及公司的任何背景或成就。这使得他的名片在商务谈判中缺乏吸引力和说服力。

老王：老王的名片设计精美，上面印有公司的标志、老王的高级职位以及公司的几项重要成就。这样的名片设计不仅提升了老王的个人形象，还增强了公司在供应商心中的地位和信誉。在谈判中，这样的名片可以作为一种有效的工具，帮助老王赢得供应商的尊重和信任。

103. 激发自我：对方自称"没有决定权"，怎么办

你有没有遇到过这种情况，谈到最后了，对方突然说："哎呀，我没有决定权的。"这时候怎么办呢？有的采购比较倔强，如果对方说"我没有决定权"，他就很强势地说："那让你们有决定权的人来！"对方如果很委婉地反问："那您有决定权吗？"就尴尬了，因为我方谈判的人也没有决定权。两个没有决定权的人，还玩什么呢？但是不可能谈判都让双方老板来啊。所以这种过于强势的回应，效果往往不好。

应对这种情况有两招。

如果对方说："我没有决定权。"那么就跟对方说："你肯定有权。公司派你来谈，你怎么可能没有权呢？一看你在公司就是年轻有为，公司派你来，肯定是对你有授权的。"对方很可能在你的刺激之下，说："今天我就做一回主了，又能怎么样！"他可能确实没有被充分授权，但在你的激发之下，就有可能做主。这叫"激发对方的自我意识"。

当然也有可能，不管我们怎么激发，对方都说自己没权，或者对方存心就是想拖延谈判进度。这时候我们捧对方，他是不会理会的。那要用第二招了。我们要跟对方讲"请你回去之后帮我捎句话……"，让他把我方的要求带给对方的领导。一般而言，对方会同意的。为什么他会同意呢？对方在这个情境下，其实很难自己不决策，同时还不同意给领导带话。哪怕为了表现出合作意愿，他也会说："行行行。"等他回去以后，我们要再跟进一下，"让你给领导带的那句话，说过了吗？"这时候他十有八九会向领导报告，因为同不同意是领导的事儿，说不说是他的事儿，

他已经向我们承诺过了，就一定会报告。"自证一致性"是一种很强的影响力。而跟领导说的时候，领导多半会同意，因为领导要表现出尊重下属啊。

上述谈判策略中涉及的心理学原理主要有以下几点。

自我认知的激发：当对方声称自己没有决定权时，通过肯定对方的地位和能力，激发其自我意识，使其认识到自己在谈判中的重要性。这种做法利用了人们希望被认可和尊重的心理需求。一旦对方的自我意识被激发，他们就可能更愿意承担责任，做出决策。

社会压力与一致性：请求对方将己方的要求转达给其领导，利用了社会压力与一致性原理。人们通常希望表现出合作和一致的态度，以避免社会冲突和负面评价。因此，即使对方原本没有决策权，他们也可能为了维护自己的社会形象而同意转达要求。

承诺与一致性：当对方同意转达要求后，再跟进询问是否已向领导转达，这实际上是利用了承诺与一致性原理。人们倾向于保持自己言行的一致性，一旦做出承诺，即使最初只是出于礼貌或应付，他们也会尽力履行承诺。因此，对方很可能会按照承诺向领导报告。

激发对方自我意识的方法有很多种，以下是一些建议。

提问与引导：通过提问，引导对方深入思考自己的观点、感受和需求。例如，"你觉得这个提议怎么样？"或者"你有什么特别的想法或需求吗？"这样的问题可以鼓励对方表达自己的想法。

倾听与反馈：认真倾听对方的观点和感受，然后给予积极的反馈。这可以让对方感到被尊重和理解，从而更愿意开放自己的内心。例如，"我明白你的担忧，这确实是一个重要的问题。"

肯定与赞美：肯定对方的观点、努力或成就，并给予适当的赞美。这可以增强对方的自信心和自我意识。例如，"你在这个项目上的努力真的令人钦佩。"

提供选择与决策机会：给予对方一定的选择权和决策权，让他们感到自己的意见和决策对结果有重要影响。例如，"你有两个选择，你觉得哪个更合适？"

请注意，每个人的情况和需求都是独特的，因此在实际应用中需要根据具体情况灵活调整这些方法。同时，建立信任和尊重的关系是激发对方自我意识的基础。

谈判的场景有很多，要根据情况随时调整谈判策略。以下是我针对各种场景梳理提炼出的六种情景，采取的六种相应的策略，取名"六脉神剑"：以势压人、以理服人、以情动人、以弱示人、以利诱人、借力打力。

104. 以势压人：所有采购都在用，但要正确使用

采购是"甲方"，通常在谈判中处于"主导"地位，尤其是大型企业，所以，不知不觉中，采购就会"以势压人"。在激烈的市场竞争中，每一家企业都希望能够占据有利地位，获取更好的采购条件和价格。而对于那些拥有行业地位、大规模采购量的企业来说，确实，它们能够利用自身优势，在采购谈判中展现出强大的议价能力。

【案例】 🛒

某大型制造企业A公司就是这样一家在市场中占据主导地位的企业。它们每年的原材料采购量巨大，且对供应商的产品质量、交货期等方面有着严格的要求。因此，在与供应商进行采购谈判时，A公司总是能够凭借自身的采购量和行业地位，占据谈判的主动权。

在一次与关键原材料供应商B公司的谈判中，A公司的采购经理老王充分利用了企业的优势。他首先向B公司展示了A公司在行业中的地位和影响力，以及过去几年中A公司对B公司产品的采购量和增长趋势。这些数据充分证明了A公司对B公司产品的重要性和依赖性。

接着，老王开始详细阐述 A 公司对原材料质量、交货期等方面的要求，并强调这些要求对 A 公司产品生产和市场竞争力的影响。他明确表示，如果 B 公司不能满足这些要求，A 公司将不得不考虑寻找其他能够满足需求的供应商。

面对 A 公司的强大势头和严格要求，B 公司感受到了巨大的压力。它们深知，失去 A 公司这样一个大客户将对它们的业务造成严重影响。因此，在谈判过程中，B 公司不断做出让步，试图满足 A 公司的要求。

最终，经过一番激烈的讨价还价后，双方达成了一份对 A 公司极为有利的采购合同。A 公司不仅成功降低了原材料的采购成本，还确保了原材料的质量和交货期能够满足自身的生产需求。

这个案例告诉我们，在采购谈判中，拥有行业地位和大规模采购量的企业往往能够占据有利地位。通过充分展示自身的实力和严格要求，它们可以在谈判中施加压力，迫使供应商做出让步。然而，这也要求企业在日常经营中不断提升自身的实力和影响力，以便在市场竞争中取得更好的地位和结果。

在这个案例中，供应商在面对具有行业地位和大规模采购量的 A 公司时做出让步，其心理学原理主要涉及以下几个方面。

权威效应：A 公司作为行业内的巨头和大规模采购者，拥有较高的权威地位和影响力。供应商在面对这样的权威时，往往会受其震慑，更容易接受其要求和条件。这是因为人们普遍倾向于服从权威，认为权威方的要求和决策是合理和可信的。"否则，他怎么会提这种要求呢！"这是人们的普遍心理，面对权威，人常常会怀疑自己，继而做出让步。

损失厌恶：供应商在意识到可能失去 A 公司这样一个大客户时，会经历强烈的损失厌恶心理。它们害怕失去与 A 公司的合作关系所带来的经济损失和声誉损害。为了避免这种损失，供应商更愿意在谈判中做出让步，以满足 A 公司的要求。不知不觉，"求""最""怕"中的"怕"起了作用。

综上所述，这些心理学原理共同作用，使得供应商在面对具有行业地位和大规模采购量的 A 公司时更愿意做出让步。这也再次证明了在商业谈判中，拥有实力和影响力的一方往往能够占据有利地位，并通过巧妙运用心理学原理来达到自己的目的。

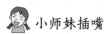 小师妹插嘴

正确并且充分利用自己的优势，往往能获得意想不到的效果。

105. 以理服人：资深的勇哥，用数据说话

以势压人，需要买方具备这个势，当然，也可以故意拉高自己的气势。所以，以势压人需要造势、借势，其中可能涉及个人的气质。通常因为我们是买方，天然具备一定的优势地位，还记得我们前面提到的销售人员身上的两个软肋吗？但请注意，以势压人，不是"装腔作势"，否则适得其反。谈判更多的时候，我们要以理服人，找到一个"理"，用"理"去说服对方。

我们来看一看勇哥是怎么做的。

【案例】🛒

数据为王，勇哥与老供应商的成本博弈

勇哥是公司的资深采购员，面对合作已久的老供应商突如其来的涨价要求，决定用数据说话，争取公司的最大利益。老供应商声称由于原材料和人工成本的上涨，产品价格必须提高 15% 才能维持生产。

在谈判前，勇哥对市场进行了深入调查，他发现原材料价格确实有所上涨，但涨幅仅为 5%，而人工成本的上涨幅度也仅在 3% 左右。勇哥

还了解到，老供应商在生产过程中存在一定的浪费现象，如果能够改善生产效率，完全可以抵消这部分成本上涨。

勇哥将这些数据详细记录在案，并构建了一个精确的成本模型。模型显示，在考虑原材料、人工、制造费用、管理费用等各项成本后，老供应商的合理成本涨幅应该在 8% 左右。

谈判当天，勇哥带着这些数据和成本模型与老供应商的代表进行了面对面的交流。他首先对老供应商多年的合作表达了感谢，然后开门见山地指出了涨价要求中存在的不合理之处。

勇哥用数据和事实说话，他详细展示了市场调查的结果和成本模型的计算结果，解释了老供应商的成本构成和合理涨幅。他还提到，如果老供应商能够改善生产效率，不仅可以降低成本，还可以提高产能和市场竞争力。

面对勇哥有理有据的陈述，老供应商的代表开始重新审视自己的涨价要求。他们意识到，勇哥并不是在无理取闹，而是真正了解了市场和成本的实际情况。经过一番讨论后，老供应商同意重新考虑涨价幅度，并表示愿意与勇哥一起探讨改善生产效率的可行性。

最终，双方经过多轮协商，达成了一致意见。老供应商同意将涨价幅度降低到 10%，并承诺在未来的合作中会努力改善生产效率，降低成本。勇哥则代表公司承诺会给予老供应商更多的支持和合作机会。

这次谈判的成功不仅为公司节省了一大笔成本支出，更重要的是巩固了与老供应商的长期合作关系。勇哥用数据和事实证明了自己的专业能力和谈判技巧，赢得了公司的信任和尊重。而老供应商也意识到只有真正了解市场和成本的实际情况才能做出合理的决策。

在这个案例中，可以观察到几个心理学原理的应用。

信息不对称与认知偏差： 老供应商最初提出涨价 15% 的要求，可能是基于他们对市场信息的有限了解或者对自身成本的夸大认知。这种信息不对称与认知偏差在谈判中很常见，一方可能会试图利用信息优势来获取更多利益。然而，勇哥通过深入市场调查和精确成本模型揭示了真实情况，从而纠正了这种认知偏差。

锚定效应：老供应商提出的15%的涨价幅度可能无意中成为一个"锚点"，影响了双方对合理涨幅的初始判断。锚定效应是指人们在决策时容易受到最初信息（锚点）的影响，并以此为基准进行调整。通过提供精确的数据和成本模型，勇哥成功地重新设定了谈判的"锚点"，使双方能够更客观地讨论合理的涨幅。

互惠原则与社会交换：勇哥在谈判开始时表达了对老供应商多年合作的感谢，这体现了互惠原则的应用。通过表达感激之情，勇哥为谈判营造了一种积极、友好的氛围，并暗示双方应该基于长期合作关系来寻求共赢的解决方案。这种社会交换的理念有助于建立和维护长期的商业伙伴关系。

说服与影响力：勇哥通过详细的市场调查数据和成本模型计算结果，以事实为依据进行说服。他利用数据和逻辑的力量来影响老供应商代表的认知和决策，使他们重新考虑涨价要求的合理性。这种说服策略在谈判中非常有效，因为它能够增强论据的可信度和说服力。

合作与共赢心态：在谈判过程中，勇哥不仅关注公司的利益，还表现出对老供应商困境的理解和合作意愿。他提出改善生产效率的建议，并承诺给予更多支持和合作机会，这体现了共赢心态的应用。通过寻求双方都能接受的解决方案，勇哥成功地取得了谈判的成功并巩固了长期合作关系。

106. 以情动人：不玩"套路"的玲玲，用"社交货币"

所有谈判相关的图书，都会讲很多方法，似乎谈判有很多"套路"，注意："套路"多了，会让人反感，感觉被"套路"了。我们承认，谈判确实有方法，但"方法"不等于"套路"。作为采购，更多的是与长期合作的供应商谈判，真诚更为可贵，用真诚换真心，真诚更能打动人，真诚会增加"信任力"。

我们来看一个案例。

【案例】🛒

不玩"套路"的玲玲，用起了"社交货币"

在一个阳光明媚的下午，采购经理玲玲与一家重要供应商的代表坐在谈判桌前。这次谈判对于公司来说至关重要，因为涉及的原材料直接关系到公司产品的质量和成本。

谈判开始前，玲玲做了充分的准备，她不仅深入了解了市场行情和供应商的背景，还精心准备了谈判策略和底线。然而，她知道，在采购谈判中，与人打交道同样重要。于是，她决定运用"社交货币"的力量，为谈判增添一份成功的筹码。

谈判开始时，玲玲以真诚和热情的态度向供应商代表表示了赞美和敬意。她称赞供应商在行业内的卓越地位，以及他们在过去合作中所展现出的专业水准和诚信品质。这些话语让供应商代表感受到尊重和认可，谈判氛围逐渐变得融洽起来。

在接下来的讨论中，玲玲不仅关注价格和条款，还注重与供应商代表建立情感联系。她倾听对方的意见和关切，理解他们的立场和难处，并适时地表达共鸣和支持。这种互动让供应商代表感到玲玲是一个值得信赖和合作的伙伴。

当谈判进入关键阶段时，玲玲利用之前建立的互惠原则，巧妙地提出了自己的要求。她表示，如果供应商能够在价格和质量上做出一定的让步，她将非常感激，并承诺在未来的合作中给予更多的机会和支持。

供应商代表在感受到玲玲的善意和尊重后，觉得有必要以某种方式

"偿还"这份善意。于是，在经过一番权衡和考虑后，他们决定在关键问题上做出让步，与玲玲达成了双方都满意的协议。

这次谈判的成功不仅归功于玲玲的专业素养和谈判技巧，更得益于她巧妙运用了"社交货币"的力量。通过赞美、敬意和情感联系，玲玲建立了与供应商代表之间的互惠基础，为谈判的成功奠定了坚实的基础。这也再次证明了在采购谈判中，与人打交道同样重要，甚至能成为决定胜负的关键因素。

在社交互动中，人们倾向于回报那些对自己表示善意的人。玲玲的赞美和敬意可以被视为一种"社交货币"，它在谈判中建立了互惠的基础。供应商代表可能觉得有必要以某种方式"偿还"玲玲的善意，因此更愿意在谈判中做出让步。

【知识链接】🛒

社交货币是一种在社交互动中逐渐积累的无形资产。它表现为你的信誉、口碑、影响力，以及你与他人建立的互信关系。在采购领域，拥有丰富社交货币的采购往往能够更容易地获得供应商的信任和支持，从而在谈判中占据有利地位。

 小师妹插嘴

采购也要学会积累自己的社交货币，说不定哪天就能用上呢？

107. 以弱示人：激发善意，刚毕业的波波成功了

采购方并不总是处于强势地位，有的人就感慨，自己明明是"甲方"，怎么就变成了"乙方"。所以，有时采购方也需要采取示弱的策略。这种策略可以帮助采购方建立更好的合作关系，促进双方之间的互信，并最终实现谈判的目标。当然，示弱并不意味着放弃自己的立场或利益，而是通

过一种更加柔和、诚恳的方式来表达自己的需求和关切。这种策略可以让对方感受到你的诚意和合作愿望，从而更容易接受你的观点或建议。

这里补充一点，避免误解。合同法律没有规定谁是甲方，谁是乙方，甲乙双方法律地位也是平等的。但在实践中，大家常把采购方说成"甲方"，把供应商说成"乙方"，人们也天然地把采购方，也就是甲方，看成强势方。

【案例】🛒

新公司采购的困境与智慧

波波大学毕业不久，比较文静，是一家新成立的科技公司的采购员，在很多人的印象里，谈判应该强势，很多人担心波波谈判很难成功。

公司正在研发一款创新性的产品，急需采购一种特殊的零部件。这种零部件在市场上并不常见，只有几家供应商能够提供。其中一家供应商在市场上拥有强势地位，对价格有着绝对的掌控权。由于公司刚刚起步，资金紧张、预算有限，波波面临着巨大的压力。波波知道，与这家强势供应商谈判并不容易，但她必须尽力争取到最优惠的价格，否则公司的研发计划将受到严重影响。

初步接触供应商后，波波感受到了对方的强硬态度。供应商坚称由于零部件的稀缺性和高成本，降价是不可能的。波波陷入了困境，她深知公司无法承担供应商的高价要求。

然而，波波并没有放弃。波波决定采用一种不同的策略来应对这个挑战：以弱示人。波波选择坦诚地向供应商展示公司的困境和预算限制，并强调双方合作的潜在价值。

在谈判过程中，波波详细介绍了公司的研发计划和产品的市场前景，强调了零部件对产品创新的重要性，并表示公司愿意与供应商建立长期稳定的合作关系。同时，波波也坦诚地说明了公司目前的财务困境和预算限制。

波波的真诚和坦率打动了供应商。他们意识到，尽管波波的公司目前规模较小，但其有着巨大的发展潜力。如果能够在这个关键时刻给予支持，未来双方的合作将会更加紧密和持久。

经过深入的讨论和协商，供应商最终同意在价格上做出一定的让步，提出了一个双方都能接受的方案。这既保证了公司的研发计划顺利进行，又让供应商看到了未来合作的广阔前景。

这次成功的谈判领导非常满意，波波深感欣慰。波波明白，在面对强势供应商时，以弱示人、坦诚沟通并激发对方的善意是一种有效的策略。

 小师妹插嘴
真诚是最大的必杀技。

 学霸掉书袋
完全同意。

心理学原理分析：这个案例背后涉及两个重要的心理学原理——同情心理和互惠原则。

同情心理：波波通过坦诚地展示公司的困境和预算限制，成功地激发了供应商的同情心理。人们往往会对处于困境或弱势的人产生同情，并愿意提供帮助。在这个案例中，供应商的同情心理使他们更加关注和理解波波的需求，从而更愿意考虑降价。

互惠原则：波波强调双方合作的潜在价值和未来合作的广阔前景，让供应商意识到与波波的公司合作是一个值得投资的机会。人们通常倾向于回报那些对自己表示善意或提供帮助的人。这种互惠原则在谈判中起到了关键作用，促使供应商做出让步并达成合作。

波波成功地运用了示弱策略和心理学原理，在采购谈判中为公司争取到了更有利的合作条件。这个案例启示我们，在面对强势对手时，巧妙地运用心理学原理可以帮助我们取得意想不到的成功。当然，示弱并非一味地暴露弱点或乞求帮助，而是要有策略地展示自身的困境和需求，以引发供应商的共鸣和支持。

在实际操作中，示弱可以通过多种方式来实现。例如，你可以通过调整自己的语气、表情和肢体语言来传递出更加柔和、开放的态度。你可以表达对对方的尊重和理解，强调共同目标和利益，展示出自己的灵活性和合作意愿。当然，示弱也需要根据具体情况和谈判对手的特点来灵活运用。在面对一些强势或咄咄逼人的对手时，适当示弱可以起到缓和气氛、化解冲突的作用。但在一些需要坚持原则或保护核心利益的场合，你也需要保持足够的坚定和果断。

108. 以礼诱人：给名誉、给机会，老王最擅长

想想看，供应商为什么会让步？只有三种可能，要么是有水分，要么是交换，要么就是被逼的。

在激烈的市场竞争中，企业间的合作往往基于相互的利益和需求。除了传统的价格谈判，一种更高级且富有策略性的方法是"交换让步"。这种方法的精髓在于，采购方通过为供应商提供难以拒绝的好处，如名誉提升或新的业务机会，来换取价格、质量、交货期或其他关键条款上的优惠。这种方法的难点是找到对方的"求"或者创造对方的"求"。满足对方的"求"，会让对方有"赢"的感觉。记住，"求"是宫老师总结的谈判方法论上的精髓，要学会灵活使用它。

【案例】🛒

X 公司，全球知名的汽车制造商，以其高品质和创新能力著称。而 Y 公司，一家专门生产汽车座椅的供应商，虽然产品上乘，但在市场上

面临着知名度不足的挑战。当 X 公司计划采购新一批汽车座椅时，Y 公司看到了与行业巨头合作的契机。

在紧张的谈判中，X 公司的采购经理老王发现了 Y 公司的迫切需求：提升品牌知名度和市场份额。他敏锐地意识到，这可以成为 X 公司的一张王牌。于是，老王提出了一个诱人的交换让步方案：如果 Y 公司愿意在价格上做出适度的让步，X 公司不仅会将其列为首选供应商，还会在全球供应链中大力推广 Y 公司的品牌，并介绍其他潜在客户，助力 Y 公司快速拓展业务。

这一提议对 Y 公司而言无疑是一个巨大的诱惑。与 X 公司这样的行业领导者合作，意味着品牌知名度的显著提升和更多的市场机会。经过慎重考虑，Y 公司决定接受这一提议，并在价格上做出了相应的妥协。

通过这次成功的交换让步策略，X 公司不仅降低了采购成本，还帮助 Y 公司实现了品牌知名度的提升和市场拓展。双方的合作因此更加稳固和深入。

心理学原理分析：互惠原则的应用。在这个案例中，互惠原则这一心理学原理发挥了关键作用。互惠原则指的是人们倾向于回报那些给予他们好处或者帮助的人或组织。在商业环境中，这种原则往往被用来建立和维护长期的合作关系。

在 X 公司与 Y 公司的谈判中，老王准确地把握了 Y 公司的需求，并通过提供名誉和业务机会等非物质利益，成功地激发了 Y 公司的互惠心理。Y 公司感受到 X 公司的善意和合作诚意，因此更愿意在价格上做出让步，以回报 X 公司的支持和帮助。这种基于互惠原则的合作策略不仅有助于双方实现各自的商业目标，还为未来的合作奠定了坚实的基础。

109. 借力打力：巧借对手力量，明明的制胜之道

谈判决胜因素是力量，没有力量可以借助力量。古人讲，君子生非异也，善假于物也。也就是说，君子善于借助外部力量。

【案例】

我的一个部下叫明明，他很聪明，后来跳槽到一家初创科技公司做采购经理，负责采购公司所需的各种设备和材料。面对有限的预算和激烈的市场竞争，他深知采购谈判的重要性。为了获取优质资源并降低成本，他决定采用借力打力的策略，利用供应商之间的竞争关系来为自己争取更有利的条件。

经过市场调研和初步筛选，明明锁定了两家在行业内颇具竞争力的供应商：C 公司和 D 公司。这两家公司的产品性能和质量都符合公司的要求，但在价格和服务上存在一定差异。

在谈判开始前，明明精心策划了一个借力打力的谈判策略。他首先与 C 公司进行谈判，表现出对 C 公司产品的浓厚兴趣，并透露出如果价格合适将大量采购的意向。同时，他也向 D 公司传递了类似的信息，让 D 公司感受到潜在的合作机会和竞争压力。

C 公司和 D 公司为了争取与明明所在公司的合作机会，纷纷在价格和服务上做出了让步。明明则利用两家公司之间的竞争关系，不断在谈判中施加压力，要求更多的优惠和更好的服务。他巧妙地平衡了两家公司之间的力量，使自己始终处于有利地位。

最终，经过多轮谈判和比较，明明成功地以较低的价格和优质的服务与 C 公司达成了采购协议。这个借力打力的谈判策略不仅为公司节省了成本，还提高了明明在采购领域的声誉和地位。

这个案例告诉我们，在商业谈判中，像明明一样巧妙地利用供应商

之间的竞争关系，可以为企业带来更多的谈判筹码和优势。通过借力打力，采购方可以在谈判中占据主动地位，实现自身利益的最大化。同时，这种策略也有助于促进供应商之间的良性竞争，推动整个市场的优化和发展。

在这个案例中，涉及了几个心理学原理，最主要的是"竞争心理"和"稀缺效应"。

竞争心理：人们天生就有一种竞争的本能，当感觉到自己与他人处于竞争状态时，往往会更加努力地争取资源或机会，以避免失败或失去优势。在采购谈判中，当供应商意识到存在竞争对手时，他们往往会更加积极地争取与采购方的合作，以避免失去市场份额或业务机会。

稀缺效应：当人们认为某个资源或机会是稀缺的时，他们往往会更加珍视和追求这个资源或机会。在采购谈判中，采购方可以通过暗示或明示的方式，让供应商感受到合作机会的稀缺性，从而激发供应商的紧迫感和渴望合作的愿望。

在这个案例中，明明巧妙地利用了 C 公司和 D 公司之间的竞争心理，让两家供应商为了争夺合作机会而不断做出让步。同时，明明也通过暗示合作机会的稀缺性，进一步激发了供应商的紧迫感和合作愿望。最终，明明成功地以较低的价格和优质的服务与 C 公司达成了采购协议，实现了借力打力的谈判目标。

110. 谈判高手：把所有的招儿都忘掉

好多人觉得自己不会谈判，于是找来一堆谈判书，苦学，学了一些招数。谈的时候就想，我用什么招儿呢？结果发现哪招儿都用不上。是不是书上写的那些招数错了？不是，不是招数错了，而是我们还不会用。

记得大学读武侠小说，师父张三丰教徒弟张无忌武功，告诉张无忌：你必须把师父教你的所有招儿都忘记才能下山。当时宫老师看到这里，觉得不理解，为什么要忘掉才能下山？如果都忘掉，不就是什么也不会，下山只能挨打吗？事实上他说的忘掉不是真的忘掉，而是融会贯通。教材里和培训里讲的谈判技巧，就是武功秘籍。老师说，对方如果出直拳，你怎么躲，怎么用勾拳还击。结果真正开打的时候，对方上来一脚把你踹趴下了。他怎么不出直拳呢？是老师教得不对吗？

谈判里有"三条线，一个魂"。三条线是：期望线、底线和所得线。魂是时机。谈判最难把握的是时机，没有两次谈判是完全相同的。不同的人，不同的时间，不同的谈判内容，谈判过程都不一样。完全是随机应变，没有一招儿鲜，吃遍天的情况。何况对方也在学习和研究这些招儿。要真正成为谈判高手，我们需要去学很多技巧，同时要通过实践的磨炼，把学到的招儿用上，然后用心体会。慢慢地才会应付自如，一次谈判可能同时用到很多招儿，脑子里也不一定要想起来那些招儿叫什么，最后还让自己和对方微笑着离开，这才是谈判高手。

除此之外，要成为采购谈判专家，还需要把握以下几点，这也是我在《全情景采购谈判技巧》那本书里特别强调的。

（1）**必须了解供应市场**。谈判前，应对你所购买物品/服务的供应市场做调查分析，知道这个市场的结构、特性和趋势，也就是要知道有多少个买家，多少个卖家，他们是怎么个玩法，是怎么定价、怎么竞争的。

（2）**必须有大局观**。采购要跳出采购看采购，不能仅从本岗位出发，要从供应链视角、公司经营视角、用户视角去制定谈判策略，确定谈判目标。谈判是手段，公司目标才是目的。

（3）**必须思利及人**。采购谈判要有双赢思维，不能只顾自己利益，谁都不愿意和"自私自利"的人打交道。如果只把谈判当作"逼"对方让步，就错了。本书特别说到，供应商让步只有三种可能，有水分、交换、被逼的。交换就是双赢，满足对方的"求"、创造对方的"求"都是双赢。

（4）**必须学会控制情绪**。人是有情感的，易受情绪支配，人通常都是感性决策，然后是理性论证，为感性决策找一个理性的理由。有的人更是"玻璃心"，对方强势地说了一句"不行"，就觉得被冒犯了，就想"惩罚"一下供应商，或者觉得烦，就违心地接受了。记住：重要的决策24小时之后做出。

Postscript 1
后记一

采购总监，如何写年终总结

作为采购总监，写年终总结和新年规划是一门必修课，也是一道坎。有人说"会干的，不如会说的"，这话有点儿过分，但也不无道理。

公司为什么要总结和规划，就是想看见成绩，同时看到不足，换个说法，叫改善空间。有的人，对成绩羞于表达，对不足不敢表达，对未来不会表达。能力"看不见"，如果你是领导，会把重担交给谁呢？

一、如何写总结

写年终总结的关键：凸显亮点，正视不足。

（1）工作成果与业绩。

这一部分，重点突出过去一年中所取得的成果和业绩。可以列举一些关键指标，如采购成本降低、供应商合作关系的优化、采购流程改进等。同时，可以提供具体的数据或案例来支持你的陈述，要用数据说话。

不要羞于表达，这不仅关乎个人，也关乎团队，绩效、奖金、士气都在成绩里。

（2）团队协作与领导力。

作为采购总监，你不仅需要关注个人的业绩，还需要强调团队的整体表现。在这部分，可以谈谈你的团队协作经验，如何激发团队成员的潜力，以及你对于领导力的理解和实践。

千万记住，成绩是大家的，不足是自己的。做领导，就要担责。

（3）挑战与应对。

在这一部分，可以诚实地谈谈过去一年中遇到的挑战，例如市场波动、供应商问题、内部沟通等。同时，重点强调你和团队是如何应对这些挑战的，以及从中学到了哪些宝贵的经验和教训。

工作不会一帆风顺，有困难都理解，做不好没关系，关键要吃一堑长一智。

（4）个人成长与自我反思。

作为年终总结的一部分，自我反思是非常重要的。可以谈谈你在过去一年中的个人成长，如技能提升、知识拓展、心态调整等。同时，可以分析自己存在的不足，并提出改进的方向和目标。

总结时，不但要谈团队，也要谈个人，不要把团队和个人混淆，这一条经常有人搞不清楚。

二、如何做规划

写新年规划的关键：关联战略，共谋发展。

（1）业务目标与战略对齐。

根据公司的整体战略和市场趋势，制定采购部门的业务目标和关键策略。例如，降低成本、优化供应商结构、提高采购效率等。

要关注公司关注的，关注领导和领导的领导关注的。

（2）团队成长与培训计划。

针对团队成员的能力和需求，制订具体的发展计划和培训课程。这有助于提高团队的整体素质和业绩。

作为团队的领头人，要想如何提升团队战斗力。

（3）流程优化与技术创新。

分析现有采购流程中存在的问题和不足，提出具体的优化措施。同时，关注行业动态，引入先进的采购技术和工具，提高采购效率和准确性。

要把个人能力化为组织能力。

（4）风险预判与应对策略。

识别潜在的采购风险，如市场波动、供应商不稳定等，制定相应的风险应对策略和预案。这有助于确保采购工作的顺利进行和公司的稳定发展。

对于供应链韧性、风险，各级领导都在讲，我们不能不讲。

三、常见错误，如何避免

（1）过于泛泛而谈。

只是简单地列举一些通用的成果和进步，没有提供具体的数据和案例。这样的总结显得空洞，缺乏说服力。

避免看上去和去年的总结一样。

（2）忽略不足。

只强调成绩和亮点，不提及失败、挑战或不足之处。这不仅不诚实，也错失了学习和成长的机会。

我们不是完人，不可能没有不足。

（3）缺乏分析。

只是简单地列举了一年的工作，没有进行深入的分析和反思。没有对成功和失败的原因进行探讨，也没有提出改进的建议。

感觉工作无序，没有动脑。

（4）与公司战略脱节。

没有将个人的工作和成果与公司的整体战略和目标相结合。这使总结显得孤立，并未体现出个人工作对公司整体发展的贡献。

作为咨询师，这两年我做了好几个咨询项目，无论是供应链端到端流程优化，还是战略采购、供应商能力提升，都需要与公司战略关联。

（5）没有具体的新年规划。

年终总结不仅仅是对过去一年的回顾，还应该为下一年制定具体的计划和目标。缺乏新年规划会使总结显得不完整，也错失了对未来进行展望和规划的机会。

总结的目的，就是为了未来。

写年终总结，请记住三个要素：突出亮点、查改不足、关联战略。做到"年年有新意，岁岁有不同"。

衷心祝愿，写出好总结，开启新篇章，从优秀到卓越，做"中国好采购"。

践行"三化"，点亮采购人生

采购是"花钱"部门，因此备受"关注"，采购也是"价值创造"部门，理应受到"关注"。但现实情况是，该受到的"关注"没有得到，而不该关注的琐碎事务却耗费了大量精力。这些挑战不仅影响了采购工作的效率，更对采购人员的职业发展构成了障碍。

那么，如何让采购生涯焕发光彩呢？我总结了"三化"，即能力显性化、知识结构化、个人品牌化。这"三化"是对采购职业发展的有效指引。

首先，能力显性化，就是要让我们的专业能力被看见、被认可。

我们常常强调"低调做事"，但在这个竞争激烈的时代，"低调"已不足以支撑采购人员的职业发展。相反，我们需要将自己的能力"显性化"，即在日常工作中充分展示自己的专业能力，以此获得更多的机会和认可。

采购工作不仅仅是简单的买卖，更是一场场精心策划的商务活动。我们需要通过不断的学习和实践，提升自己的专业能力，同时，我们也要学会将这些能力展示出来，通过实际的工作成果，让公司和同事看到我们的价值。

能力显性化，有助于提升我们在团队中的地位和影响力。当我们的专业能力得到认可和尊重时，我们的话语权自然会增强，这有助于我们更好地推动工作进程和解决问题。再者，能力显性化也是个人职业发展的重要推动力。在职业生涯中，我们需要不断证明自己的价值和能力，以获得更多的晋升机会和发展空间。

简单地说，就是，既要有能力，又要能力显性化，还要有将能力显性化的能力。

其次，知识结构化，将碎片化的知识整合成系统的、有条理的结构。

在采购工作中，我们需要面对各种各样的信息和知识，包括行业动态、产品知识、市场趋势等。知识结构化能帮助我们更好地整合碎片化的知识，形成系统的、有条理的认知结构。这样，在面对复杂多变的采购环境时，我们才能快速准确地调用所需知识，做出明智的决策。

采购工作涉及面广泛，要求采购人员具备丰富的知识和技能。然而，仅仅成为一个"杂家"是不够的，我们还需要努力成为"专家"，将知识结构化，形成自己的专业体系。要成为"T形"人才，甚至"π形"人才。

比如，关于采购，我总结了"SCAN专业采购四大核心能力"，立刻让我对采购的认识上了一个"新台阶"。我还开发了四门课程，写了四本配套教材。关于供应链，我总结了"SCM321模型"，能让我们"大处着眼，构建全景图，小处着手，落地又实操"。这些结构化的知识，被大家认可，基于这些，中采商学还成为"中国机械工程学会国家级专业技术人员继续教育基地采购与供应链培训中心"。每每听到学员们课后获得"升职加薪"的机会，我就特别有成就感。这都是知识结构化带给我的。

最后，个人品牌化，就是要塑造自己的专业形象，打造个人品牌。

采购是一项需要专业知识和技能的"专业活儿"，而个人品牌化对于采购人员来说至关重要。

个人品牌化不仅是对自身专业能力和职业素养的展示，更是提升个人影响力和话语权的关键。在采购领域，一个有着良好个人品牌的采购人员往往能够获得更多的机会和认可，从而更好地推动工作进程和解决问题。

在采购领域，个人品牌是我们的一张名片，是我们专业能力和职业素养的体现。我们需要注重自身专业能力的提升和持续学习，保持对行业动态和市场变化的敏锐洞察。同时也要注意自己的言行举止，积极参与行业活动，分享经验和见解，扩大自己的人脉圈和影响力，以专业的形象出现在公众面前。这样，我们才能赢得他人的尊重和信任，为自己的采购事业赢得更多的机会。

践行"三化"，不仅是对自己的要求，更是对采购职业的敬畏和热爱。在这个充满挑战和机遇的时代，让我们一起努力，以"三化"为指引，点亮我们的采购人生！

如何专业做采购

  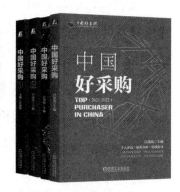

采购专业基础与进阶			
序号	ISBN	中文书名	定价
1	978-7-111-76367-3	如何专业做采购 第2版	89
2	978-7-111-65664-7	采购之道	89
3	978-7-111-70772-1	全品类间接采购管理	79
4	978-7-111-71990-8	采购全方位领导力	79
5	978-7-111-61388-6	采购2025：数字化时代的采购管理	69
采购四大核心能力提升			
序号	ISBN	中文书名	定价
1	978-7-111-64200-8	供应商全生命周期管理	69
2	978-7-111-64176-6	全面采购成本控制	69
3	978-7-111-64175-9	采购全流程风险控制与合规	69
4	978-7-111-65621-0	全情景采购谈判技巧	69
中国好采购实践参考案例集			
序号	ISBN	中文书名	定价
1	978-7-111-58520-6	中国好采购	49
2	978-7-111-64267-1	中国好采购2	79
3	978-7-111-69564-6	中国好采购3	79
4	978-7-111-74160-2	中国好采购4	89